Daniel Anker · Bernd Jung

Rund um Bern

zwischen Biel, Burgdorf, Thun und Fribourg

52 ausgewählte Touren

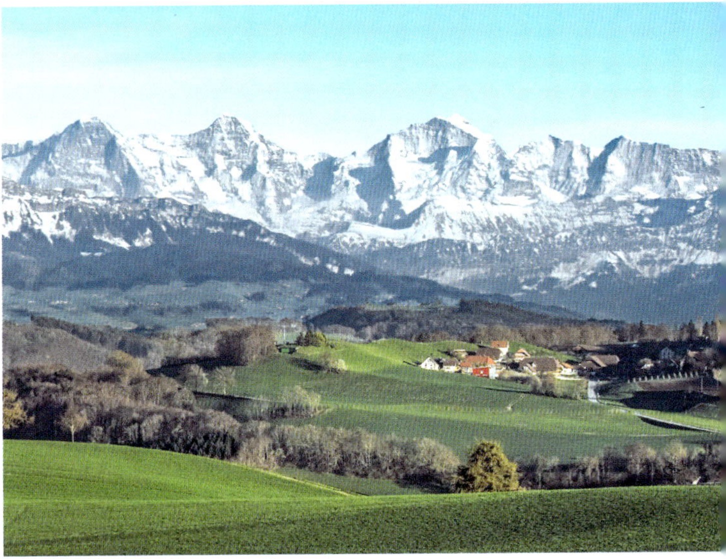

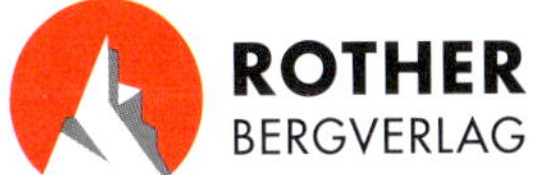

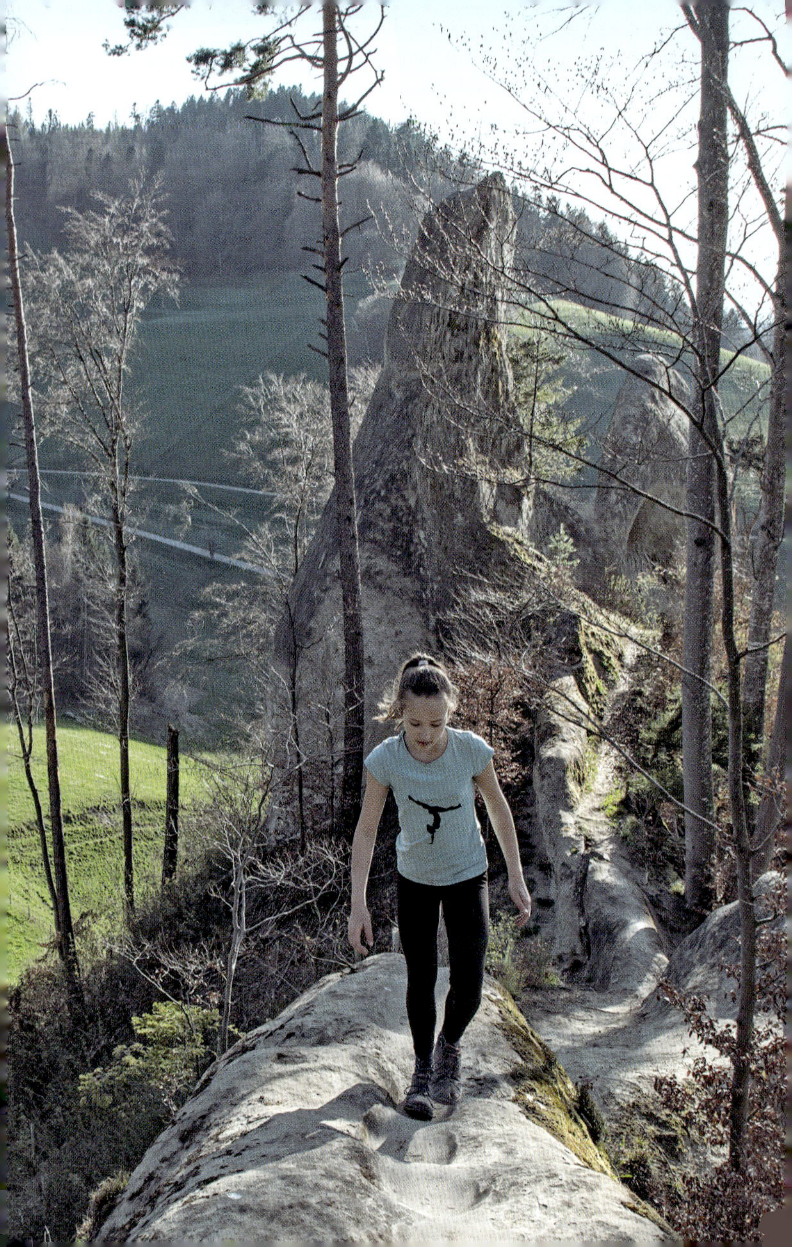

VORWORT

»Weit er spaziere ga?« So soll der »ächte Bärner« Freunde und Bekannte begrüßt haben, auch wenn diese »sichtlich im eiligsten Geschäftsgange« unterwegs waren und »der Regen vom Himmel strömte«. Das behauptet jedenfalls der Führer mit dem hübschen Titel »Ein Tag in Bern« aus dem Jahre 1857. Das 94-seitige Werk stellt einen »Spaziergang durch die Stadt« sowie »Ausflüge in die Umgebungen Berns« vor. Oder einfach im »Bernbiet«, wie die Landschaft um die Hauptstadt des Kantons Bern und der Eidgenossenschaft auch genannt wird.

»Wenige Städte dürfen sich einer so reizvollen Umgebung rühmen, wie sie Bern besitzt«, heißt es in der Einleitung des 1913 erschienenen Führers »In die Umgebung von Bern! Vorschläge zu lohnenden Ausflügen von Bern aus«. Zum Entdecken von einigen der lohnenden Ausflüge in diesem Führer können wir einfach stadtwärts bleiben und auf verschiedensten Wegen durch die seit 1983 zum UNESCO-Weltkulturerbe gehörende Altstadt schlendern, den Aareschlaufen durch die Hauptstadt folgen oder auch den Hausberg Gurten erkunden. Begeben wir uns in den Norden, so gelangen wir an den Bielersee oder zum schönen, am Rande des Jura gelegenen Städtchen Solothurn. In Richtung Westen erwarten uns am Wohlensee, Murtensee und Lac de Neuchâtel reizvolle Wanderungen entlang von Wasser oder mit Fribourg eine wunderbare Altstadt. Dem Emmental nähern wir uns Richtung Osten, wo in der weiteren Umgebung des charmanten Städtchens Burgdorf wilde Touren in den Flühen aus Sandstein locken. Auch wenn man hohe Berge zum Erwandern in diesem Führer vergeblich sucht, so sind gen Süden die Berner Voralpen bereits auf Schlagdistanz. Und steht man in Thun an den Ufern des Thunersees, ragen schon ganz nah Eiger, Mönch und Jungfrau und ihre eisigen Nachbarsgipfel in den Himmel.

Ob nord-, ost-, süd- oder westwärts, ob berg-, fluss- oder stadtwandern, ob Berghügel besteigen oder Burgen besichtigen, ob stunden- und tagelang trekken oder bloß idyllisch spazieren: hier ein paar Vorschläge. Viel Spaß in und rund um »Bärn«!

Bern und Thun, im Frühjahr 2021 — Daniel Anker und Bernd Jung

LIEBE LESERINNEN UND LESER,

infolge der Corona-Krise können sich Änderungen ergeben haben, die bei Redaktionsschluss noch nicht absehbar waren. Soweit möglich, werden wir aktuelle Hinweise unter www.rother.de (beim Buch) zur Verfügung stellen. Bitte informieren Sie sich vor der Wanderung zusätzlich über die derzeitigen Gegebenheiten.

Sollten Sie geänderte Gegebenheiten vor Ort feststellen, freuen wir uns über Korrekturhinweise per E-Mail an leserzuschrift@rother.de.

INHALTSVERZEICHNIS

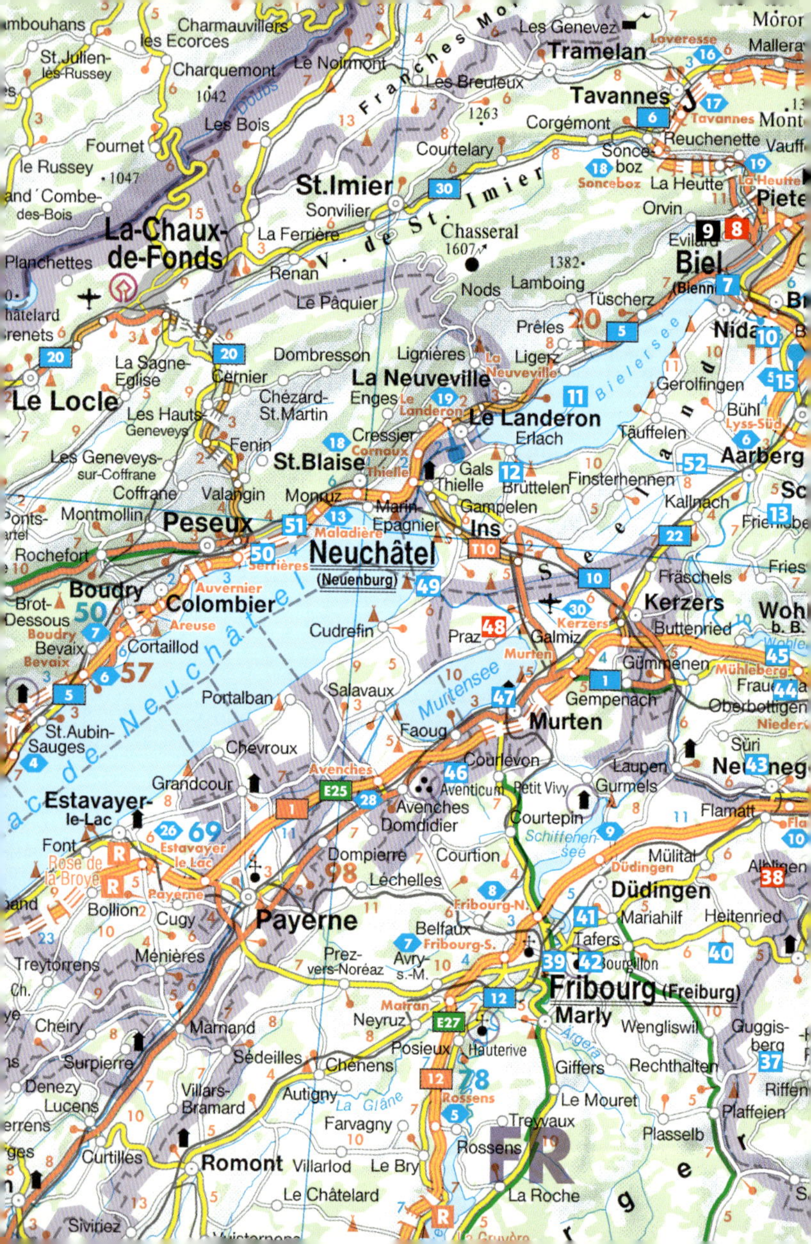

Charmauvillers
les Ecorces
St.Julien-lès-Russey
Charquemont
Le Noirmont
Franches Montagnes
Les Genevez
Tramelan
Loveresse
Malleray
Les Breuleux
Tavannes
Tavannes
Reuchenette
Les Bois
Fournet
Corgémont
le Russey
Courtelary
Sonceboz
Sonceboz
La Heutte
Pieterlen
St.Imier
Sonvilier
V. de St. Imier
Chasseral
Orvin
Evilard
La-Chaux-de-Fonds
La Ferrière
Renan
Planchettes
Nods
Lamboing
Biel (Bienne)
Le Pâquier
Tüscherz
Prêles
Nidau
Dombresson
Lignières
La Neuveville
Ligerz
Bielersee
Le Locle
La Sagne-Eglise
Cernier
Chézard-St.Martin
Enges
Le Landeron
Erlach
Gerolfingen
Les Hauts-Geneveys
Cressier
Cornaux
Täuffelen
Bühl
Lyss-Süd
Fenin
St.Blaise
Thielle
Gals
Thielle
Brüttelen
Finsterhennen
Aarberg
Les Geneveys-sur-Coffrane
Coffrane
Valangin
Monruz
Marin-Epagnier
Gampelen
Kallnach
Montmollin
Peseux
Maladière
Ins
Rochefort
Serrières
Neuchâtel (Neuenburg)
Fräschels
Boudry
Auvernier
Colombier
Kerzers
Brot-Dessous
Areuse
Cudrefin
Praz
Galmiz
Kerzers
Buttenried
Boudry
Bevaix
Cortaillod
Muntelier
Murten
Gümmenen
Mühleberg
Bevaix
Lac de Neuchâtel
Portalban
Salavaux
Murtensee
Gempenach
Oberbottigen
St.Aubin-Sauges
Chevroux
Faoug
Courlevon
Laupen
Süri
Neuenegg
Grandcour
Avenches
Aventicum
Petit Vivy
Gurmels
Estavayer-le-Lac
Avenches
Domdidier
Courtepin
Flamatt
Font
Estavayer le Lac
Schiffenensee
Rose de la Broye
Dompierre
Courtion
Mülital
Düdingen
Albligen
Payerne
Léchelles
Düdingen
Bollion
Cugy
Payerne
Fribourg-N.
Mariahilf
Heitenried
Belfaux
Tafers
Ménières
Fribourg-S.
Prez-vers-Noréaz
Avry-s.-M.
Bourguillon
Treytorrens
Fribourg (Freiburg)
Matran
Marly
Cheiry
Neyruz
Wengliswil
Guggisberg
Posieux
Hauterive
Surpierre
Marnand
Sédeilles
Chénens
Giffers
Rechthalten
Denezy
Lucens
Villars-Bramard
Autigny
La Glâne
Rossens
Le Mouret
Plaffeien
Riffen
Farvagny
Treyvaux
Plasselb
Curtilles
Rossens
Romont
Villarlod
Le Bry
FR
Le Châtelard
La Roche
Sivriez
Gruyère

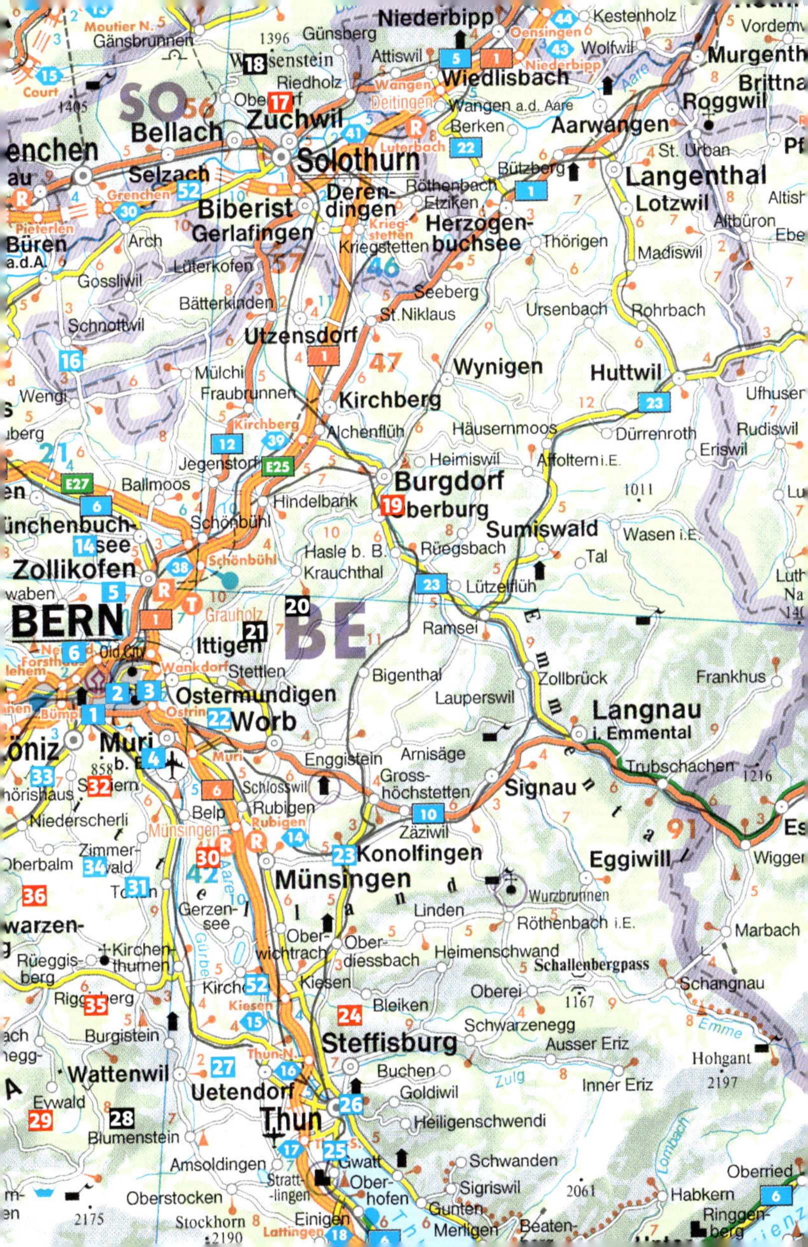

TOP-TOUREN

Eine Auswahl von Top-Touren ist schwierig anzugeben und selbstverständlich sehr subjektiv. Zwar hätten unserer Ansicht noch viel mehr Wanderungen das Prädikat »Top-Tour« verdient, doch so haben wir uns für eine ausgewogene Mischung aus verschiedenen Regionen und Tourentypen entschieden.

Bern: Gurten
Der Gurten ist Berns einziger wirklicher Hausberg, direkt am Stadtrand gelegen. Von den beiden Gipfeln hat man einen vorzüglichen Alpenblick. Im Winter kann man mit den Ski runterfahren, im Sommer von seinem Fuß durch die Aare ins Marzili unter dem Bundeshaus schwimmen *(Tour 1, 3.15 Std.)*.

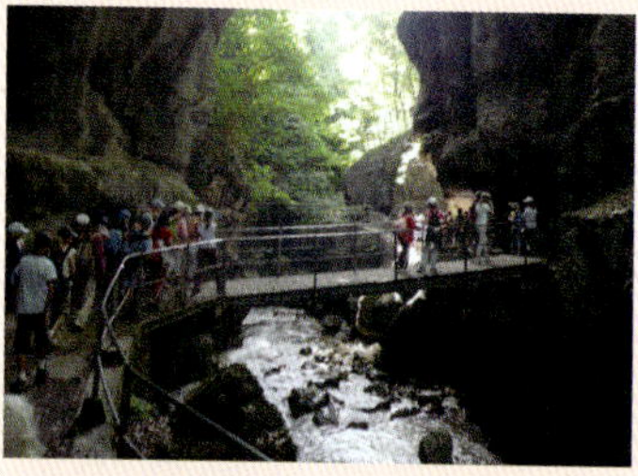

Biel/Bienne: Taubenlochschlucht
Die Taubenlochschlucht ist ein Schulreiseziel, die senkrechte Wand von Plagne mit dem geheimen Leiterweg nicht, und der Bözingenberg war Robert Walsers liebster Berg. Auf seinen Spuren können wir Biel/Bienne erkunden. Mal blau, mal schwarz *(Tour 8, 3.15 Std.)*.

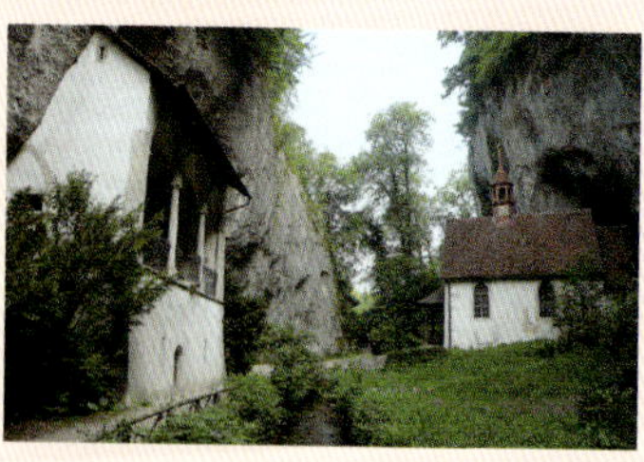

Solothurn: Weissenstein
Solothurn ist der topografische Tiefpunkt im Führer: 428 m über der Nordsee liegt der Wasserspiegel der Aare. Zusammen mit dem Kulminationspunkt des Weissensteins, dem 1395 m hohen Röti, bedeutet das: In Solothurn geht's stramm zu Berg, der heiligen Verena sei's geklagt oder gedankt *(Tour 17, 4.45 Std.)*.

Burgdorf: Gisnauflüe
Chamonix hat Granit, Cortina Kalk, Bellinzona Gneis. Aber Bern, Burgdorf und Freiburg: Da ist Sandstein das vorherrschende Gestein, an den Bauten und in den Bergen dahinter. So nah wie in Burgdorf an der Emme sind die Steinbrüche selten: Wir erkunden ihre Höhlen und Höhen *(Tour 19, 2.15 Std.)*.

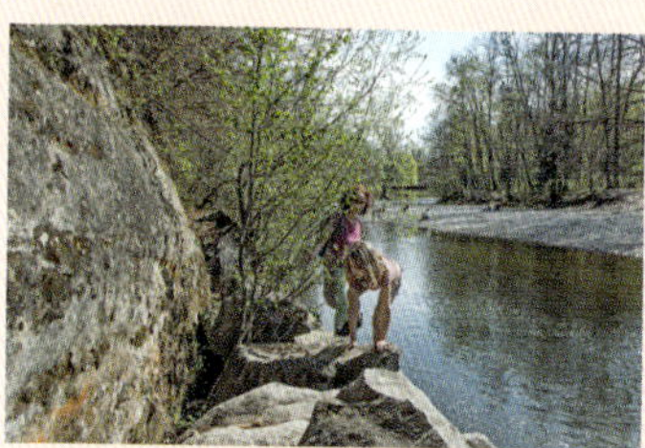

Thun: Durch Stadt und Wald
»Nichts thun ist schön, doch Thun ist noch schöner.« So lautet der Spruch auf einer alten Postkarte, ausgestellt im Historischen Museum im Schloss Thun. Das Wahrzeichen von Thun ist das mächtige Schloss mit den vier Ecktürmen, weiß wie die verschneite Jungfrau über dem Thunersee. Besuchen wir beides, See und Schloss, und dazu noch eine Schlucht *(Tour 25, 2.45 Std., oder Tour 26, 3 Std., oder gar beide Touren zusammen)*.

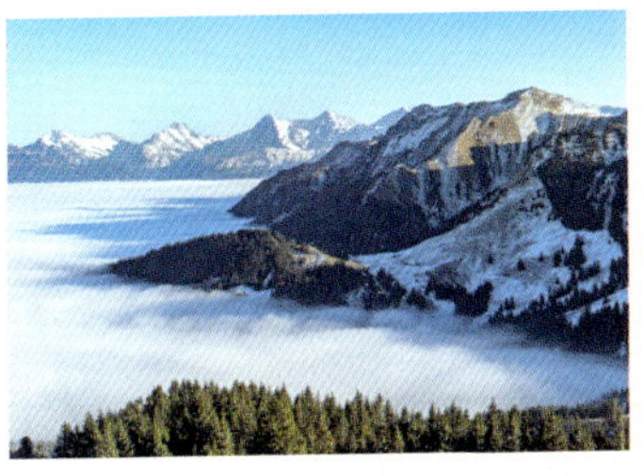

Gantrisch-Panoramaweg
»Höher geht's nimmer« in diesem Führer. Über Pfyffe und Selibühl, 1750 m, zum Nussgipfel im Berghaus Gurnigel *(Tour 29, 5 Std.).*

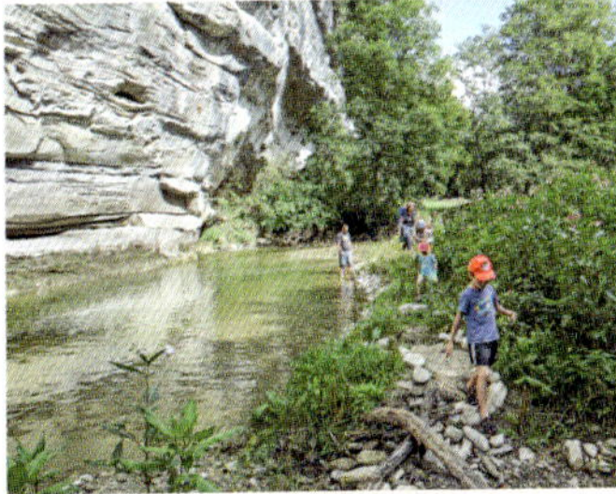

Schwarzwassergraben
Wildnis vor der Stadt: 7 km weglos durch Gebüsch, Gras, Geschiebe und das Flussbett. Nichts für Leute, die schnell kalte Füße kriegen *(Tour 36, 4 Std.).*

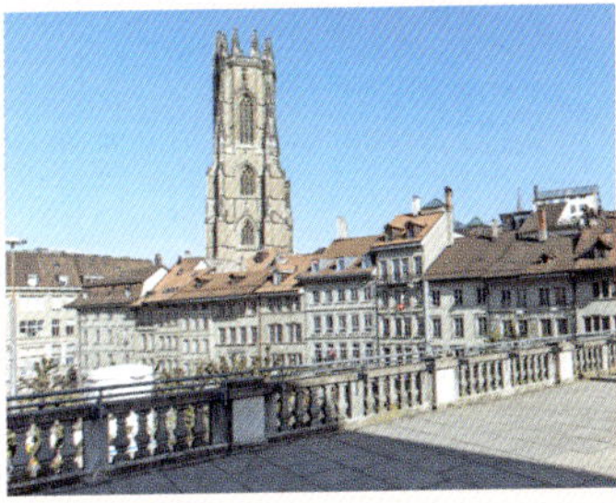

Fribourg: Kathedrale
Herrliche Wanderungen in der zweisprachigen Schwesterstadt von Bern – auch mit dem heiligen Jakob *(Touren 39 und 40, 2 bzw. 5.15 Std.).*

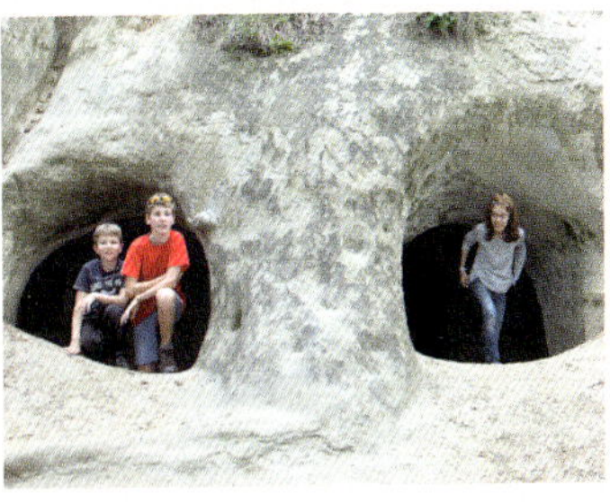

Mont Vully
Ein Hügel zwischen Murten- und Neuenburgersee, ein Weinberg, ein Festungswall, ein Panoramapunkt, ein Spielplatz, ein Wanderparadies: der Mont Vully oder Wistenlacher Berg *(Tour 48, 2.45 Std.).*

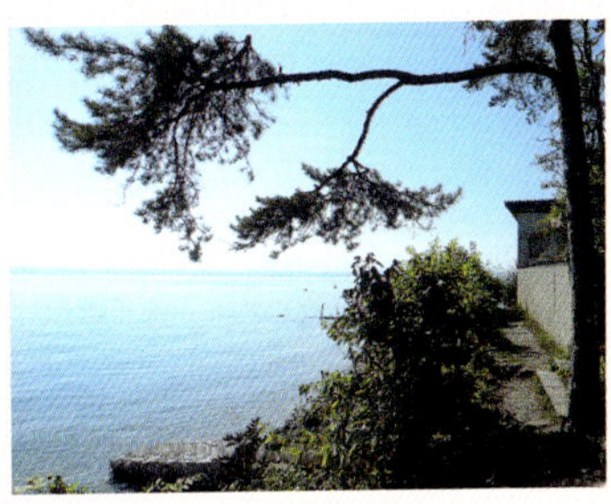

Neuchâtel: Stadt und See
Stunden- und kilometerlang kann man hier flach wandern, am sonnigen Ufer des größten Sees ganz in der Schweiz, und mittendrin durch eine hübsche Stadt flanieren. Oder von den Quais zu den schönsten Plätzen auf- und absteigen: Neuenburg ist eine Wanderreise wert, mais oui! *(Touren 50 und 51, 4.15 bzw. 2 Std.)*

ALLGEMEINE HINWEISE

Tourenauswahl

Die Wandervorschläge sind nach den fünf Regionen Bern Stadt sowie Bern Nord, Ost, Süd und West gegliedert; dazu kommt die fünftägige Wanderung entlang der Aare und ihrer Seen, wobei die einzelnen Etappen auch gut tageweise gemacht werden können. Die sechs Städte Biel/Bienne, Solothurn, Burgdorf, Thun, Fribourg und Neuchâtel bilden die Eckpunkte des erfassten Gebietes, mit Bern im Zentrum: ein Hexagon wie Frankreich!

Anforderungen: Von kinderleicht bis anspruchsvoll

Viele der hier vorgestellten Wanderungen rund um und in Bern verlaufen auf markierten Wegen und Pfaden, oder in der Stadt auf Straßen und durch Gassen. Und obwohl die meisten Touren durch hügeliges oder gar flaches Gelände führen und sich nur vier in die Voralpen bzw. in den Jura hinaufwagen, sind einige doch erstaunlich alpin, ja verlangen Trittsicherheit wie auf Fahrten im Gebirge. Nur weil Bäume die Ausgesetztheit mindern, darf man sich nicht täuschen lassen; man muss genau gleich und konzentriert die stabilen Schuhe platzieren und manchmal gar die Hände zu Hilfe nehmen, wie beispielsweise auf den Echelles de Plagne. Auch wenn die Gipfel selten die Höhe von 1000 m übertreffen, setzen ein paar Wanderungen eine ansprechende Kondition voraus – wie z.B. die Rundtour um den Murtensee mit fast 7 Stunden oder der Jakobsweg von Wattenwil nach

SCHWIERIGKEITSKATEGORIEN

■ = Leicht

Diese Wanderwege sind gut markiert, meistens ausreichend breit, kaum ausgesetzt und im Normalfall nur mäßig steil. Sie erfordern wenig bis keine Bergerfahrung und können oft auch bei Schlechtwetter verhältnismäßig gefahrlos begangen werden. T1 bis T2 auf der SAC-Wanderskala.

■ = Mittel

Diese Bergwanderwege sind ausreichend markiert, teilweise schmal und ausgesetzt; einzelne Stellen können versichert sein. Eine Portion Trittsicherheit, Schwindelfreiheit und Kondition sowie eine passende Ausrüstung (z.B. festes Schuhwerk) sind nötig. T2 bis T3 auf der SAC-Wanderskala.

■ = Schwierig

Diese Wege und Steige – manchmal markiert, manchmal aber auch weglose Routen – sind trittsicheren und orientierungserfahrenen Wanderern vorbehalten. Der Gebrauch der Hände zur Fortbewegung im steilen, felsigen Gelände kann manchmal nötig sein. T4 bis T6 auf der SAC-Wanderskala, wobei eine T6-Tour in diesem Wanderführer nicht vorkommt.

DIE SCHWIERIGKEITSSKALA NACH MUSTER DES SAC

Grad	Weg, Gelände	Anforderungen
T1 Wandern	Weg gut gebahnt, Gelände flach oder leicht geneigt, keine Absturzgefahr.	Keine Anforderungen, auch mit Turnschuhen geeignet, Orientierung problemlos.
T2 Bergwandern	Weg mit durchgehender Trasse, Gelände teilweise steil, Absturzgefahr nicht ausgeschlossen.	Etwas Trittsicherheit, Trekkingschuhe empfehlenswert, elementares Orientierungsvermögen.
T3 Anspruchsvolles Bergwandern	Weg nicht unbedingt durchgehend, ausgesetzte Stellen evtl. gesichert, ggf. etwas Händeunterstützung, Geröllflächen, einfache Schrofen.	Gute Trittsicherheit, Trekkingschuhe, elementare alpine Erfahrung, durchschnittliches Orientierungsvermögen.
T4 Alpinwandern	Weg nicht zwingend vorhanden, stellenweise leichte Kletterei, Gelände recht exponiert, heikle Grashalden, Schrofen, Firnfelder.	Vertrautheit mit exponiertem Gelände, solide alpine Erfahrung, gutes Orientierungsvermögen.
T5 Anspruchsvolles Alpinwandern	Teils weglos mit Kletterpassagen im I. Grad, evtl. nicht markiert. Häufig exponiertes bzw. heikles Gelände.	Gute alpine Erfahrung und sicheres Beurteilungsvermögen auch im hochalpinen Gelände.
T6 Schwieriges Alpinwandern	Meist weglos und in der Regel nicht markiert. Kletterpassagen bis II bei diffizilen Rahmenbedingungen.	Umfassende alpine Erfahrung inklusive grundlegender Kletterkenntnisse.

Schwarzenburg mit 6.30 Stunden. Allerdings, und das ist einer der großen Unterschiede zum Wandern im Gebirge: Oft können die Wanderungen an einer Bahn- oder Busstation unterbrochen werden.
Orientierungssinn kann zuweilen selbst auf markierten Routen nötig sein. Und: Gerade im Hügelland und in der Stadt mit den vielen Wegen – und nicht immer verlaufen ja die offiziellen Wanderwege auf den besten, spannendsten und schönsten – wird orientierungsmäßig deutlich mehr verlangt als zum Beispiel beim Gang über einen Bergpass, wo es nur einen Weg gibt. So sind die herzhaften Waldrandwege bei Herzwil nicht einmal auf der Landeskarte der Schweiz eingezeichnet. In den Schwarzwasser- und Sensegräben unweit davon gibt es dann oft gar keine Pfade mehr, dafür dieses gute Gefühl, auf dem ganz eigenen Weg zu gehen.
Um die jeweiligen Anforderungen auf den ersten Blick besser einschätzen zu können, werden die Wandervorschläge mit verschiedenen Farben bezeichnet (siehe Infokasten links).

SYMBOLE

Symbole im Tourenkopf

- Mit Bahn / Bus erreichbar
- Einkehrmöglichkeit unterwegs
- für Kinder geeignet

Symbole im Höhenprofil

- Ort mit Einkehrmöglichkeit
- Einkehrmöglichkeit unterwegs
- Schutzhütte
- Campingplatz
- Bushaltestelle
- Bahnhof / S-Bahn-Haltestelle
- Schiffsanleger, Hafen
- Seilbahn
- Gipfel
- Pass, Sattel
- Brücke
- Kirche, Kapelle
- Burg, Schloss, Ruine
- Aussichtsturm
- Aussichtsplatz
- Denkmal / archäologische Stätte
- Höhle
- Brunnen, Quelle
- Bademöglichkeit

Die Touren sind zudem entsprechend ihrer Schwierigkeit der Wanderskala des Schweizer Alpenclub SAC zugeordnet, welche von T1 bis T6 klassifiziert wird (siehe Infokasten auf Seite 11, weitere Infos unter www.sac-cas.ch/de/ausbildung-und-wissen/tourenplanung/schwierigkeitsskalen).

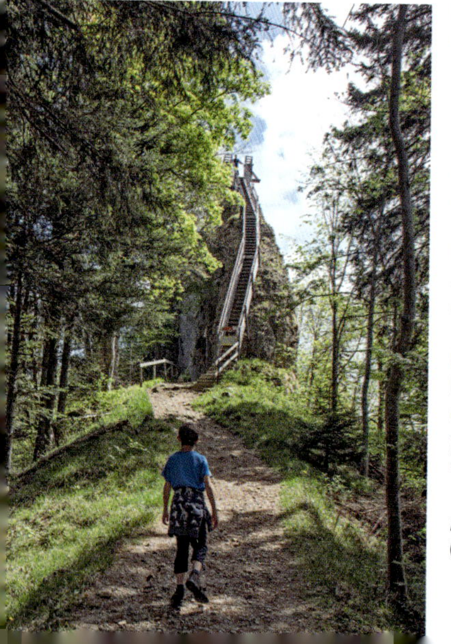

Höhenunterschied: Auch der Abstieg zählt

Aufstieg und Abstieg sind angegeben. Denn nicht allein das Hökersteigen braucht Kraft und Ausdauer, sondern auch das Hinabbremsen. Die Höhenangaben stammen aus der Landeskarte der Schweiz, Maßstab 1:25.000; Angaben mit »P.« bedeuten, dass der jeweilige Punkt als Höhenkote auf der Landeskarte eingetragen ist.

Dauer: Ohne Pausen!

Die Gehzeiten beziehen sich auf ein durchschnittliches Marschtempo von etwa 4 km im flachen bzw. etwa 300 Höhenmeter (Aufstieg) im

Die letzten Stufen auf das Guggershorn (Tour 37).

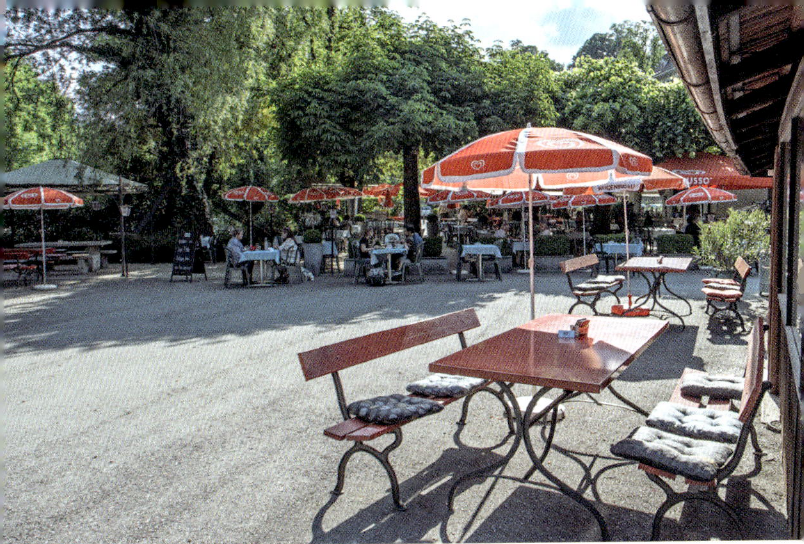

Durst löschen? Restaurant Schloss Reichenbach an der Aare (Tour 5).

geneigten Gelände, pro Stunde und bei normalen Verhältnissen. Pausen sind nicht einberechnet, und an diese muss man bei der Tourenplanung schon denken: All die Wirtschaften und Bänke, Badeplätze und Denkmäler unterwegs wollen besucht und besichtigt werden. Die Gehzeiten wurden auf 15 Minuten gerundet, sodass sich Abweichungen zu den Zeitangaben auf den Wegweisern ergeben können.

Einkehr und Unterkunft: Von Gourmetbeiz bis Burehoflädeli

Einkehr- und Verpflegungsmöglichkeiten bestehen in vielen Dörfern und in den Städten sowieso, vom Supermarkt bis zum edlen Gasthof. Zuweilen kann man auch auf der Wanderung selbst etwas einkaufen: Früchte, Gemüse, Getränke im Direktverkauf ab Hof. Man ist ja nie stundenlang abseits von kulinarischer Infrastruktur.
Über Unterkunftsmöglichkeiten informiert man sich am besten über google maps oder unter z.B. www.bnb.ch (Bed & Breakfast). In den meisten Hotels kann auch eingekehrt werden; das Umgekehrte gilt jedoch nicht.

Orientierung: Links ist nicht gleich links

Die Angaben links/rechts erfolgen im Sinne der Gehrichtung; auf der rechten Talseite, am rechten Ufer ist jedoch genau definiert (in Fließrichtung). Die Namensgebung erfolgt nach der Landeskarte der Schweiz im Maßstab 1:25.000, wobei die aktuelle dialektale Schreibweise nicht immer übernommen wurde.

Der Umwelt zuliebe ...

Auch als Wanderer hinterlassen wir einen ökologischen Fußabdruck, aber im Einklang mit der Natur unterwegs zu sein, ist gar nicht so schwer!

VORBEREITUNG UND ANFAHRT

- Sich vorab informieren, worauf in Bezug auf Natur und Umwelt in der jeweiligen Wanderregion besonders zu achten ist.
- Soweit möglich mit Bus und Bahn anreisen, Wander- und Rufbusse nutzen.
- Ist eine Anfahrt mit dem Auto nötig, Fahrgemeinschaften bilden.
- Bei weiten Anfahrten Mehrtagestouren planen oder von einem Quartier vor Ort aus mehrere Touren absolvieren.
- Flugreisen möglichst reduzieren und durch Beiträge zu Klimaschutzprojekten kompensieren.

KLEIDUNG UND AUSRÜSTUNG

- Beim Kauf von Outdoor-Kleidung auf umweltfreundliche und faire Herstellung achten und Kleidungsstücke möglichst viele Jahre nutzen.
- Ausrüstung kann man eventuell auch gebraucht kaufen oder ausleihen.
- Reparieren statt neu kaufen.

VERPFLEGUNG

- Beim Einkauf Bio-Ware, regionale und saisonale Erzeugnisse bevorzugen.
- Hütten und Gasthäuser auswählen, die regionale Produkte verwenden.
- Auf Einwegflaschen und Plastikverpackungen verzichten, stattdessen wiederverwendbare Trinkflaschen und Brotzeitboxen verwenden.

ÜBERNACHTUNG

- Bei lokalen Anbietern buchen, damit Menschen vor Ort profitieren.
- Auf Hütten und in anderen Unterkünften Strom und Wasser sparen.

UNTERWEGS

- Wege benutzen und Abkürzer vermeiden.
- Sperrungen von Wegen und Schutzgebieten respektieren.
- Wiesen und Felder in der Nutzzeit nur auf Wegen betreten.
- Keine Blumen pflücken und keine Pflanzen entnehmen.
- Waldbrandgefahr beachten.
- Müll wieder mit nach Hause nehmen und dort entsorgen.
- Toilettengänge in freier Natur möglichst vermeiden.
- Lärm vermeiden.
- Hunde an die Leine nehmen.

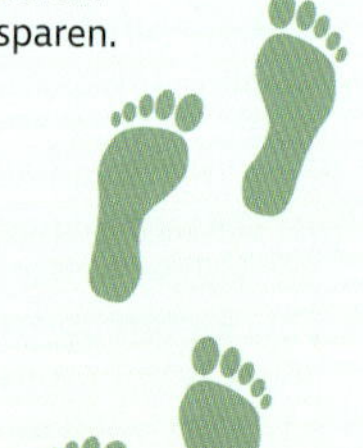

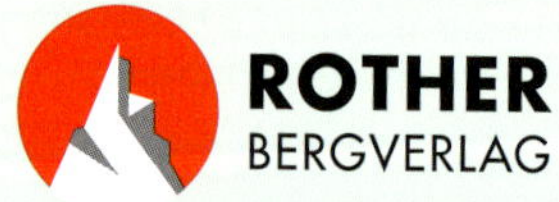

GPS-TRACKS UND KOORDINATEN DER AUSGANGSPUNKTE

Zu diesem Wanderführer stehen auf www.rother.de GPS-Tracks und Koordinaten der Ausgangspunkte zum kostenlosen Download bereit.
2. Auflage, Passwort: **438302zDs**
Sämtliche GPS-Daten wurden mithilfe der Landeskarte der Schweiz im Maßstab 1:50.000 erfasst. Die Tracks und Wegpunkte wurden dabei nach bestem Wissen und Gewissen überprüft. Dennoch können wir Fehler oder Abweichungen nicht ausschließen, außerdem können sich die Gegebenheiten vor Ort zwischenzeitlich verändert haben. GPS-Daten sind zwar eine hervorragende Planungs- und Navigationshilfe, erfordern aber nach wie vor sorgfältige Vorbereitung, eigene Orientierungsfähigkeit sowie Sachverstand in der Beurteilung der jeweiligen (Gelände-)Situation. Man sollte sich für die Orientierung auch niemals ausschließlich auf GPS-Gerät und -Daten verlassen.

Wegmarkierungen: Vielfarbig – und nicht markiert

Die Markierung der Wander- und Bergwanderwege in der Schweiz und im Fürstentum Liechtenstein ist einheitlich und erfolgt nach den vom Dachverband der »Schweizer Wanderwege« aufgestellten Richtlinien. Die Markierung besteht aus Wegweisern mit oder ohne Zeitangaben, Richtungszeigern, Rhomben und Farbmarkierungen. Wanderrouten sind gelb, die anspruchsvolleren Bergwanderrouten weiß-rot-weiß markiert. Noch schwieriger sind die weiß-blau-weiß gekennzeichneten alpinen Wege; im Führer gibt es keine so markierten Routen, aber doch solche, welche dieser Schwierigkeit entsprechen. Kulturwege sind braun markiert, die Wege zu Paul Klee in Bern mit dunkelgrünen Tafeln.

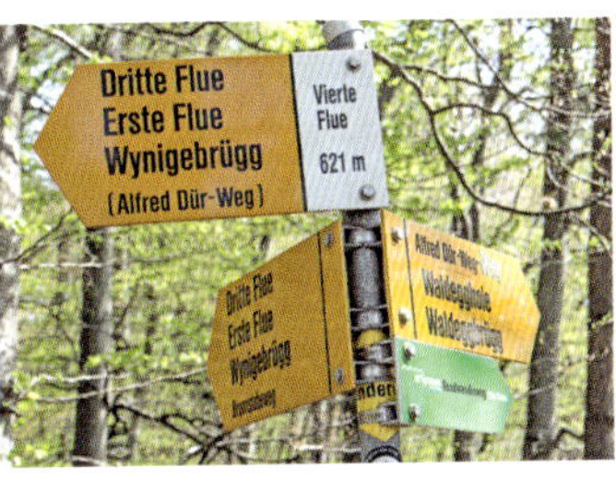

Und wo ist die Zweite Flue?

Die Berner Wanderwege haben im Kanton Bern ein Wanderwegenetz von gut 9000 km Länge mit mehr als 1200 verschiedenen Wanderrouten und über 10.000 Wegweiserstandorten aufgebaut und markiert.

Beste Jahreszeit: Ganzjährig – für die Aare der Sommer

Das Schöne am Wandern abseits des Gebirges: Es ist jederzeit möglich, auch mit Schnee. Anders gesagt: Rund um Bern, und in der Stadt sowieso, kann man immer wandern, auch im Winter, mit Ausnahme von ein paar Touren, die nur ohne Schnee oder Eis möglich sind. Das heißt: Für die Leitern von Plagne oberhalb von Biel/Bienne braucht es trockene Verhältnisse, den Robert-Walser-Weg in der Stadt selbst kann man bei Dauerregen

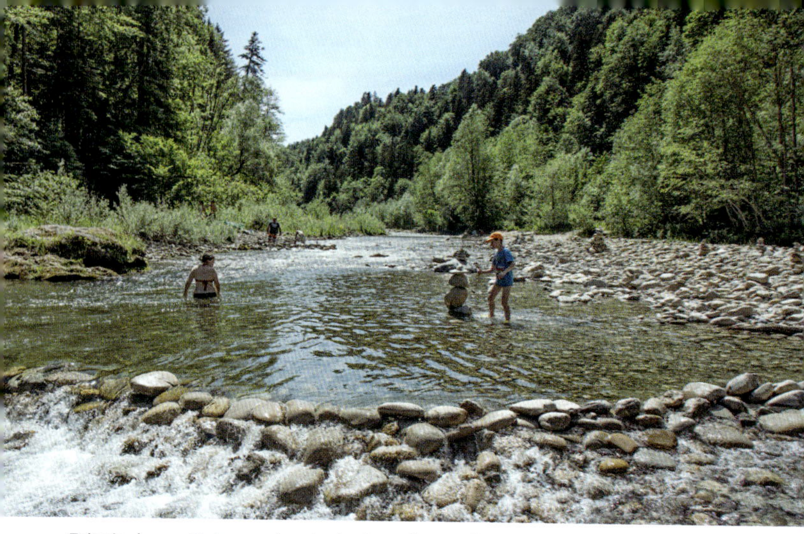

Zeit einplanen: Steinmannbau in der Sense (Tour 38).

unternehmen. Apropos Wasser: Der Schwarzwassergraben, in dem man rund 30-mal durchs Wasser waten muss, empfiehlt sich nur im Sommer; dem Gäbelbach könnte man an Weihnachten folgen. Eine Jahreszeit sei aber besonders empfohlen, vielleicht weniger zum Wandern als zum Baden: Wenn die Aare über 20 °C warm ist, gibt es eigentlich nichts Schöneres, als sich in diesem Fluss treiben zu lassen, auch mitten in der Stadt.

- Wetterbericht für die Schweiz: www.meteoschweiz.ch; sehr nützlich: unter Services Stichworte »Outdoor«, dann »Alpin« eingeben. Telefonische Auskunft: allgemeine Wettervorhersage 162 (0.50 CHF/Min.), Alpenwetterbericht 0900 162 138 (CHF 1.20/Min.), persönliche Wetterberatung 0900 162 333 (2.90 CHF/Min.); jeweils 24 Std. am Tag erreichbar.
- Wetterprognosen und -meldungen lassen sich auch per SMS-Kurzmitteilung aufs Handy holen (Details dazu auf www.meteoschweiz.ch).
- Livekameras auf diversen Websites (z.B. www.swisswebcams.ch) sowie auf den meisten Websites der Tourismusorte. Guter Überblick bei www.myswitzerland.com/de/swisscams.
- www.meteoblue.com.

Karten: Wanderkarten und Stadtpläne

Die Nummern beziehen sich auf die Landeskarte der Schweiz: 4 Ziffern w= Maßstab 1:25.000; 3 Ziffern = Maßstab 1:50.000 (ist noch ein »T« dabei, so ist das Blatt auch als offizielle Wanderkarte der »Schweizer Wanderwege« erhältlich). Sehr gut ist die Zusammensetzung 1:25.000, Blatt 2502 T »Bern und Umgebung«. Im Internet hat man die Landeskarte der Schweiz auf http://map.geo.admin.ch (die offizielle Site von www.swisstopo.ch, mit zahlreichen Zusatzfunktionen) sowie auf http://map.schweizmobil.ch (mit Wanderwegen, ÖPNV-Haltestellen etc.); der jeweilige Ausschnitt der Karte (oder des Luftbildes) kann ausgedruckt werden. Zudem sind beim Bundesamt für Landestopografie die Schweizer Landkarten erhältlich; Swiss Map online bietet sämtliche Kartenmaßstäbe und auch hoch aufgelöste Luftbilder (Orthofotos) über die ganze Schweiz an. Die Aufteilung der Produkte in Swiss Map 25, 50 und 100 und in einzelne Sektoren entfällt, dafür werden die immer aktuellen Daten über das Internet bezogen. Produkt Swiss Map Mobile bringt die Landeskarte aufs Handy. Mit dem im Mobiltelefon integrierten GPS-Empfänger kann die Karte auf den aktuellen Standort zentriert werden. Eine Markierung zeigt dem Anwender seine aktuelle Position. Der Kartenmaßstab kann nach Belieben gewählt werden. Bleibt der GPS-Empfänger eingeschaltet, wandert die Karte dank der Moving-Map-Funktion mit, wenn man sich fortbewegt. Swiss Map Mobile deckt die ganze Fläche der Landeskarte der Schweiz in den Maßstäben 1:25.000 und 1:100.000 ab und ist in acht Sektoren aufgeteilt (analog zu Swiss Map 25).

Im Weiteren gibt es einzelne Spezialkarten: Von swisstopo »Bern – einst und jetzt« (2008) mit Originalzeichnung Dufourkarte 1854, Landeskarte der Schweiz 1:25.000, 2004 und Luftbilder 1931 und 2004; sowie die Zusammensetzung Wanderkarte 2502 »Bern und Umgebung«.

Für die Stadtwanderungen empfiehlt sich jeweils ein Stadtplan, der beim Verkehrsbüro und bei den Kiosken erhältlich ist.

Stimmungsvoll: Lac de Morat von Lugnorre, mit Murten gegenüber (Tour 47).

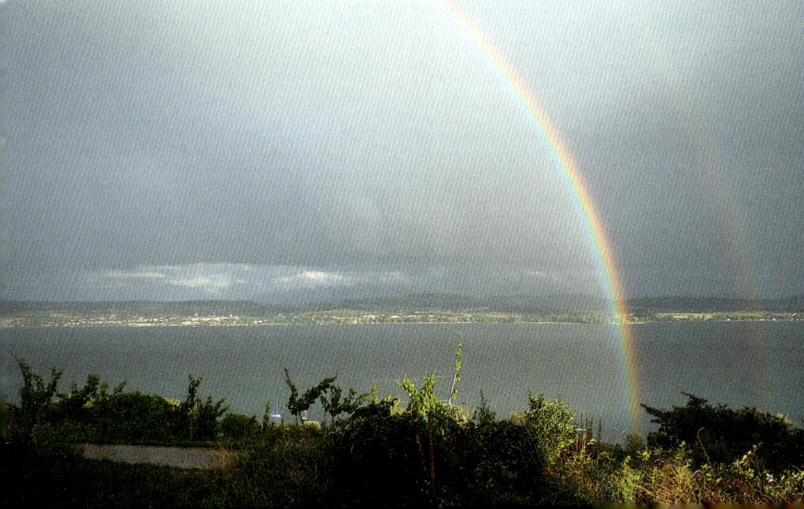

Trekking: Die schönsten Mehrtageswanderungen

Neben der in Tour 52 vorgestellten Mehrtagestour entlang der Aare lassen sich auch viele der beschriebenen Tages- und Halbtagestouren zu mehrtägigen Wanderungen kombinieren. Drei sehr schöne Touren sind:

- **Rund um die Stadt Bern.** In fünf Tagen vom Flugplatz Bern-Belp auf die Bundesterrasse, mit Traversierung der beiden bekanntesten Berner Hausberge, Bantiger und Gurten, mit Bademöglichkeiten in der Aare, Saane und Sense, im Moos- und Wohlensee.
  1. Etappe: Flugplatz Bern-Belp – Tour 22 nach Deisswil – hinauf nach Ferenberg; Gasthaus Alpenblick, +41 31 931 40 07.
  2. Etappe: Hinauf auf den Bantiger – Tour 21 über Geristein nach Lutzeren – Wanderweg durch den Grauholz-Wald nach Schönbühl – westwärts zum Moossee (Badeanstalt – Badekleider mitnehmen!) – am See entlang zum Camping Seerose – und durch den Golfplatz zum alten Badweiher von 1822/23 (das erste künstliche Schwimmbad der Schweiz, in Europa gab es vorher nur in Hamburg eine solche Anlage) – Münchenbuchsee; zwei Hotels.
  3. Etappe: Tour 14 nach Wahlendorf – über Innerberg nach Frieswil – durch den Frieswilgraben zum Wasserkraftwerk Mühleberg – über Buttenried und Mühleberg nach Gümmenen; Gasthof Kreuz, +41 31 751 16 20.
  4. Etappe: Am östlichen Ufer der Saane entlang nach Laupen – Tour 43 nach Neuenegg – an der Sense entlang bis zur Sensematt – durch den

Am Uferweg des Thunersees. Links Eiger, Mönch und Jungfrau, rechts die Blüemlisalp (Tour 26).

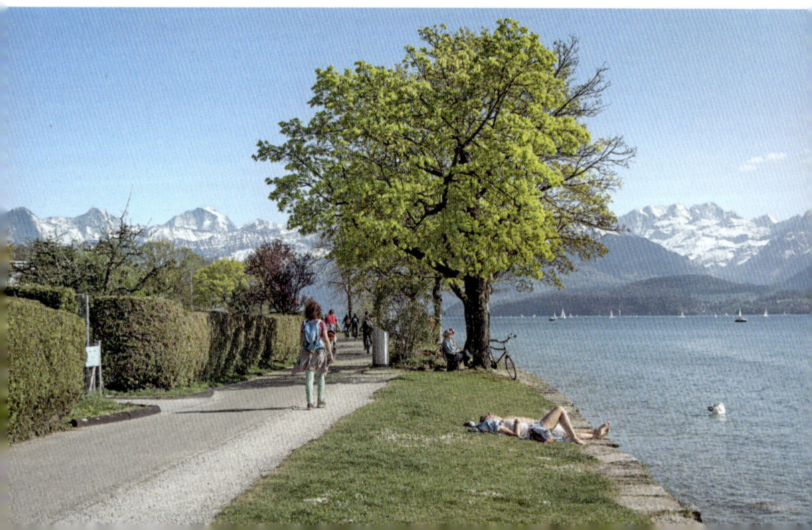

Scherligraben, zuletzt mit Tour 33 nach Niederscherli; Hotel Bären, +41 31 849 02 14; Daniela's B&B in Thörishaus, +41 31 534 40 96.
5. Etappe: Über das Hübeli nach Oberscherli und hinauf auf die Zingghöch – Tour 32 auf den Gurten – Tour 1 nach Bern.

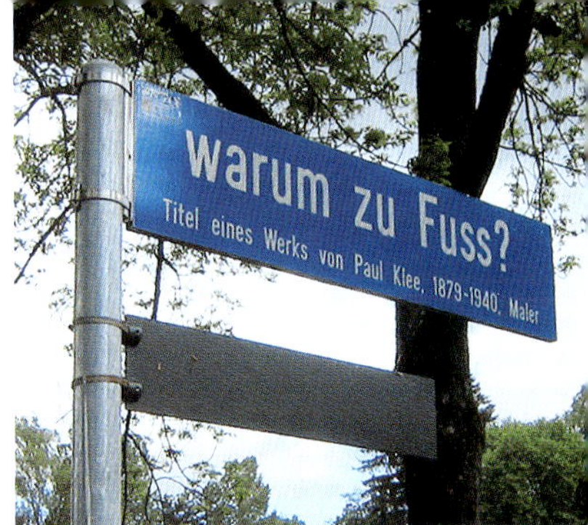

Gute Frage: Wege zu Paul Klee (Tour 3).

■ **Von Burgdorf nach Neuchâtel (Neuenburg).** In drei oder vier Tagen von Stadt zu Stadt, fast immer am Wasser entlang.
1. Etappe: Von Burgdorf immer an der Emme entlang (beide Ufer sind fast durchwegs wanderbar) bis zur Aare und flussaufwärts nach Solothurn.
2. Etappe: Abschnitt der Tour 52 über Büren a.d. Aare nach Biel/Bienne.
3. Etappe: Tour 11 via St. Petersinsel nach Erlach – Tour 12 bis zur Tüfelsburdi auf dem Jolimont, dann hinab nach Gals, via Zihlkanal nach Marin und weiter nach St-Blaise entsprechend Tour 50 nach Neuchâtel. Da die dritte Etappe mit 35 Kilometern recht lang ist, empfiehlt sich eine Halbierung mit Übernachtung auf der St. Petersinsel, in Erlach oder im stimmungsvollen Camping de la Tène bei der Mündung des Zihlkanals in den Neuenburgersee, +41 32 753 73 40. Als Abkürzung kann man auch den Jolimont links liegen lassen und am Zihlkanal entlanggehen, was eine mehrtägige Wanderung ohne Höhenmeter ergibt.

■ **Von Düdingen nach Amsoldingen.** Eine viertägige Wallfahrt auf den Spuren von St. Jakob und anderen Heiligen, von der Lourdes-Grotte in Düdingen bis zur Kirche von Amsoldingen, die im Mittelalter dem heiligen Mauritius geweiht war. Und weil uns das Pilgern so guttut, gehen wir noch weiter zur 1000-jährigen Kirche Scherzligen in Thun, trotz der Reformation noch immer ein Ort für Pilger sowie für katholische Offiziere des Waffenplatzes Thun – und für Hochzeitspaare.
1. Etappe: Tour 41 von Düdingen via Magdalena-Einsiedelei nach Fribourg und zur dem heiligen Niklaus geweihte Kathedrale.
2. Etappe: Tour 42 durch den Galterngraben nach Tafers – Tour 40 nach Schwarzenburg.
3. Etappe: Tour 35 via Kloster Rüeggisberg nach Wattenwil.
4. Etappe: Entlang der Gürbe nach Längmoos – auf der Straße nach Dittligen und Hattigen am Dittligsee – Tour 27 nach Amsoldingen – via Buecholz zum Schoren-Friedhof und ans Ufer des Thunersees – via Stadion und Strandbad Lachen sowie Schloss Schadau zur Kirche Scherzligen – an der Aare und am Schiffskanal entlang zum Bahnhof Thun.

TOURISTISCHE HINWEISE

Anreise: Schnell und bequem

Bern liegt verkehrsmäßig so ziemlich im Mittelpunkt der Schweiz. Ob mit Bahn, Bus oder auch Flugzeug: Die Hauptstadt der Schweiz ist rasch erreicht, auch von den großen Flughäfen Zürich, Genf und Basel. Am elegantesten und bequemsten ist natürlich die Anreise per Bahn. Ausgeruht kann man da meist noch eine zünftige Nachmittagstour rund um Bern oder das Treppensteigen rund um die Altstadt anschließen. Fahrpläne unter:

- www.sbb.ch, www.bahn.de, www.oebb.at

Bahn, Bus, Boot: Öffentliche Verkehrsmittel in der Schweiz

Alle Ausgangs- und Endpunkte der vorgestellten Wanderungen sind mit mit dem dicht geknüpften Netz von Bahnen, Bussen und Booten gut erreichbar.

- Die Züge lassen sich unter www.sbb.ch oder unter »Anreise« bei www.myswitzerland.com abfragen. Telefonische Auskunft erhält man beim SBB Rail Service: 0848 44 66 88 (CHF 0.08/Min.).
- Hilfreich ist die Website www.fahrplanfelder.ch (Kursbuchseiten im Netz).
- SMS-Fahrplanauskunft: Mittels »@2« und Eingabe von Abfahrts- und Zielort an die Kurznummer 4411 können die nächsten ÖV-Verbindungen per SMS abgerufen werden (z.B. »@2 Bern Murten«). Leerzeichen innerhalb der Namen von Haltestellen müssen durch einen Punkt ersetzt werden. Der Dienst kostet CHF 0.60 pro Abfrage.

Das Halbtaxabo der SBB (im ersten Jahr CHF 185) gilt auch für Busverbindungen und zahlreiche Bergbahnen. Somit kann sich eine Anschaffung des Halbtax recht schnell amortisieren. Für Kinder von 6 bis einschließlich 15 Jahren gibt es die Juniorkarte für CHF 30 – für ein Jahr können Kinder dann kostenlos mitgenommen werden (auch in zahlreichen Bergbahnen).

Veranstaltungen in Bern und Umgebung: StattLand und mehr

Für die Stadt Bern gibt es verschiedene Prospekte, Broschüren, Hefte und Programme, welche über kulturelle Angebote und andere Veranstaltungen in Bern und Umgebung informieren:

- Museen in Bern: www.museen-bern.ch
- City Tours Excursions: www.bern.com
- »Der Bund«, Donnerstagsausgabe, mit Veranstaltungsprogramm »Berner Woche«
- Kulturmagazin »ensuite«: www.ensuite.ch
- Verein StattLand: Seit 1990 bietet der Verein geführte Rundgänge an, wie »Bern kriminell« und »Bern kulinarisch« – ein sehr empfehlenswertes Programm; +43 31 371 10 17, www.stattland.ch; Stadtführer: Bern statt fern.
- Berner Wanderwege: geführte Tages- und Mehrtageswanderungen; +41 31 340 01 01, www.bernerwanderwege.ch

Märkte: Zibelemärit und andere

Der Markt in der Berner Altstadt auf dem Bundesplatz und der Münstergasse am Dienstag- und Samstagmorgen ist eine Augenweide und Gaumenfreude, die man sich nicht entgehen lassen sollte. Wochenmärkte gibt es auch in den anderen sechs Städten. Und dann ist da noch der Zibelemärit in Bern, jeweils am vierten Montag im November: Aus der ganzen Schweiz reisen die Leute an, um die Zwiebelzöpfe und vieles mehr zu bewundern und zu kaufen. Infos auf www.marktkalender.ch; vgl. auch Tipp bei Tour 2.

Chindlifrässerbrunnen: Angst haben unnötig

Der Chindlifrässerbrunnen ist einer der vielen Brunnen aus dem 16. Jahrhundert in der Berner Altstadt. Er plätschert auf dem Kornhausplatz; die Brunnenfigur ist ein Unhold, der ein nacktes Kind frisst. Zum Glück sind nicht alle Brunnen so derb wie dieser. Beim Rednerplattformbrunnen in der Postgasse kann man selbst die Figur sein ... Das macht ja das Wandern in und um Bern ebenfalls aus: Dass man auf Schritt und Tritt Kultur in ihren vielfältigsten Formen begegnet, vom Unhold zur Holden im Elfenaupark, von den Kathedralen in Neuenburg und Solothurn bis zum Wasserkraftwerk von Mühleberg, von der Keltenburg ob Petinesca und auf dem Mont Vully bis zum Schießstand in der Sandsteinfluh von Burgdorf. Und wenn wir an einem Brunnen wie beispielsweise am Glasbrunnen im Bremgartenwald neben dem kulturellen Hunger noch den Durst stillen können, umso besser.

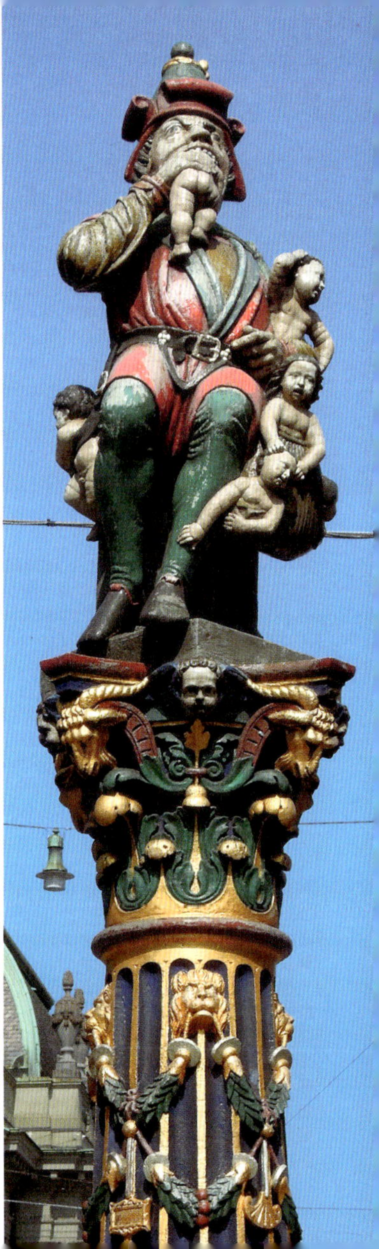

Gehören zu Bern: die Brunnenfiguren.

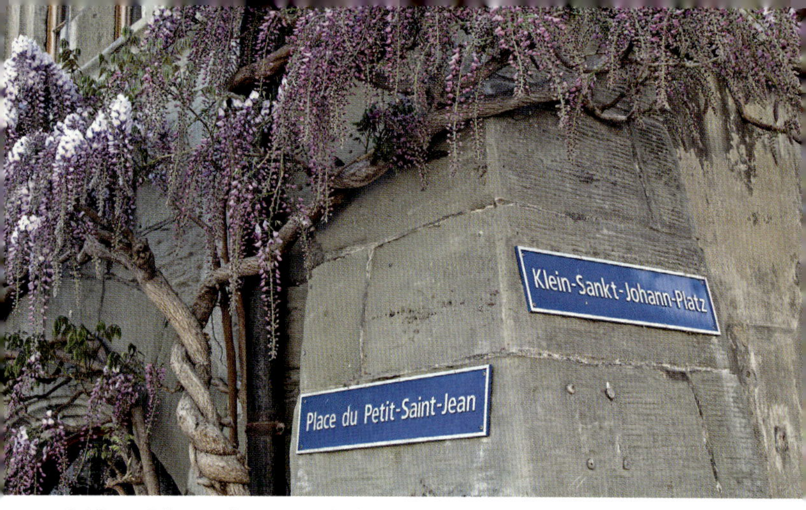

Gehört zu Fribourg: die Zweisprachigkeit.

Sprache: Röstigraben – »rideau de rösti«

Seit Mitte der 1970er-Jahre wird die deutsch-französische Sprachgrenze in der Schweiz als Röstigraben, »rideau de rösti« (»Röstivorhang«) oder »barrière de rösti« (Röstizaun) bezeichnet, wobei »rösti« auch »roesti« und »röschti« geschrieben wird. Rösti sind eine Kartoffelspezialität ursprünglich aus der Deutschschweiz, die aber heute auch in der Welschschweiz gegessen wird. Seinen Namen hat der Röstigraben vom Tal der Saane/Sarine, die im Kanton Freiburg streckenweise die Sprachgrenze bildet. In Fribourg/Freiburg wird teilweise Deutsch gesprochen (und verstanden), Biel/Bienne hingegen ist eine wirklich zweisprachige Stadt, in Neuchâtel wiederum kommt man etwas besser zurecht, wenn man »bonjour« und »merci« anwenden kann, auch im Centre Dürrenmatt.

Wichtige Telefonnummern und Adressen

Wetterbericht der Schweiz

- www.meteoschweiz.de, 0900 162 (allgemeine Ansage), 0900 162 333 (persönliche Beratung)
- www.meteoblue.com

Notruf

- Schweizerische Rettungsflugwacht REGA 1414
- Polizei 117
- Notarzt 144
- Internationaler Notruf 112

Öffentliche Verkehrsmittel

- Bahn, Bus und Schifffahrtslinien: unter www.sbb.ch, 0900 300 300
- Bus und Tram in Bern und Agglomeration: www.bernmobil.ch

Allgemein

- Schweiz Tourismus, www.myswitzerland.com, info@myswitzerland.com, 00800 100 200 30 (gratis); CH-8027 Zürich, Tödistrasse 7; D-60311 Frankfurt a.M., Roßmarkt 23; A-1040 Wien, Schwindgasse 20; NL-1001 JK Amsterdam, Postbus 17400

Bern und Umgebung

- Bern Tourismus, Tourist Information, Bahnhofplatz 10a, 3011 Bern, +41 31 328 12 12, info@bern.com, www.bern.com
- www.bern.com: offizielle Webseite der Stadt Bern
- www.be.ch: offizielle Webseite des Kantons Bern
- Tourismus Biel Seeland, Bahnhofplatz 12, 2502 Biel/Bienne, +41 32 329 84 84, info@biel-seeland.ch, www.biel-seeland.ch
- Solothurn Tourismus, Hauptgasse 69, 4500 Solothurn, +41 32 626 46 46, info@solothurn-city.ch, www.solothurn-city.ch
- Burgdorf Tourismus, Kirchbühl 19, 3402 Burgdorf, +41 34 429 92 79, stadtmarketing@burgdorf.ch, www.burgdorf.ch
- Thun Tourismus, Bahnhof, 3602 Thun, +41 33 225 90 00, thun@thunersee.ch, www.thunersee.ch
- Freiburg Tourismus und Region, Place Jean-Tinguely 1, 1701 Fribourg, +41 26 350 11 11, info@fribourgtourisme.ch, www.fribourgtourisme.ch
- Tourisme neuchâtelois, Hôtel des Postes, 2001 Neuchâtel, +41 32 889 68 90, info@ne.ch, www.neuchateltourisme.ch

Wandersites

- www.alternatives-wandern.ch
- www.bernerwanderwege.ch
- www.gipfelbuch.ch
- www.hikr.org
- www.stattland.ch
- www.wanderplaner.ch
- www.wandersite.ch

Weitere Internetseiten

- www.albrecht-von-haller.ch
- www.heitsorgzubaern.ch
- www.local.ch
- www.rundumbern.ch

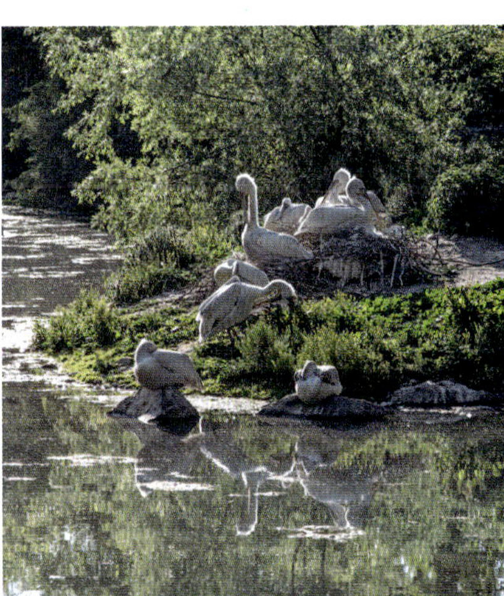

Entlang des Dählhölzliparks.

Literatur: Dürrenmatt & Co.

Was haben sie gemeinsam, Friedrich Dürrenmatt, Friedrich Glauser, Lukas Hartmann, Hermann Hesse, Franz Hohler, John Le Carré, Jean-Jacques Rousseau und Robert Walser, um nur ein paar über Bern und die Schweiz hinaus bekannte Schriftsteller zu nennen? Sie alle haben sich in Bern und im Bernbiet aufgehalten, haben hier gelebt und sich für ihre Werke inspirieren lassen. Die belletristischen Bücher und die Sachbücher zu Bern: Stapelte man sie aufeinander, ergäbe es wohl einen Turm so hoch wie das Münster. Und weil Wandern doppelt so intensiv, so erlebnisreich, so stimmig ist, wenn man die passende Lektüre im Rucksack dabei hat oder vorher bzw. nachher in sie eintaucht, sind bei den Literaturtipps einige Bücher angegeben, vom Krimi (scheint bei Bern-Autoren besonders beliebt zu sein!) bis zum Wälzer. Wer noch mehr wissen will, wird auf www.literapedia-bern.ch fündig. Oder wendet sich für die umfangreiche Bücherliste an den Autor: anker@sunrise.ch.

Führertipps: Ein Rucksack voll

Wanderführer

- Franz Auf der Maur: Jahreszeitenwanderungen in der Region Bern. Reinhardt 2009.
- Franz Auf der Maur: Rundwanderungen in der Region Bern. Reinhardt 2012.
- Lukas Fischer, Philipe Cruz: Bern und Mittelland – Nachmittags-Ausflüge. Edition Lan 2011.
- Fredy und Sabine Joss: Berner Hausberge. AT 2005.
- Fredy und Sabine Joss: GenussWandern Region Jura. hep 2010.
- Dominique Strebel, Patrick Wülser: Mordspaziergänge. Kriminalliterarische Wanderungen im Kanton Bern. Rotpunktverlag 2001.
- Franz Walter, Rolf Imbach: Das sagenhafte Wanderbuch – vom Balmberg zum Weissenstein. Knapp 2010.
- Bernhard Zurbriggen: Schauen und Wandern im freiburgischen Senseland. Wünnewil 2009.
- Wanderbücher des Vereines Berner Wanderwege: Bernerland, Region Bern – Gantrisch, Emmental – Oberaargau, Berner Jura – Bielersee – Seeland, Kurzwanderungen.

Sonstige Führer

- Hans Peter Bärtschi: Industriekultur im Kanton Bern. Rotpunkt 2006.
- Fritz von Gunten: Denk mal – ein Denkmal. Druckerei Schürch, Huttwil 2010.
- Fritz von Gunten: Seen- und Seelenlandschaften. Sagenhafte Begegnungen an über 80 Seen im Kanton Bern. Druckerei Schürch, Huttwil 2012.
- Werner Huber, Dominique Uldry: Bern baut. Ein Führer zur zeitgenössischen Architektur 1990–2010. Edition Hochparterre 2009.

- Peter Mosimann: Auf historischen Wegen. Köniz und Umgebung. Stämpfli 2009.
- Paul Ott, Fritz von Gunten: Bern und die Hauptstadtregion. 66 Lieblingsplätze und 11 Köche. Gmeiner 2011.
- Magdalena Schindler, Catherine Louis: Mit Theo in Bern. Streifzug eines Katers durch Bauten und Geschichten der Stadt. Gesellschaft für Schweizerische Kunstgeschichte, 2012.
- Hansueli Trachsel: Sandstein. Stämpfli 2006.
- Bern für Kinder. Die Stadt entdecken, erleben und enträtseln. Stämpfli 2018.
- Parkführer Bern. Ein Wegweiser zu 38 Gärten, Parks und Grünräumen. Haupt 2012.
- Das Zeit-Reise-Buch. Archäologische und historische Ausflüge in der Dreiseenregion und im Jura. Schweizerische Gesellschaft für Ur- und Frühgeschichte, Basel 2002.
- Hans Itten: Naturdenkmäler im Kanton Bern. Haupt 1970.
- Einfach Bern: die Perlen der Stadt. Bucks-Edition 2012.

Der Dojon auf dem Schlossberg in der Stadtmitte Thuns (Tour 25).

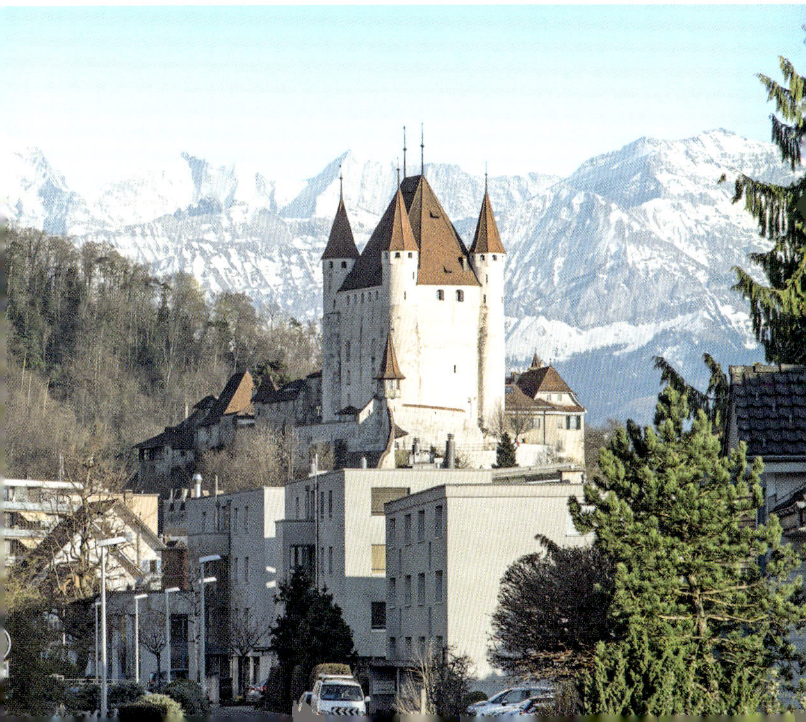

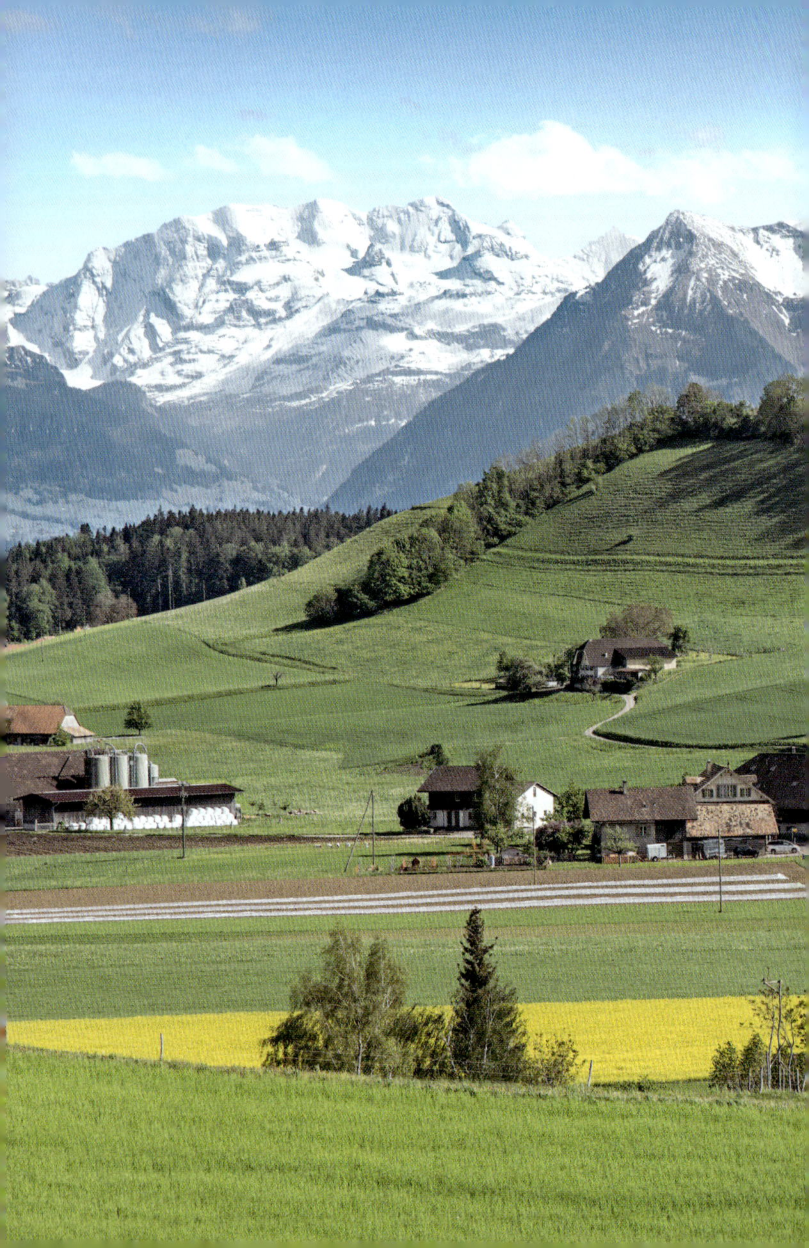

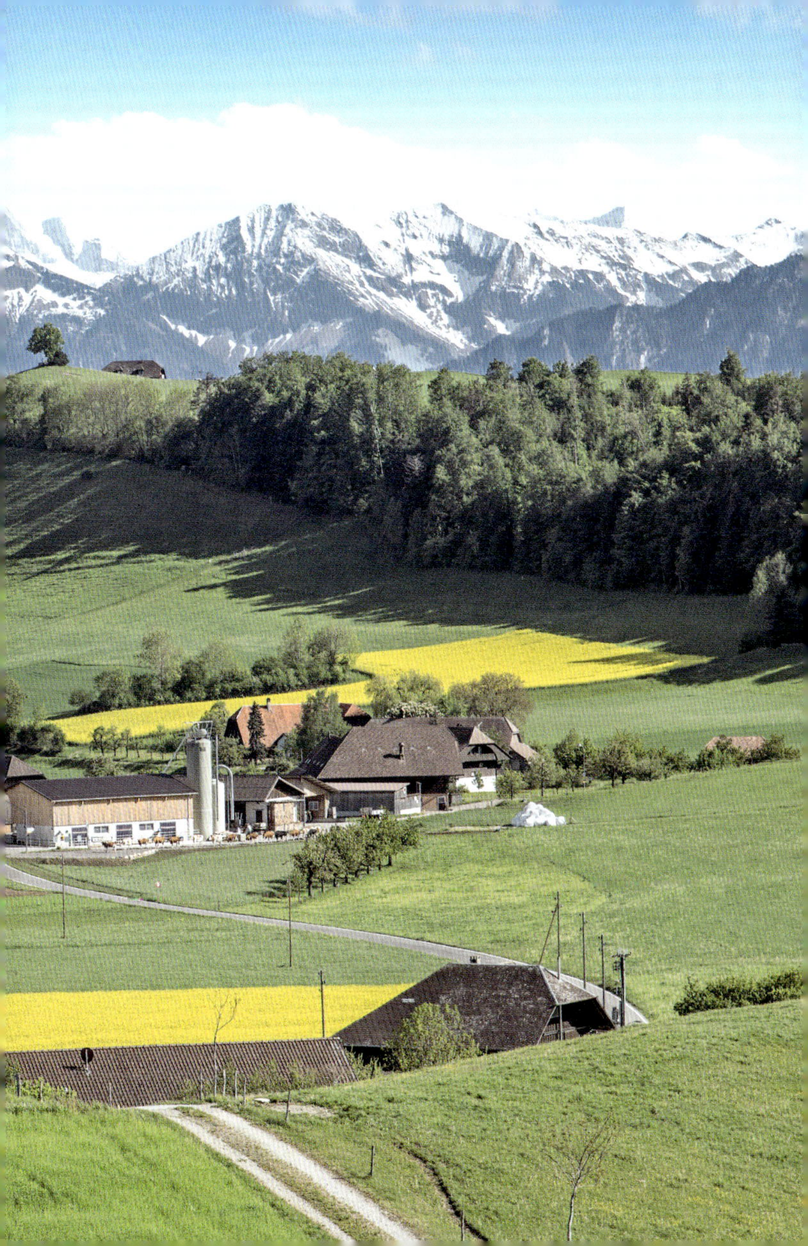

TOP

1

↗ 380 m | ↘ 400 m | 10.3 km

Bern: Gurten, 858 m – Marzili – Bundeshaus

3.15 h

Der perfekte Einstieg

Der Gurten ist ein Berg (der Ostgipfel mit dem Triangulationssignal ist genau 858,1 m hoch; der Westgipfel 856,1 m, mit dem Aussichtsturm 878,5 m). Ein Panorama-, Bahn- und Spielberg. Ein Gourmet-, Bier- und Kongressberg. Ein Festival- und Theaterberg. Ein Wander-, Jogging-, Walkingberg. Ein Ski-, Skilift- und Schlittelberg. Ein Bike- und Downhill-Berg. Ein Faulenzerberg. Ein Sandsteinberg. Ein Internetberg: www.gurten.ch, www.gurtenbahn.ch, www.gurtenfestival.ch, www.gurtenpark.ch, www.gurtenclassic.ch, www.theatergurten.ch. Willkommen auf dem Güsche, dem Hausberg der Hauptstadt!

Ausgangspunkt: Bern-Wabern, 560 m; S-Bahn vom Bahnhof Bern. Oder mit Tram 9 bis Hst. Gurtenbahn, ca. 550 m.
Endpunkt: Bahnhof Bern, 540 m.
Anforderungen: Mehrheitlich markiert. T1.
Einkehr: Auf dem Gurten, beim Camping Eichholz und in der Altstadt.
Varianten: 1. Fahrt mit der Gurtenbahn. 2. Vom Eichholz 4 bis Marzili in der Aare (Kleider und Schuhe in zwei wasserdichte Plastiksäcke verpacken); www.aare.guru.
Karte: 243 T Bern; 2502 Bern und Umgebung; Stadtplan von Bern.
Kombinationsmöglichkeit: Mit den Touren 2–6, 32.

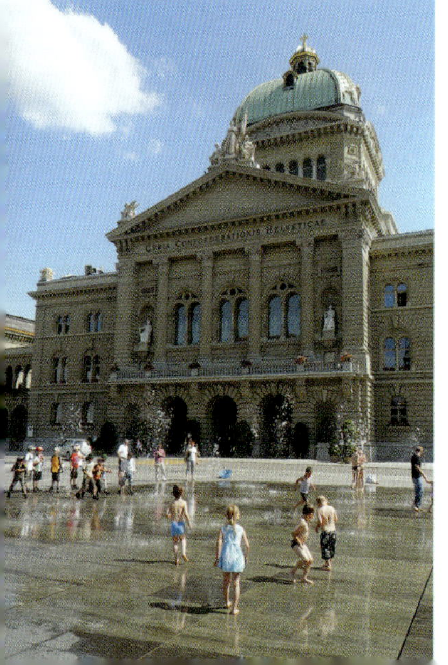

Von der Bahnstation **Wabern** 1 bzw. der Tramstation Gurtenbahn auf der Straße hinauf zur Talstation der **Gurtenbahn**, ca. 590 m. Rechts der Standseilbahn auf dem Wanderweg, teils auf Treppen, bis oberhalb der Mittelstation. Am Waldrand rechts weg und im Wald im Zickzack hinauf zum Hotel und Restaurant Gurten Kulm und noch weiter bergauf zum **Gurten-Westgipfel** 2 mit dem 25 m hohen Turm, von dem man eine fantastische Rundsicht hat.
Hinab gegen die Bergstation (P. 839) der Gurtenbahn und auf dem Teersträßchen – oder schöner über die berühmte Gurtenwiese – auf den **Gurten-Ostgipfel** 3 mit Triangulationssignal und Panoramatafel. Auf dem Wanderweg in östlicher Rich-

Beliebt: Bundesplatz mit Bundeshaus.

tung über den Rücken des Gurten nach **Studholz**, dann in grob nördlicher Richtung gegen Wabern. Nach Querung eines großen Hanges (bei Schnee das Glanzstück der Gurtenabfahrt) kommt man zu einem Holzsteg im Wald: Ihn nicht überschreiten, sondern rechts am Waldrand entlang absteigen und auf einem Feldweg hinab auf das übernächste Schottersträßchen. Nach links, bei kleiner Anhöhe mit Bank und Baum nach rechts und nach Bächtelen hinabkurven. Durchs Stiftungsgelände hindurch, über die Gürbetalbahnlinie und hinab zur stark befahrenen Seftigenstrasse, ca. 560 m.

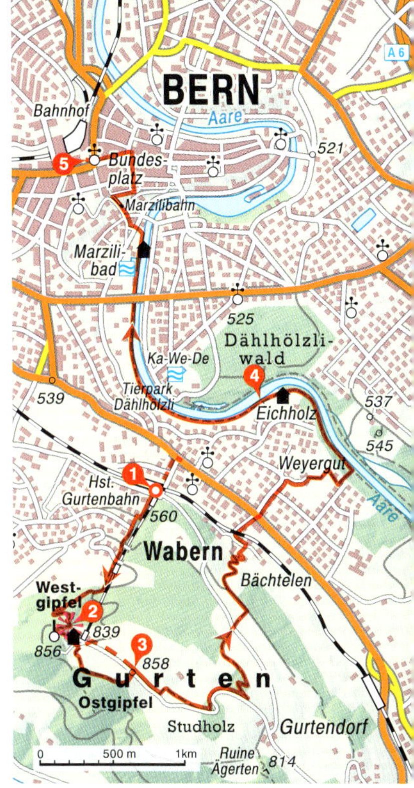

Durch die Weyerstrasse hinunter und durch das Weyergut vorbei weiter Richtung Aare. Rechts haltend durch die neue Überbauung »Wohnoase Weyergut« und schräg hinab zur Aare. Flussabwärts zum **Eichholz** 4 und weiter auf dem Uferweg bis ins Marzilibad, das auch im Winter offen ist. Zum Haupteingang, die Straße queren und durch die Marzilistrasse zur Talstation der seit 1885 in Betrieb stehenden **Marzilibahn**. Entweder zu Fuß parallel zur Bahn oder mit dieser kürzesten öffentlichen Standseilbahn der Schweiz (Länge 105 m, Höhendifferenz 31 m) hinauf auf die **Bundesterrasse**. Auf ihr zum Hauptgebäude des Bundeshauses und zum Bundesplatz, dem politischen Zentrum der Schweiz. Weiter über den Bärenplatz zum Käfigturm und durch die Spitalgasse zum **Bahnhofsplatz Bern** 5.

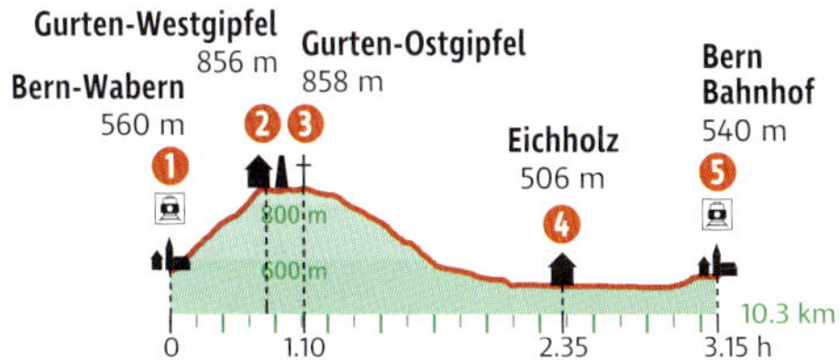

↗ 140 m | ↘ 140 m | 2.9 km

2 Bern: Treppen um die Altstadt und aufs Münster

1.45 h

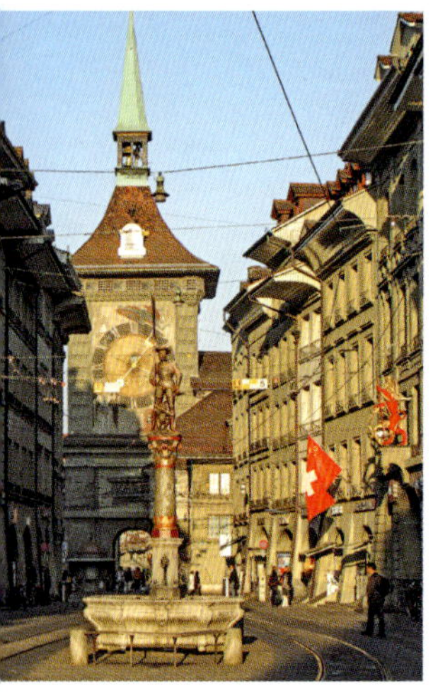

Stägeli ab, Stägeli uf

In Bern gibt es viele Treppen, ein paar kennt man, wie die Mattentreppe, welche die vornehme Stadt oben mit dem gewerblich wichtigen Mattequartier verbindet. Andere, wie die Treppen auf der Schattenseite der Halbinsel, auf der Bern erbaut wurde, dürften auch Stadtberner kaum kennen. Deshalb schlagen wir diese Tour vor: vom Zytglogge im Uhrzeigersinn alle Treppen begehen, welche von der Altstadt – seit 1983 gehört sie zum UNESCO-Weltkulturerbe – zur Aare hinabführen und wieder hinauf. Fünf Mal machen wir das, auf kurzen und langen Treppen mit insgesamt gut 1000 Stufen. Und weil uns das Treppensteigen so gut gefällt, besteigen wir noch den Münsterturm, den höchsten Kirchturm der Schweiz (100 m), was zwei Mal 344 Stufen macht. Ergibt insgesamt über 1700 Stufen im Auf- und Abstieg.

Foto oben: Das Herz Berns: Zytglogge.
Unten: Die Nydeggkirche über der Untertorbrücke.

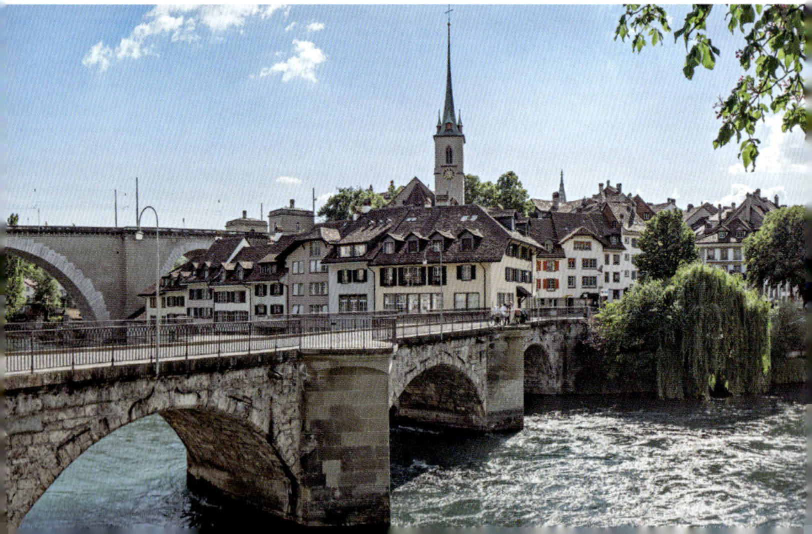

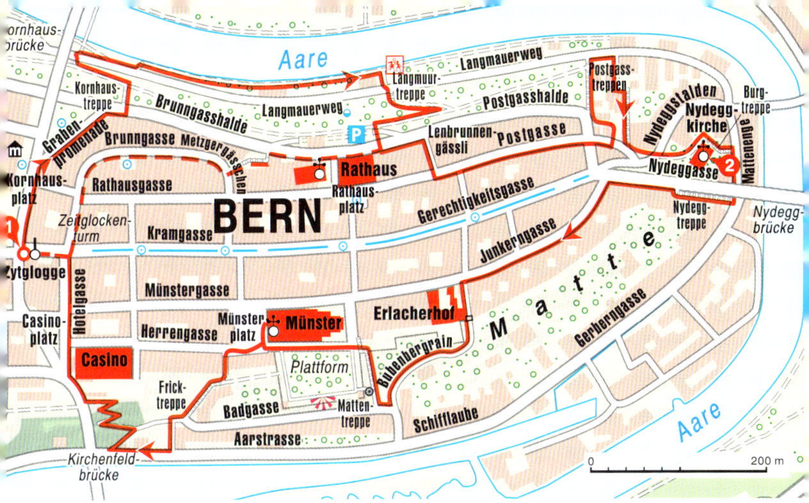

Ausgangs- und Endpunkt: Bern, Zytglogge (Zeitglockenturm), ca. 540 m; vom Bahnhof Bern mit Tram, Bus oder zu Fuß in 10 Min.
Anforderungen: Etwas Kondition. T1.
Einkehr: Immer wieder; sehr schön auf der Münsterplattform.
Variante: Wenn die Grabenpromenade und der Aarehang umgebaut werden sollten, fallen die Treppen evtl. weg. Dann macht man am besten Folgendes: Von der Ostseite des Zytglogge, also von dort, wo die Touristen stündlich das Figurenspiel bewundern, durchs Zibelegässli hinüber in die Brunngasse, durch diese hinunter ins Metzgergässchen und links über den Treppenweg auf die Brunngasshalde. Unterhalb der katholischen Kirche und dem Rathaus vorbei, bis rechts das Lenbrunnengässli zurück in die Altstadt leitet.
Tipps: 1. Den Zytglogge kann man im Rahmen einer Führung besteigen! 130 teils ausgetretene Stufen führen zur Aussichtsplattform hinauf. Infos unter www.bern.com; vorherige Reservierung wird aufgrund der begrenzten Teilnehmerzahl empfohlen: +41 31 328 12 12 oder citytours@bern.com.
2. Märkte: Münsterplattform: Handwerkermarkt (jeden 1. Sa im Monat von März bis Dezember, 8–16 Uhr sowie am 1. Sonntag im Dezember, 10–17 Uhr). – Münsterplatz: Weihnachtsmarkt (täglich im Dezember). – Mühleplatz in der Matte: Flohmarkt (jeden 3. Samstag im Monat von Mai bis Oktober, 8–16 Uhr). – Dazu natürlich der »normale« Markt in der Münstergasse (Dienstag und Samstag, vormittags).
3. Das Münster ist täglich geöffnet, außerordentliche Schließungen von Kirche und Turm sind wegen kirchlicher Feiern oder Bauarbeiten möglich. Turm ist von 12 bis 15.30 Uhr offen, je nach Saison und Wochentag auch früher und/oder später.
Karte: Stadtplan von Bern.
Kombinationsmöglichkeit: Mit den Touren 1, 3–6.

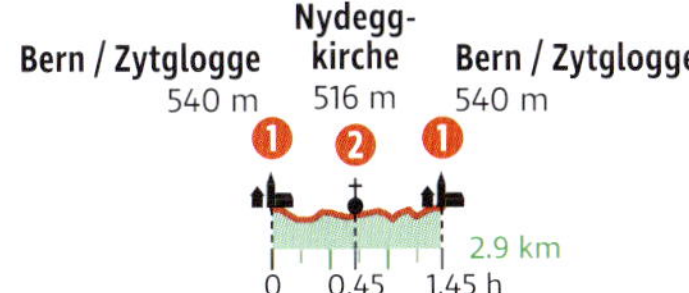

Von der Westseite des **Zytglogge** ❶ über den Kornhausplatz mit dem Chindlifrässerbrunnen und vor der Kornhausbrücke rechts durch die Grabenpromenade hinab auf die Brunngasshalde, diese unterqueren zum Hang, der gegen die Aare abfällt; nach links. Auf einer langen, steilen Treppe (man könnte sie **»Kornhaus-Treppe«** nennen) hinab, nach links gegen die Kornhausbrücke, am Ende des Weges nach rechts auf den Langmauerweg entlang der Aare. Vor dem Bootshäuschen auf einer kurzen Treppe mit rotem Geländer ganz hinab zur Aare und auf einem Weglein flussaufwärts. Vor dem Längmuur-Spielplatz zurück auf die Uferstraße.
Auf der Treppe (man könnte sie **»Längmuur-Treppe«** nennen) wieder den Hang hinauf und oben nach rechts zum Parking Rathaus. Auf dem Fußgängerstreifen (oder bei wenig Verkehr auch direkt) über die Straße, nach links und dann nach rechts und durch das Lenbrunnengässli (wahrscheinlich das unbekannteste Gässchen von Bern, mit Gittertüre) hinüber in die Postgasse, zum Kronenbrunnen mit Rednerplattform (auf der Säule kann man selbst zur Brunnenfigur werden). Der nicht zugängliche Lenbrunnen ist ein Trinkwasserbrunnen aus dem 13. Jh., der erst 1992 entdeckt wurde.
Durch die Postgasse hinab, die Postgasshalde überqueren in den untersten Abschnitt der Postgasse: Hier führen linker Hand zwei »geheime« Treppen gegen die Aare hinab. Die **westliche Postgasstreppe** (ohne Namen vor Ort) beginnt einladend breit mit Geländer und Granitstufen, dann geht es nach links an den bewaldeten Aarehang und über 121 Stufen hinab auf den Langmauerweg. Nach rechts und bei der zweiten Möglichkeit wieder nach rechts und zum Montessori-Kinderhaus (untergebracht in einer ehemaligen Mühle). An ihm vorbei gelangen wir in fast privatem Rahmen zur **östlichen Postgasstreppe**, die wiederum an Wohnhäusern und Atelier vorbei und zuletzt eng zwischen Mauern zurück in die Postgasse kommt, ein paar Meter weiter unten. Nun hinab in den Nydeggstalden und hinüber zur **Nydeggkirche** ❷; ungefähr dort, wo ihr Chor ist, hatte Berns Stadtgründer Herzog Berchtold V. von Zähringen Ende des 12. Jahrhunderts die Burg Nydegg erbauen lassen. Deshalb heißt die Treppe, die links der Kirche beginnt, auch offiziell **»Burgtreppe«** – eine gedeckte Treppe hinab in die Matte.
Nach rechts und durch die gedeckte **Nydeggtreppe** meist auf Holzstufen wieder hinauf auf die Nydegggasse. Nach links und gleich nochmals nach links in die Junkerngasse, die vornehmste Adresse in der Berner Altstadt (jedenfalls die Häuser auf der Südseite). Der **Bubenbergrain** vor dem Erlacherhof (das geschichtlich und architektonisch bedeutendste private Bauwerk der Stadt; Sitz der Gemeindeexekutive und des Stadtpräsidenten von Bern) ist keine eigentliche Treppe, sondern weist nur ein paar flache Stufen auf; aber er ist ein schöner Weg durch ein Tor hindurch und dann an Gärten vorbei hinab in die Matte zur Badgasse und zur vielleicht berühmtesten Treppe von Bern, der **Mattentreppe**. 179 gedeckte Holzstufen leiten hinauf zur Kathedrale und Plattform – wem dies zu viel ist, nimmt den 1897 in Betrieb genommenen Mattenlift, im Volksmund Senkeltram genannt.

Über die Plattform auf den **Münsterplatz**. Nach einem Blick auf das Hauptportal des Münsters mit den 234 fein gearbeiteten Sandsteinfiguren besteigen wir den Münsterturm (gebührenpflichtig); die zweite Plattform liegt auf einer Höhe von 60 m und bietet einen fantastischen Blick auf Altstadt, Aarehalbinsel und Alpen.
Zurück auf den Münsterplatz und von seiner Südwestecke am Beginn der Herrengasse durch die gedeckte **Fricktreppe** zum letzten Mal hinab und über weitere Treppen bis zur Aare. Nach rechts, nochmals ein paar Schritte flussaufwärts und vor der Kirchenfeldbrücke rechts eine kurze Treppe empor, dann im Zickzack hinauf zum nördlichen Brückenkopf und zum Casino. Durch die Hotelgasse zurück zum **Zytglogge** 1.

Typisch Bern: die Kramgasse im Abendlicht.

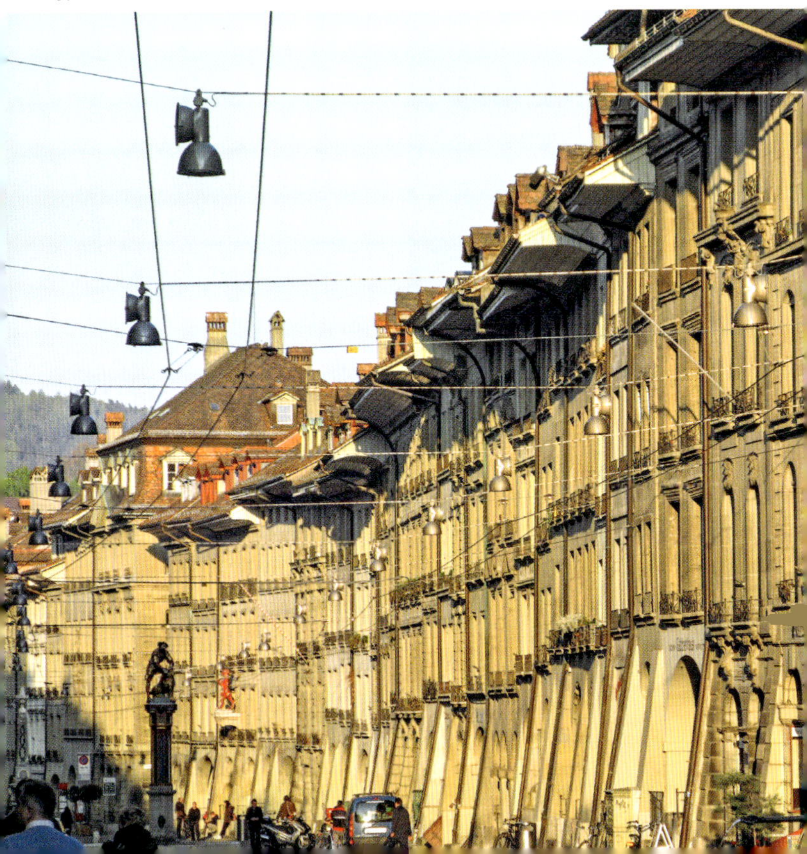

↗ 200 m | ↘ 200 m | 10.2 km

3 Bern: Wege zu Paul Klee

2.45 h

Zu Fuß zum Monument im Fruchtland

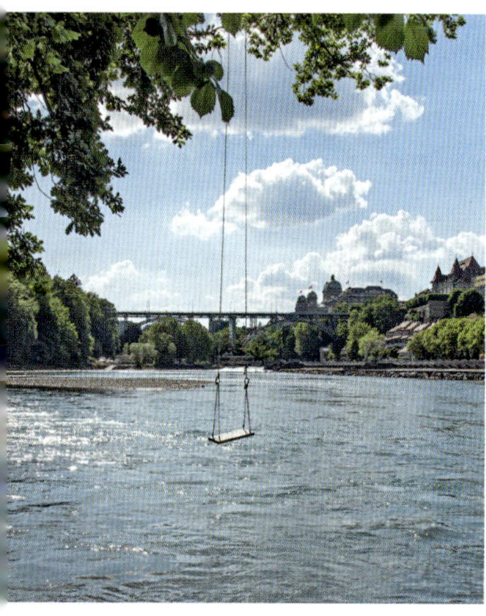

Nicht ohne nasse Füsse: Aareschaukeln.

Natürlich könnte man von Welle zu Welle gleiten statt schreiten, könnte vom geschwungenen Bahnhof Bern-West den Bus 12 zum Zentrum Paul Klee im Osten der Stadt nehmen. Und schön sähe man die drei Bögen des Museumsbaus von Renzo Piano, wie sie aus einem Feld herauswachsen und sich zum Licht, zur Stadt und zur Autobahn hin öffnen: das Monument im Fruchtland. So heißt auch ein Bild von Paul Klee, diesem Künstler, der 1879 in Münchenbuchsee bei Bern geboren wurde. Aber wenn man vom Bahnhof Bern zu Klee promeniert, dann wird Leben und Werk vor Ort direkt greifbar. Informationstafeln mit Bildern, Fotos und Texten verankern einsichtig und überraschend den Künstler in seiner Stadt. Und gleichzeitig beginnt man auch dieses UNESCO-Weltkulturgut anders zu sehen, weil man nicht den ausgetrampelten Touristenpfaden folgt, bekannte Sehenswürdigkeiten wie Rosengarten und Münsterplattform trotzdem sieht und viele andere neu entdeckt.

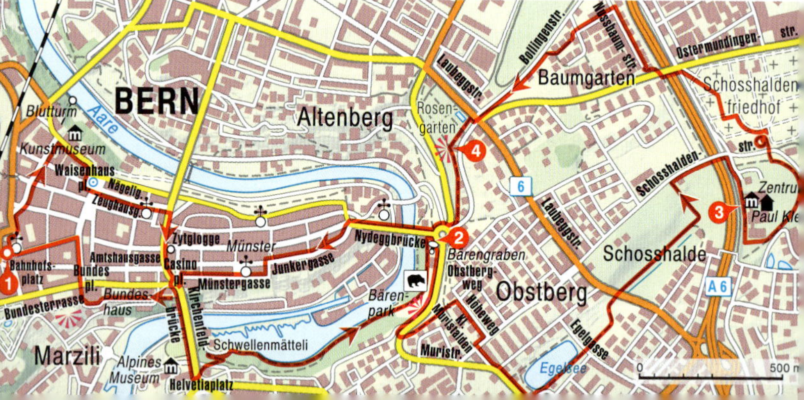

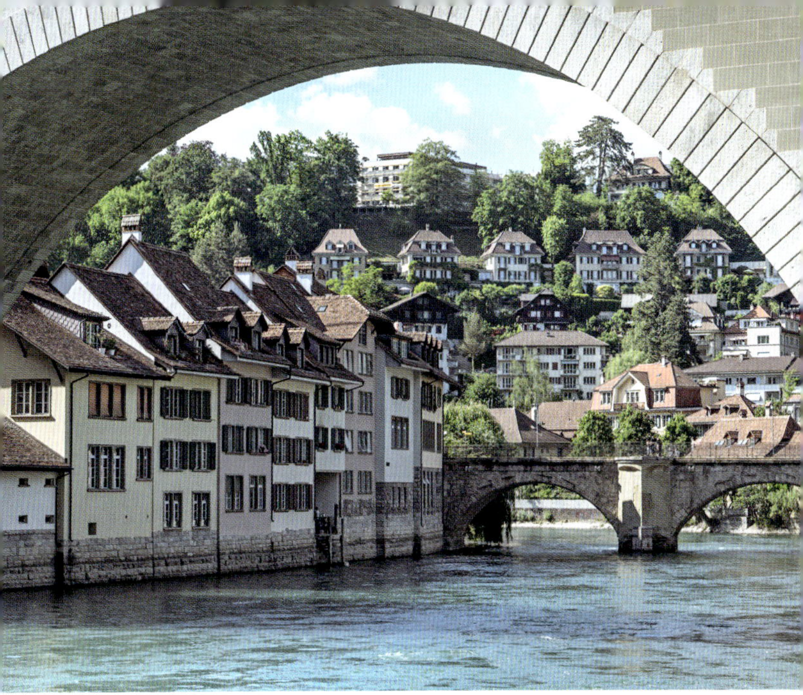

Durchgeschaut: von der Nydeggbrücke zur Untertorbrücke.

Ausgangs- und Endpunkt: Bern, Bahnhof, 540 m.
Anforderungen: Etwas Orientierungssinn, da der Verlauf der Klee-Wege in der Altstadt spärlich markiert ist. T1.
Einkehr: Unterwegs immer wieder; u.a. im Zentrum Paul Klee.
Variante: Ein Themenweg führt zum Zentrum Paul Klee 3 zu den Steinbrüchen Ostermundigen und zurück (ca. 7 km, 2 Std.; T1).

Tipp: Zentrum Paul Klee, Monument im Fruchtland 3, +41 31 359 01 01, www.zpk.org, montags geschlossen.
Karte: Stadtplan. »Wege zu Klee«, als Faltblatt (gratis, auch im Internet) oder als sehr empfehlenswerte Broschüre (CHF 15.–), sind in den Tourist Centers und im Zentrum Paul Klee erhältlich.
Kombinationsmöglichkeit: Mit den Touren 1, 2, 4–6; Tour 22 über die Variante zu den Steinbrüchen Ostermundigen.

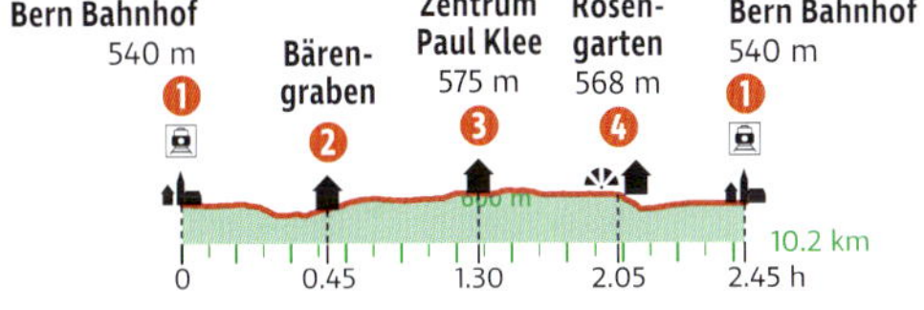

Vom **Bahnhofplatz Bern** ❶ mit Baldachin und Heiliggeistkirche auf dem orangen Weg zu Klee nordwärts in den Lauben (Arkaden), am neu renovierten Hotel Schweizerhof vorbei, in die Neuengasse; hierher auch direkt aus dem Bahnhof. Durch die Genfergasse in die Hodlerstrasse und nach rechts zum Kunstmuseum unweit des unbedeutenden Kleeplatzes. Durch die Hodlerstrasse sanft ansteigend auf den Waisenhausplatz mit Gymnasium, Polizeihauptwache, Meret-Oppenheim-Brunnen und NMS (an deren Schulgebäude man die Inschrift »Ora et labora« – »bete und arbeite« – lesen kann). Durch die Nägeligasse gelangen wir auf den **Kornhausplatz** mit Stadttheater und Kornhaus. Südwärts, rechts am **Zytglogge** vorbei, zum Theaterplatz und Casinoplatz, über die Kirchenfeldbrücke gegen den Helvetiaplatz mit Alpinem und Historischem Museum sowie mit der Kunsthalle am südlichen Brückenkopf. Links von ihr auf einem Treppenweg hinab zum Schwellenmätteli. An der Aare entlang zum Bärenpark (wo die Tiere heute sind) und hinauf zum **Bärengraben** ❷ (wo sie mal waren).
Durch den Grossen Muristalden aufwärts (schöne Ausblicke auf die Berner Altstadt); ihn oben vor der Linkskurve queren und auf einem Hangweg zur Von-Tavel-Terrasse im **Obstbergquartier**. Von hier steigt der offizielle Weg zu Klee auf den Kleinen Muristalden ab und folgt ihm aufwärts. Wir aber queren den Kleinen Muristalden auf dem Betonsteg (er wurde vom Berner Büro des berühmten Brückenbauers Robert Maillard entworfen) und gelangen durch einen schmalen Weg zum Höheweg; nach links etwas

Ein besonderer Berner Ort: das Schwellenmätteli.

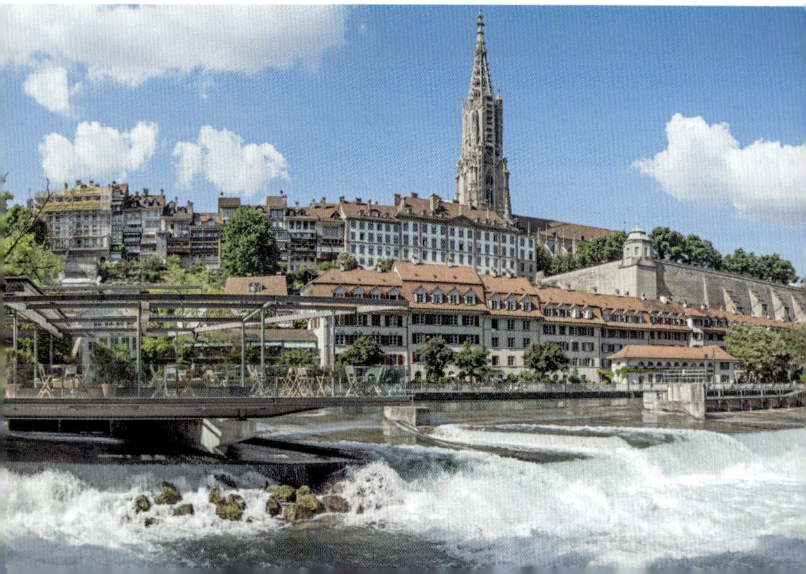

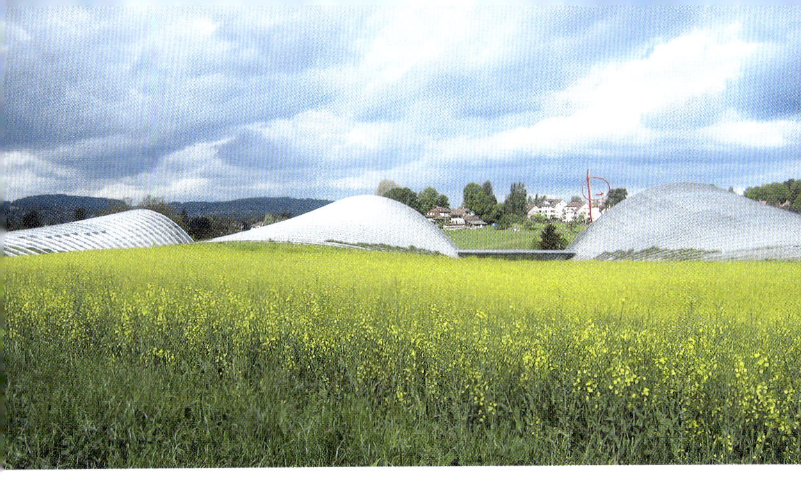

Ein Monument im Fruchtland: Zentrum Paul Klee.

absteigen und nach rechts in den Obstbergweg mit seinen sehr schönen Backsteinhäusern: Paul Klee und seine Familie wohnten in der Nummer 6. Zurück zum Höheweg, an seinem oberen Ende nach rechts und wieder nach links auf die Muristrasse. An ihr entlang, bis wir nach links zum Egelsee abzweigen können; hier beginnt der Landschaftsweg zum Zentrum Paul Klee. Am idyllischen See entlang, die Egelgasse queren, durch das Wyssloch zur Schosshaldenstrasse hinauf, die Autobahn überschreiten und nach rechts zum **Zentrum Paul Klee** ❸.
Nach dem Besuch dieses spektakulären Museums umrunden wir das Gebäude entgegen dem Uhrzeigersinn – gerade von hinten zeigt sich das Monument im Fruchtland am augenfälligsten. So kommen wir zur Info-Tafel »Am Friedhof«; dahinter befindet sich der Aussichthügel Luft-Station, der nach einem Werktitel von Klee benannt ist und zu dem ein Weg spiralförmig hinaufführt; an seinem Fuß, im Schosshaldenfriedhof, liegt das Grab von Paul Klee. Durch den Friedhof zu seinem nordwestlichen Eingang an der Kreuzung Ostermundigenstrasse/Friedhofweg; hier kommen wir auf den Weg zu Klee zurück zum Bahnhof.
Über die Autobahn und nach rechts in die Nussbaumstrasse. Durch das Quartier Baumgarten auf die Bolligenstrasse; auf ihr stadtwärts. Die Laubeggstrasse queren und hinein in den **Rosengarten** ❹ mit Restaurant und Aussicht auf die Altstadt. Hinab zum **Bärengraben** ❷ und über die Nydeggbrücke in die Altstadt. Durch die vornehme Junkerngasse zur Münsterplattform, über den Münsterplatz und durch die Herrengasse auf den Casinoplatz. Über die Münzterrasse und vorne am Hotel Bellevue vorbei auf die Bundesterrasse. Westlich am Hauptgebäude des Bundeshauses auf den Bundesplatz und durch die Schauplatzgasse zum **Bahnhofsplatz** ❶.

↗ 60 m | ↘ 80 m | 10.2 km

4 Bern: Elfenau – Augutbrücke – Dählhölzli

2.45 h

»Interessanteste Uferlandschaft in der Umgebung Berns«

Im 1934 erschienenen Band »Bern Ost« des »Wanderatlas der Zürcher Illustrierten« heißt es zu Rundtour 7 vom Helvetiaplatz in Bern via Dählhölzli, Elfenau, Aarefähre, Muri und Holzapfelkapelle zurück nach Bern Folgendes: »Uferweg längs der Aare. Im Sommer Badeleben. Schöne Uferlandschaft der Elfenau. 2½ Std.« Wir legen die Route etwas anders, beginnen gleich in der Elfenau, diesem idyllischen Flecken am Rande der Stadt Bern, dehnen die Uferwanderung am Muribad vorbei bis zur hölzernen Augutbrücke aus, benutzen bei der Rückkehr die Bodenackerfähre zurück auf die Elfenau-Seite der Aare, um auch noch den Tierpark im Dählhölzli zu besuchen.

Ausgangspunkt: Bern, Bushaltestelle Elfenau, 545 m; Bus 19 vom Bahnhof.
Endpunkt: Bern, Haltestelle Tierpark, ca. 525 m; Bus 19.
Anforderungen: Teilweise markierte Wege. T1.
Einkehr: Elfenau, Fähri-Beizli, Muribad, Dählhölzli.
Variante: Vom Schönausteg beim Tierpark Dählhölzli wie bei Tour 1 via Marzili zum Bundeshaus und Bahnhof.
Hinweis: Bodenackerfähre: von Mai bis August täglich, von September bis April täglich außer Do.
Tipps: 1. Veranstaltungen in der Orangerie unter www.orangerie-elfenau.ch.
2. Tierpark Dählhölzli ist täglich geöffnet.
3. Wellenbad und Kunsteisbahn Ka-We-De beim Tierpark.
4. Seilpark Ropetech im Dählhölzliwald.
Karte: 243 T Bern; 2502 Bern und Umgebung.
Kombinationsmöglichkeit: Mit den Touren 1–3, 5, 6, 22.

Pausieren: bei der Augutbrücke.

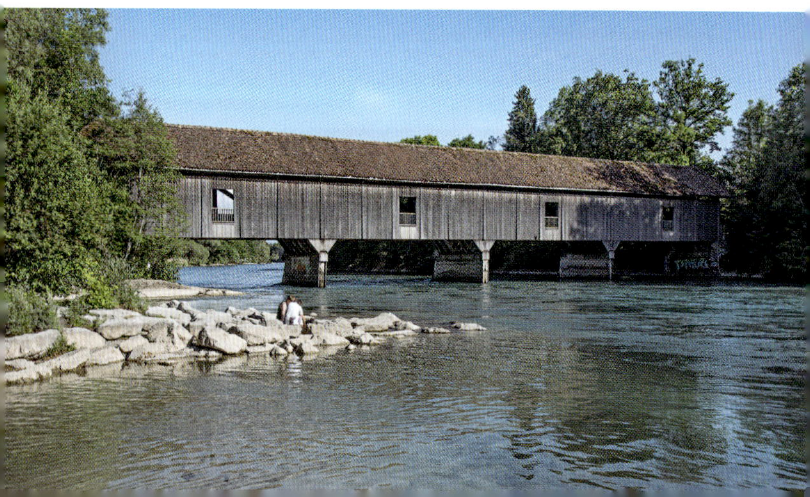

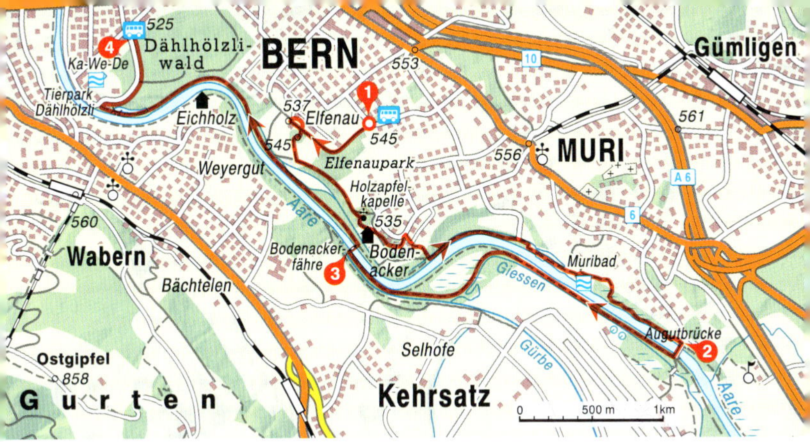

Von der **Endstation** des **Elfenaubusses** ❶ an der Gemeindegrenze Bern/ Muri auf dem Wanderweg südwest-, dann nordostwärts ins Elfenaugut: rechter Hand durch den Garten zur Kleinen Orangerie, dann über den »Hauptplatz« mit dem Fischbrunnen, der Grossen Orangerie und dem Herrenhaus. Ein paar Schritte auf dem Hinweg zurück und rechts hinauf auf eine kleine, bewaldete Anhöhe mit Bänken und Spielplatz.

Südwärts auf schmalem Weg hinab zu einem Weiher und links haltend nach vorne zur Hangkante. Auf dieser Höhe auf dem Wanderweg aareaufwärts durch den Elfenaupark, mit einem kurzen Abstecher zur 1932 erbauten **Holzapfelkapelle** im Wald. »Hier ruht Rudolf Maria Holzapfel, 1874–1930, Seelenforscher, Denker, Dichter«, heißt es auf einer Gedenktafel. Weiter auf dem Wanderweg entlang der Hangkante, bei den Villen der Pourtalés- und der J.V.-Widmannstrasse vorbei und schließlich in Serpentinen hinab zur Aare. Auf dem Wanderweg aareaufwärts, um das **Muribad** herum (in der Badesaison könnte man durch die Anlage gehen, wenn man den Eintritt bezahlt), dann gleich wieder ganz nahe an die Aare heran und zur **Augutbrücke** ❷.

Flussabwärts zwischen Aare rechts und Giessen links durch den Auenwald zur **Bodenackerfähre** ❸ bei der Gürbemündung; mit ihr hinüber zum Fähri-Beizli. Am rechten Ufer auf dem linken Weg durch die Elfenauen. Weiter an der Aare und bald auch an den Tiergehegen entlang zum **Tierpark Dählhölzli**. Vom Restaurant hinauf zum Hauptgebäude mit Vivarium und Außenanlage (gebührenpflichtiger Eintritt). Anschließend durch den Dählhölzliwald zur Bushaltestelle **Tierpark** ❹.

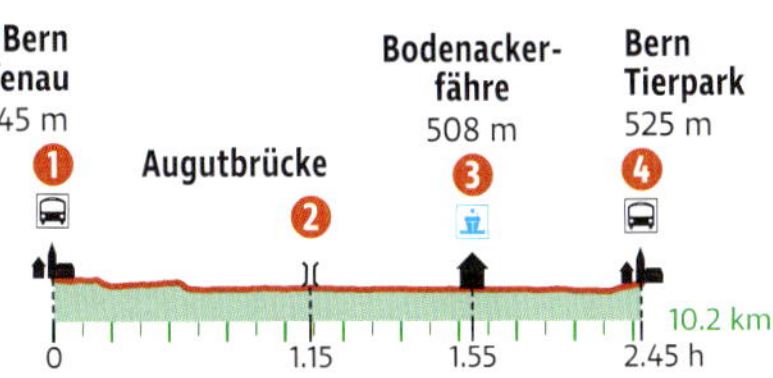

↗ 160 m | ↘ 140 m | 18.1 km

5 Bern: Rund um die Engehalbinsel

4.45 h

Brücken, Bäder, Bären

Die ältesten Berner? Die Angehörigen der La-Tène-Zeit (5.–1. Jh. v. Chr.), die sich auf der von Flussschleifen gebildeten Engehalbinsel im Norden der heutigen Gemeinde Bern niederließen. Die ersten Stadtberner? Die Siedler auf der Halbinsel, auf der die mittelalterliche Stadt Bern 1191 gegründet wurde. Die älteste noch erhaltene Brücke von Bern? Die Untertorbrücke beim Kern der Altstadt (Baubeginn 1461). Die berühmteste Sehenswürdigkeit der Stadt, außer der Stadt selbst? Der Bärengraben – einen ersten gab es 1441 beim Käfigturm, der immer noch sichtbare bei der Nydeggbrücke wurde 1857 eröffnet, seit Herbst 2009 tummeln sich dort Tiere und Menschen im Bärenpark. Das älteste Bad? Das Römerbad auf der Engehalbinsel. Der lauteste Liegeplatz? Die äußerste Liege auf der Terrasse des Restaurant Schwellenmätteli, direkt über den Schwellen. All das ein paar Stationen am weiten Weg vom Helvetiaplatz zum Glasbrunnen, immer an der Aare entlang.

Berner Frühling: an der Kornhausbrücke.

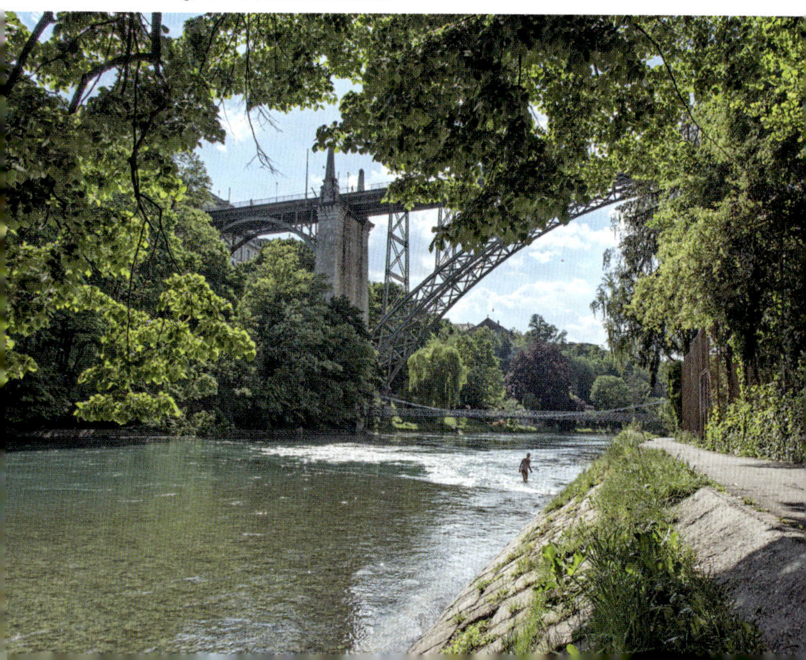

Ausgangspunkt: Bern, Helvetiaplatz, 531 m; Bus und Tram vom Bahnhof oder in 15 Min. zu Fuß.
Endpunkt: Bern, Länggasse, 555 m; Endstation von Bus 12.
Anforderungen: Oft markierte Wege. T1.
Einkehr: Schwellenmätteli, Bärengraben, Lorrainebad (wenn offen), Schloss Reichenbach, Zehendermätteli, Neubrügg.
Variante: Die Tour kann vielerorts abgebrochen bzw. wieder aufgenommen werden. Wer nur die eigentliche Engehalbinsel umrunden möchte, nimmt vom Bahnhof die RBS bis Station Felsenau, ca. 530 m, und steigt zum gleichnamigen Stauwehr ❷ ab; vom Seftausteg, 488 m, geht's dann zurück zur Station Felsenau – insgesamt 2.15 Std. Man könnte auch fast immer dem linken Ufer folgen.
Hinweis: Die Fähre von Reichenbach ist von Mittwoch bis Sonntag und von März bis Oktober in Betrieb, diejenige vom Zehendermätteli täglich von Anfang März bis Anfang Oktober. Wenn die Fähren nicht fahren, bleibt man ab Reichenbach einfach immer am rechten Ufer der Aare.

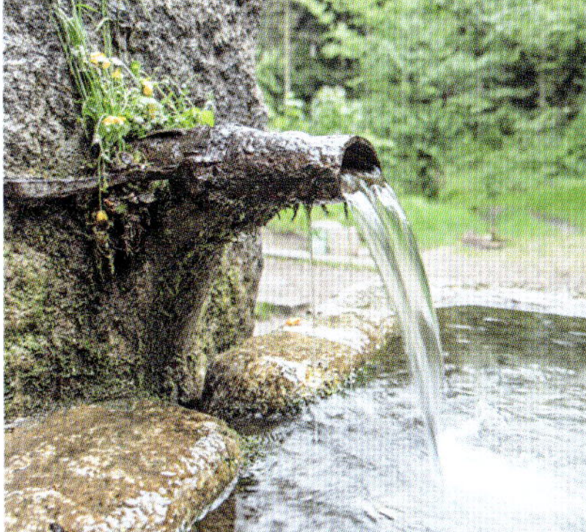

Glasklar: Wasser aus dem Glasbrunnen.

Tipp: www.aare.guru.
Karte: 243 T Bern; 2502 Bern und Umgebung.
Kombinationsmöglichkeit: Mit den Touren 1–4, 6.

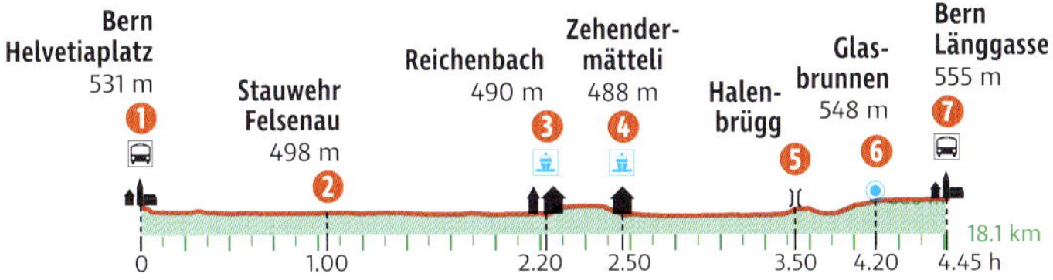

Vom **Helvetiaplatz** ❶ zum südlichen Kopf der Kirchenfeldbrücke. Gleich nördlich der Kunsthalle beginnt ein Treppenweg, auf dem wir zum Schwellenmätteli und zur Aare absteigen. Am rechten Ufer (dem wir ohnehin mit einer Ausnahme folgen) zum Bärenpark, wobei wir teilweise einen Trampelpfad direkt entlang des Ufers nehmen. Am Bärengehege vorbei, eine Treppe hinauf, unter der Nydeggbrücke hindurch und hinab zur Untertorbrücke. Flussabwärts, zuerst noch auf der Straße, dann auf dem Uferweg. Unter dem Altenbergsteg (Achtung, Kopf!) hindurch, außen am Lorrainebad vorbei – oder, wenn offen, durch das zweite Flussbad von Bern hindurch – und zum **Stauwehr Felsenau** ❷; ein Teil des Aarewassers fließt hier direkt durch den Hügel zum Kraftwerk Felsenau, während das Restwasser um die Engehalbinsel herumfließt.

Weiter flussabwärts; auf der Höhe der gegenüberliegenden Aaregg, wo der Wanderweg im Wylerholz anzusteigen beginnt, gehen wir auf schmalen Wegen in Flussnähe weiter, bei Niedrigwasser gar auf Kieselbänken. Man passiert den Schrebergarten Löchligut, ein Fabrikareal, die Tiefenaubrücke (mit der Einmündung der Worble), die ARA Worblental. Schließlich durch Auenwälder – schneller auf dem Wanderweg oder abenteuerlicher teilweise auf Trampelpfaden direkt am Wasser entlang – zum Restaurant unterhalb des **Schlosses Reichenbach** ❸.

Nun sind wir am nördlichsten Aarebogen bei Bern angelangt – der Fluss biegt hier um 180° um. Seit Mitte des 18. Jahrhunderts verbindet eine Fähre Reichenbach mit der Engehalbinsel. Auf Letzterer setzen wir unsere Wan-

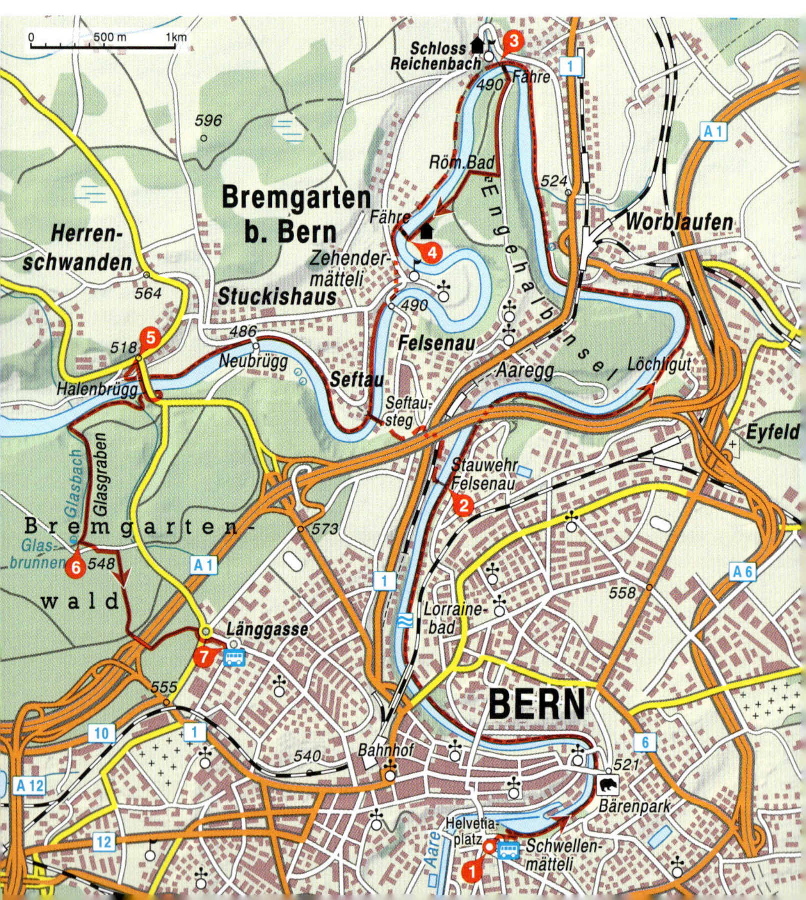

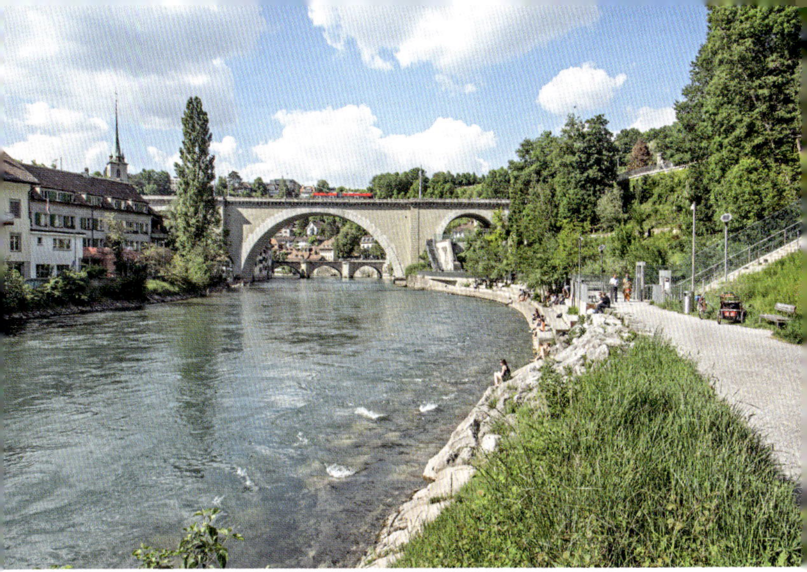

Beliebt zum Sonnenbaden: am Bärengraben.

derung fort, steigen durch den Wall der prähistorischen Wehranlage hinauf und gehen im Wald schnurgerade weiter, bis der Weg rechts zum römischen Bad, einem der besten Zeugnisse des römischen Vicus von Bern, leitet. Westwärts zur Hangkante oberhalb der Aare und nach links; über einen ersten Wall und später noch über den Keltenwall hinab zum Wasser und zur Fähre vom **Zehendermätteli** 4; von hier ist man in wenigen Minuten in diesem idyllischen Gartenrestaurant.

Mit der Fähre übersetzen und flussabwärts. Die Schlaufe, auf der Schloss und Kirche von Bremgarten stehen, wird durch einen 150 m langen, beleuchteten Tunnel »abgekürzt«. Unter der Felsenaubrücke hindurch, zum Seftausteg (mit dem Kraftwerk am anderen Ufer) und weiter an gut gepflegten Anwesen und zuletzt an Uferhäuschen vorbei zur **Neubrügg** (P. 486). Und nochmals direkt an der Aare entlang bis unter die von 1911 bis 1913 erbaute **Halenbrügg** 5 aus Eisenbeton. Wir steigen zu ihr empor und überqueren die Aare; der Gehsteig ist links. Am südlichen Brückenkopf auf Treppen unter der Brücke durch, im Wald hinab in einen Graben, nach links und gleich wieder nach rechts. So gelangen wir zum Glasbach.

Durch den Glasgraben hinauf zum Glasbrunnen, immer knapp links des Baches. Der **Glasbrunnen** 6 ist bekannt und beliebt für sein kaltes, frisches Wasser – und als Spiel-, Picknick- und Meditationsplatz. Zuletzt auf dem Wanderweg durch den Bremgartenwald, die Autobahn querend, zur **Bushaltestelle Länggasse** 7.

↗ 100 m | ↘ 140 m | 7.0 km

6 Bern: Studerstein – Alpines Museum

1.45 h

Haller, Mönch und Studersteine

Das Eisgebirge vom Wetterhorn zur Blüemlisalp bestimmt den Horizont der Stadt, die mit der Geschichte des Alpinismus aufs Engste verknüpft ist. »Diese Nähe des Gebirges verleiht dem Alpenpanorama von Bern den Vorzug der Erhabenheit und Deutlichkeit vor den Alpenansichten der meisten andern Schweizerstädte«, schreibt Gottlieb Studer (1804–1890), der in der Spitalgasse 20 in der Altstadt wohnte und starb, in der Einleitung seines Werkes »Das Panorama von Bern. Schilderung der in Berns Umgebungen sichtbaren Gebirge« von anno 1850. Diese Stadtwanderung geht den gebirgigen und alpinistischen Orten Berns nach. Anseilen bitte!

Ausgangspunkt: Bern-Neufeld, 573 m; Bus vom Bahnhof Bern.
Endpunkt: Bern, Helvetiaplatz, 531 m; zu Fuß, mit Tram oder Bus zurück zum Bhf.
Anforderungen: Steigeisen und Pickel sind nicht nötig, sich mit dem Stadtplan zurechtfinden können aber schon. T1.
Einkehr: Immer wieder, zuletzt natürlich im Restaurant las alps des Alpinen Museums. Etwas abseits der Route am Zytglogge vorbei und durch die Kramgasse: Cave und Café Alpin, Gerechtigkeitsgasse 19, www.alpinbern.ch.

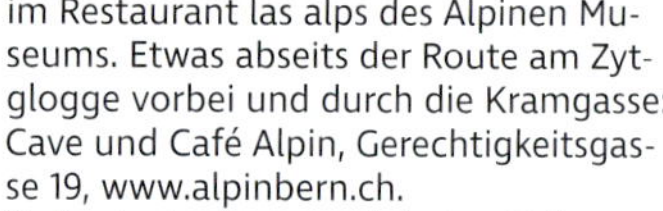

Variante: In der umgekehrten Richtung: mehr Aufstieg, weniger Abstieg.
Tipp: Da das Klettern in Bern an vielen Bauten verboten ist (www.cityboulder-bern.blogspot.com), empfehlen sich folgende künstliche Anlagen: Boulderblöcke im Neufeld und im Liebefeld-Park (Letzterer allgemein zugänglich), Kletterwand im Gymnasium Neufeld, Kletterzentrum Magnet in Niederwangen (www.klettern-bern.ch), sowie Kletterhalle O'BLOC in Ostermundingen.
Karte: Stadtplan.
Kombinationsmöglichkeit: Touren 1–5.

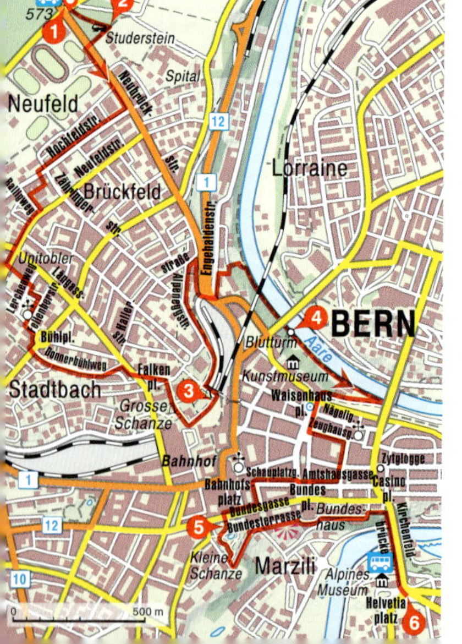

Von der Bushaltestelle **Bern-Neufeld** ❶ südostwärts durch das Wäldchen »Bei den Eichen« mit schönem Baumbestand zum **Studerstein** ❷; trotz einiger hoch gewachsener Bäume und Häuser hat man hier noch immer eine großartige Aussicht auf die Alpen. Südwestwärts auf die Neubrückstrasse: Gegenüber, im Sportgelände der Uni Bern, liegt der Uni-Schtei, ein roter Boulder-

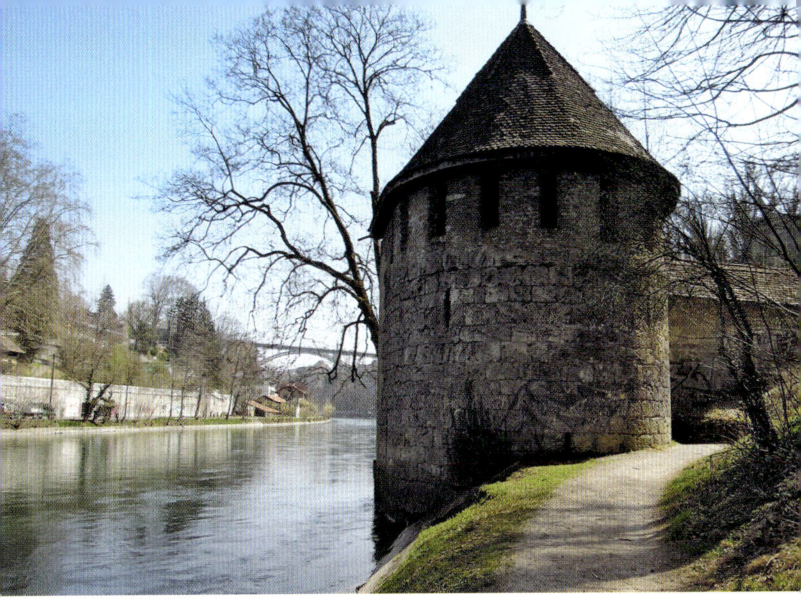

Blutturm: Da wurde früher geklettert. Tour 5 verläuft auf dem anderen Aareufer.

block (nur mit Ausweis benützbar).

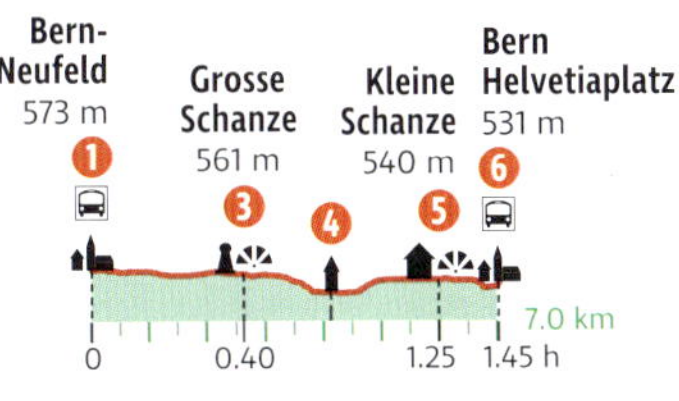

Auf der Neubrückstrasse stadtwärts, bis rechts die Hochfeldstrasse abzweigt. Auf ihr leicht auf-, dann wieder absteigend. Rund 20 m, nachdem links die Zähringerstrasse abgezweigt ist, gehen wir links durch einen Durchgang in eine namenlose Straße, die früher einmal Eigerstrasse hieß. Sie mündet in den ziemlich steilen Ralligweg; in der Nummer 3, einer ehemaligen Wäscherei, wohnte Rosa Anker-Steiner, Alpinistin und Großmutter des Führerautors.

Hinab auf die Neufeldstrasse und nach rechts. Die Länggass- zur Muesmattstrasse überqueren und schon bald nach links in den Innenhof der Unitobler mit Platanenplatz und Sonnenterrasse, die mit Platten aus Valser Gneis bedeckt ist. In diesem Gebäude wurde ab 1908 die berühmte Toblerone hergestellt, die viel mit den Bergen zu tun hat, nicht nur von der dreieckigen Form her, sondern auch mit der Reklame (Matterhorn). Seit 1993 wird in der ehemaligen Tobler-Fabrik geforscht und gelehrt.

Wir verlassen die Unitobler durch den schmalen Durchgang zum Lerchenweg und kommen durch ein Quersträßchen in die Fellenbergstrasse. An

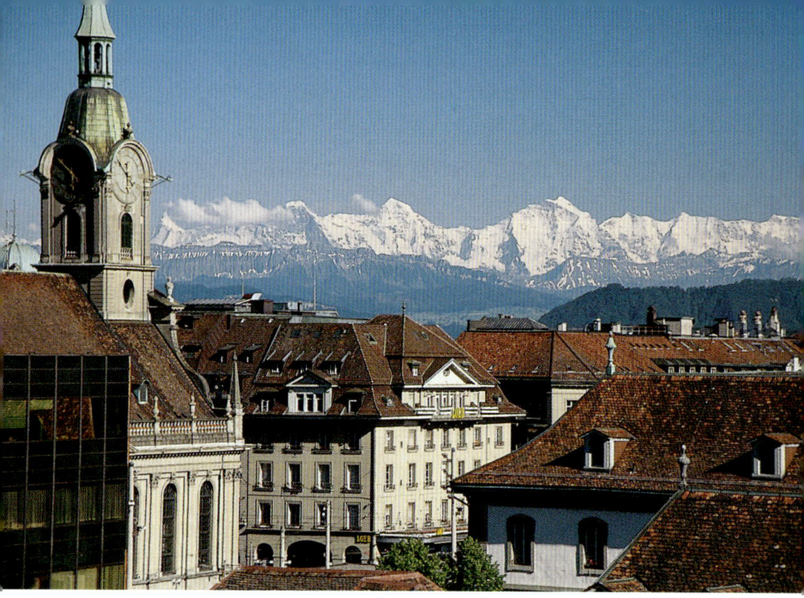

Grosse Schanze: So sieht Albrecht von Haller Eiger, Mönch und Jungfrau.

der Nr. 10 arbeitete von Mai bis Oktober 1924 der Schweizer Dichter Robert Walser, ein unermüdlicher Wanderer.

An der Pauluskirche vorbei betreten wir die Freiestrasse mit den Chemischen Instituten. Der Zürcher Theodor Rudolf Simler war seit 1861 Dozent der Chemie und der Geologie an der Uni Bern; 1862 rief er erfolgreich zur Gründung eines schweizerischen Alpenclubs auf. Stadteinwärts zum Bühlplatz, ein paar Schritte nach rechts auf der Bühlstrasse machen und links den Donnerbühlweg hinaufgehen. In Nummer 33 rechter Hand (früher die Nr. 11a) wohnte im September/Oktober 1914 ein heute weltberühmter Mann, der auch lange Bergwanderungen unternahm: Wladimir Iljitsch Lenin.

Durch den zuletzt schmalen Donnerbühlweg hinab, rechts am Restaurant Beaulieu vorbei, auf die Kreuzung Länggass-, Erlach- und Hallerstrasse. Die Länggassstrasse queren, nach rechts und dann nach links durch die Allee des Falkenplatzes. Zwischen Uni und SBB-Gebäude hindurch auf die **Grosse Schanze** ❸: rechter Hand der Gedenkstein für Bernhard Studer (1794–1887), Geologe und Vetter von Gottlieb; das Studerhorn, 3634 m, östlich des Finsteraarhorns erhielt seinen Namen zu Ehren von beiden.

Wir gehen nach vorne, bewundern die Berner Alpen und spazieren über die grüne Wiese zum Denkmal für Albrecht von Haller, das 1908 für den Berner Universalgelehrten (1708–1777) errichtet wurde. Hoch über den Gleisen des Bahnhofs Bern promenieren wir nordwärts über die Einsteinterrasse (das

Einstein Museum befindet sich in der Altstadt) zur Alpeneggstrasse. In der Nummer 18 wohnte vom April bis Oktober 1920 Hans Morgenthaler, bekannt für »Ihr Berge. Stimmungsbilder aus einem Bergsteiger-Tagebuch«. Die Alpeneggstrasse mündet in die Hallerstrasse; in der Nummer 39 gleich um die Ecke residierte Johannes Jegerlehner (1871–1937), einst viel gelesener Verfasser von Romanen, Erzählungen und Sagen aus den Bergen.
Über eine Treppe steigen wir auf den Bierhübeliweg und auf diesem zur großen Kreuzung hinab. Hinüber in die Engehaldenstrasse. Nach der Nr. 12 rechts über eine Treppe hinab in den Schwyzerstärnweg, nach links und vor dem nächsten Gebäude über eine düstere Treppe hinab. Auf einem Weg an einer ehemaligen Gärtnerei vorbei zur Aare. Flussaufwärts zum **Blutturm** ❹, Teil der mittelalterlichen Befestigung und früher Zentrum des Klettersports in Bern. Um die NMS-Schulanlage herum und durch den Langmauerweg auf den Waisenhausplatz hinauf. Durch die Zeughausgasse gelangen wir zum Rathaus des Äusseren Standes (Nr. 17), ein Gebäude mit einer ganz großen politisch-gesellschaftlichen Vergangenheit; von 1905 bis 1934 war hier das Schweizerische Alpine Museum untergebracht.
Durch das Schützengässchen in die Marktgasse, durch die Marktgasspassage in die Amtshausgasse und nach rechts zum **Bundesplatz**: Das Herzstück von Bern ist bedeckt mit Platten aus Valser Gneis. Das Hauptgebäude am Bundesplatz ist das **Bundeshaus**, in dem 30 Gesteine der ganzen Schweiz verarbeitet wurden. Rechts der Kantonalbank nimmt uns die Schauplatzgasse auf. Bei der Bärenbar im Hotel Bären bestaunen wir Bärenbilder von Jakob Fischer-Hinnen, der 1888/89 zehn Bärenmotive für die damalige Bärenstube malte. Darauf sind immer wieder die Berge zu sehen, auf einem sogar die Besteigung des Matterhorns. Schräg gegenüber, in der Schauplatzgasse 11, eröffnete der Skipionier Thorleif Björnstad (1885–1930) aus dem norwegischen Christiania anfangs des 20. Jh. ein Bergsport- und Skigeschäft. Die Tradition wird mit dem Atlas-Reisebuchladen, der auch Ausrüstung und Touren anbietet, weitergeführt.
Durch die Gurtengasse gelangen wir auf die Bundesgasse und nach rechts auf die **Kleine Schanze** ❺ mit zwei künstlichen Bergen. Ostwärts zur Bundesterrasse. Bei der Bergstation der Marzilibahn, zwischen dem Bernerhof und dem Bundeshaus West, liegt eine Skulptur, die an einen japanischen Garten erinnert: das 1992 eingeweihte Werk »Das Gleichgewicht der Dinge« mit Steinen aus Gebieten, welche den Namen Schweiz tragen. Rund zweihundert »Schweizen« gibt es, alleine in Deutschland 67.
Über die Bundesterrasse, einst »Alpenquaipromenade« genannt, zur Münzterrasse und über die Kirchenfeldbrücke zum **Helvetiaplatz** ❻ mit dem Welttelegrafen-Denkmal vor dem Historischen Museum; der Sockel mit den Wasserbecken besteht aus Gneis aus dem Tessin. Der Helvetiaplatz ist aber auch der »Gipfel« unserer Gebirgstour durch Bern. Aus einfachem Grund: Seit 1934 ist hier in einem modernen Gebäude das **Alpine Museum der Schweiz** ALPS untergebracht.

↗ 120 m | ↘ 120 m | 6.4 km

7 Biel/Bienne: Robert-Walser-Weg

2.00 h

»Ein lindes, leises Lüftchen wehte über den Felsen«

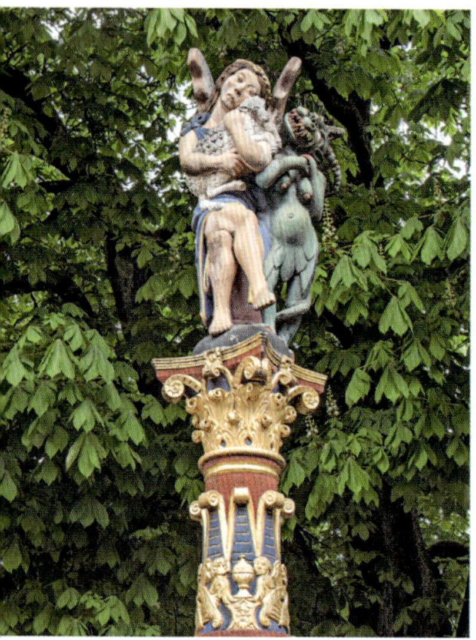

Poetisch: Engelsbrunnen in der Altstadt.

Robert Walser (1878–1956) wuchs in der zweisprachigen Stadt Biel/Bienne auf und kehrte 1913 dahin zurück. Hier sind auch viele seiner Texte angesiedelt. Mit ihnen hat die Stadt Biel 2006 einen Robert-Walser-Weg gestaltet, auf dem man den Dichter und seine Stadt auf einladende Weise kennenlernt. Dass dabei streckenweise recht tüchtig ausgeschritten wird, hätte Robert Walser mächtig gefreut: Er war bekannt für seine kilometerlangen Märsche in forschem Tempo. So eilig haben wir Nachfolger es nicht. Immer wieder nehmen wir das Faltblatt hervor und lesen, was wir sehen, was Robert Walser dort erlebt hat: »Ein lindes, leises Lüftchen wehte über den Felsen, auf welchem der weiße Pavillon steht. Er gleicht einem kleinen griechischen Tempel« (aus: »Der Felsen«).

Ausgangs- und Endpunkt: Biel/Bienne, Bahnhof, 433 m.
Anforderungen: Orientierungssinn nötig. Der Robert-Walser-Weg ist in der Stadt nicht markiert, nur die meisten seiner neun Stationen sind mit einer Plakette versehen. Das Faltblatt mit dem Routenverlauf sowie zusätzlich ein Stadtplan sind sehr nützlich. Der hier vorgestellte Abstieg vom Pavillon an den See gehört nicht zum offiziellen Robert-Walser-Weg; er ist teilweise etwas steinig, zugleich aber wunderschön und führt direkt zur Seepromenade. T1.
Einkehr: Immer wieder.
Tipps: 1. Viele Veranstaltungen in der Altstadt; der Gemüsemarkt auf der Burg findet jeden Dienstag, Donnerstag und Samstag statt.
2. Museum Schwab/Neues Museum Biel mit einer Dauerausstellung zu Robert Walser und seinem Bruder Karl; geöffnet Di bis So 11–17 Uhr, Mi 11–19 Uhr.
3. Robert Walser: Träumen – Prosa aus der Bieler Zeit 1913–1920, Suhrkamp Taschenbuch 1116.
4. Mehr zur Baukultur von Biel/Bienne in einer Faltbroschüre des Schweizer Heimatschutzes.
Karte: Stadtplan, Faltbroschüre »Robert Walsers Biel«; erhältlich bei Tourismus Biel Seeland am Bahnhofplatz 12, +41 32 329 84 84, www.biel-seeland.ch.
Kombinationsmöglichkeit: Touren 8–11.

Vom **Bahnhofplatz** in **Biel** ❶ durch die Bahnhofstrasse zum Zentralplatz. Durch die autofreie Nidaugasse bis zur Nr. 36, wo Robert Walser einen Teil seiner Kindheit verlebte (1. Station). Schräg gegenüber, in der General-Dufour-Strasse 22, ging er zur Schule (2. Station). Noch kurz durch die Dufour-Strasse, dann links in die Collègegasse. Über die stark befahrene Kanalgasse hinein in die Altstadt und nach rechts in die Untergasse. In der Nr. 4 wirkte Heinrich Pestalozzi vom Herbst 1767 bis zum Frühling 1768 als Erzieher, in der Nr. 12 versteckte sich Jean-Jacques Rousseau im Oktober 1765 für fünf Tage. Wer Zeit hat, gönnt sich einen kurzen Aufenthalt in der originellen Altstadtbeiz St-Gervais (Nr. 21).

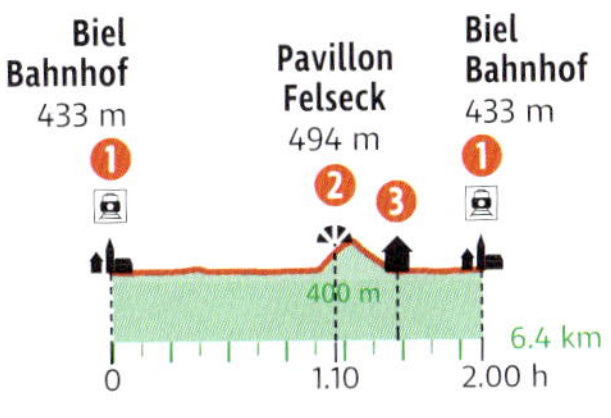

Durch ein teilweise gedecktes Treppengässlein wechseln wir hinauf zur Obergasse mit dem sehr sehenswerten **Engelsbrunnen**; genau gegenüber, im Haus der Alten Krone (Nr. 1), verbrachte Johann Wolfgang Goethe im Oktober 1779 zwei Nächte (aber wo weilte er nicht ...). Links an diesem Haus vorbei auf den Ring, durchs Ober- oder Untergässli zum Burgplatz und durch die Burggasse abwärts zur Nr. 19, dem Stadttheater (3. Robert-Walser-Station). Wieder hinab auf die Verkehrsstraße und westwärts zum Museum Schwab/Neues Museum Biel in der Schüsspromenade 26 (4. Station). Westlich des Museums eine kleine Brücke über die Biel-Schüss (einen Seitenast der Suze) überqueren, dann entlang der Neuhausstrasse bis zum

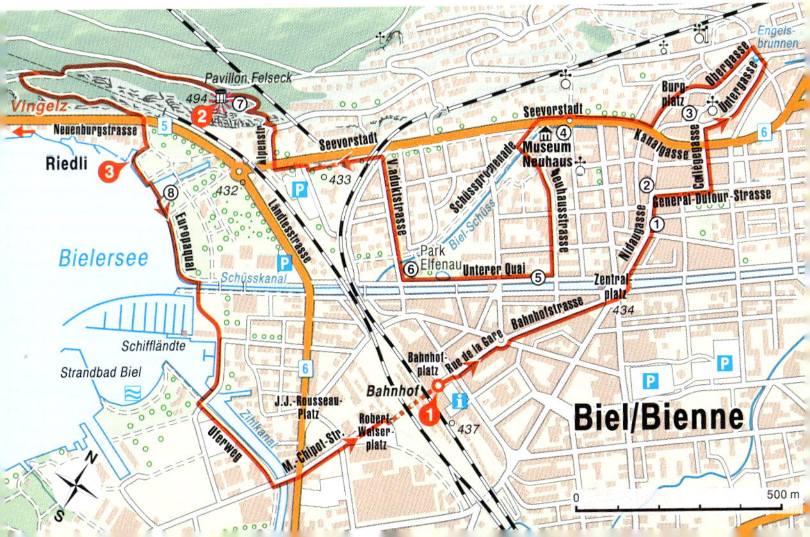

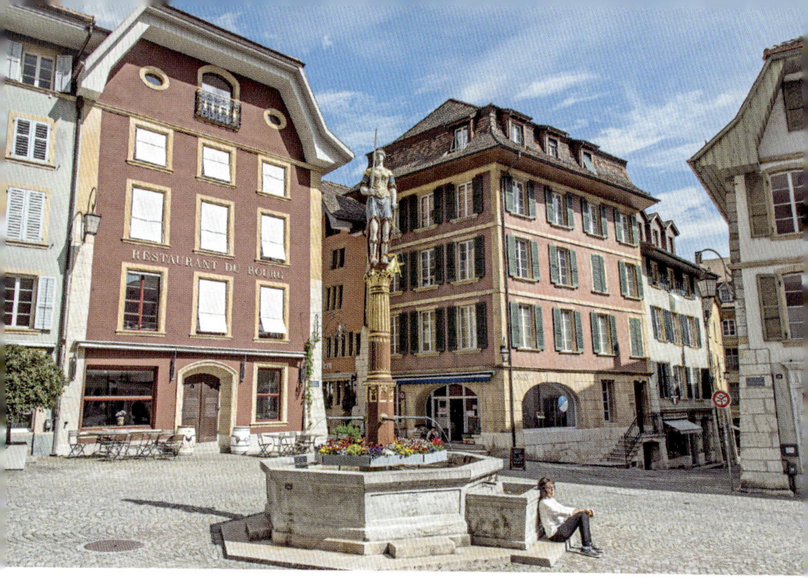

Der Gerechtigkeitsbrunnen in der Altstadt von Biel.

Unteren Quai; nach rechts zu Nr. 5, dem einstigen Hotel Blaues Kreuz (5. Station; hier lebte Robert Walser nach 1913 im Dienstbotentrakt). Auf dem Unteren Quai zum idyllischen Park Elfenau, durch den wir spazieren (6. Station). Durch die folgende Querstraße (Viaduktstrasse) zurück zur lärmigen Straße Seevorstadt und auf ihr seewärts, bis rechts die Alpenstrasse abzweigt. Auf ihr zum Wanderweg hinauf zum **Pavillon Felseck** ❷.
Weiter auf dem Wanderweg Richtung Vingelz, schön und luftig am steilen Hang entlang, aufsteigend noch bis ca. 530 m, dann absteigend, bei den beiden Verzweigungen jeweils links. Zuletzt über eine Treppe zur Straße am See. Diese überqueren und nach vorne an den **Bielersee** ❸.

Mit Seesicht: Pavillon Felseneck.

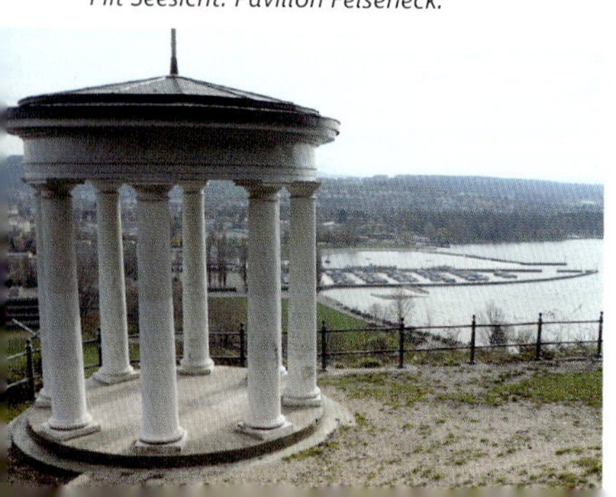

Auf der Seepromenade südostwärts; nach einer gebogenen Fußgängerbrücke die 8. Station zu Robert Walser. Über den Schüsskanal zur Schiffländte, dann über den Zihlkanal (rechter Hand das Strandbad Biel). Auf dem Uferweg zur Marcelin-Chipot-Straße, die zurück zum **Bahnhof Biel** ❶ führt; der große moderne Platz westlich davon heißt **Robert-Walser-Platz**.

↗ 530 m | ↘ 530 m | 10.2 km

3.15 h

TOP

8

Taubenlochschlucht – Bözingenberg, 929 m

Von der Schlucht auf den Berg

Taubenlochschlucht: Ein paar Gehminuten von der Hauptstraße weg, und schon ist man in einer wildromantischen Schlucht; schön kühl ist es, schön laut vom rauschenden Wasser; Stollen und Brücken sorgen für Abwechslung – ein beliebtes Ziel von Schulklassen. Raus aus der Schlucht durch einen schönen Wald bringt uns die Rundwanderung auf den Bözingenberg, einen lang gezogenen Rücken in der vordersten Jurakette mit wunderbaren Aussichten Richtung Biel und See, welche man gerne von der Sonnenterrasse des Restaurants genießt.

Ausgangs- und Endpunkt: Biel/Bienne, Haltestelle Taubenloch, 445 m; Bus 1 und 2 vom Bahnhof.
Anforderungen: Die Taubenlochschlucht ist kinderleicht, aber man muss unbedingt auf dem Weg bleiben (Steinschlaggefahr); gelb markierte Wege. T1 bis T2.
Einkehr: Restaurant auf dem Bözingenberg (Mo und Di geschlossen), +41 32 341 17 70. Auberge Restaurant des Gorges am Nordeingang der Schlucht (Zimmer und Lager), +41 32 358 11 75.
Tipp: Tierpark Biel, immer offen, Eintritt gratis, www.tierpark-biel.ch.
Karte: 233 T Solothurn; 1126 Büren a.A.
Kombinationsmöglichkeit: Mit den Touren 7, 9–11.

Foto unten: Wasser über Wasser: Kanalbrücke bei Frinvillier.
Nächste Seite: Im Sommer angenehm schattig: in der Taubenlochschlucht.

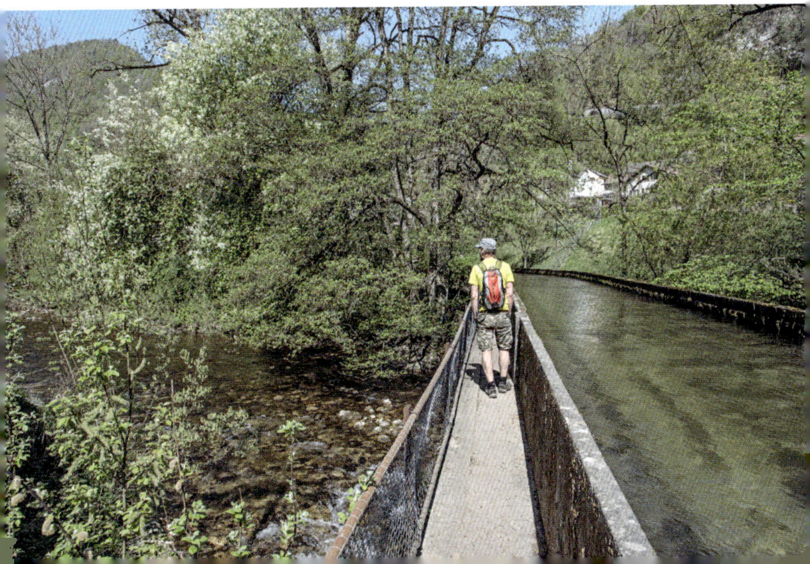

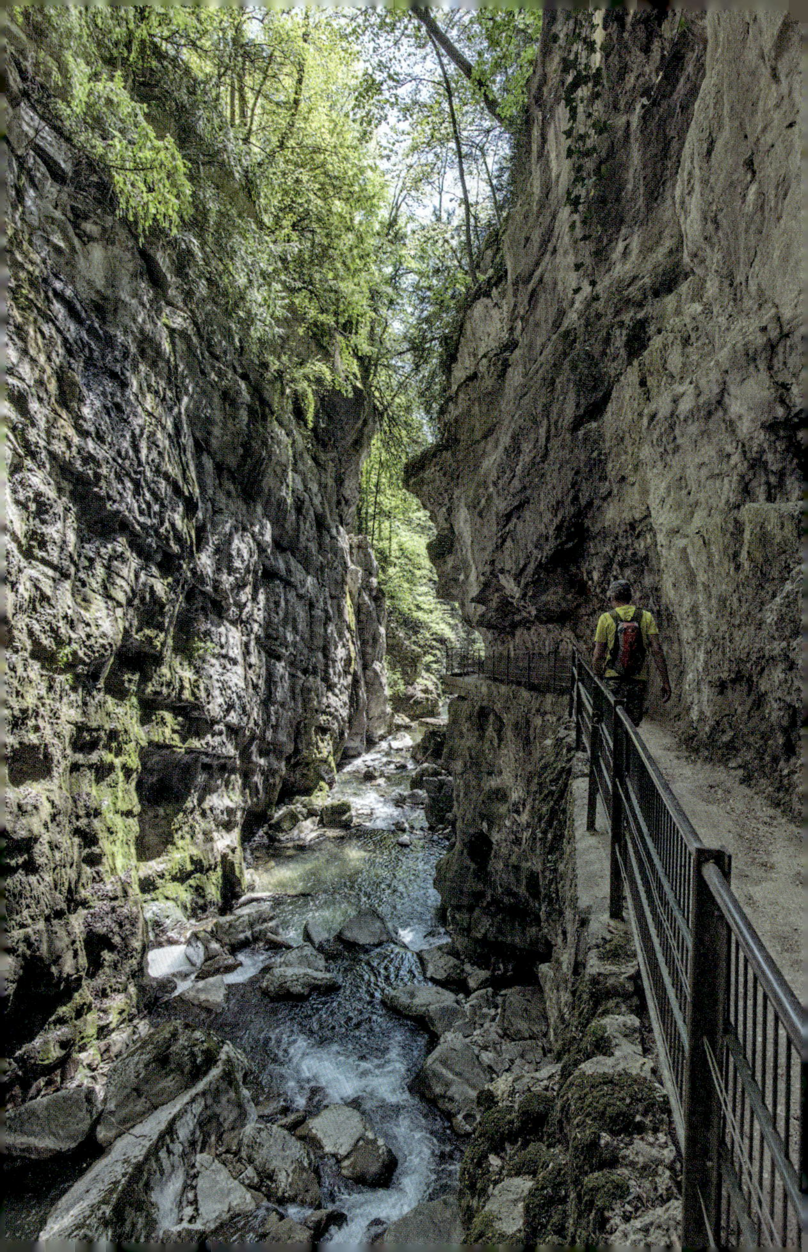

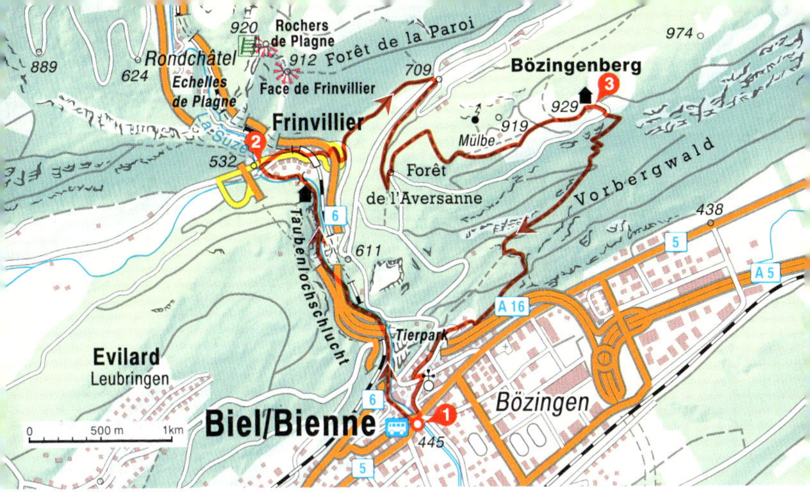

Von der Bushaltestelle **Taubenloch** am Stadtrand von **Biel** ❶ entlang der Wegweiser zum Eingang der Schlucht rechts des Restaurants Zum wilden Mann. Durch die **Taubenlochschlucht** hinauf, meistens links der rauschenden Suze; gut gesicherter Weg, Stollen und Rastplätze. Bei der Eau-Berge du Taubenloch durch eine Metalltür zum Kanal, der über die Suze führt. An ihm entlang nach **Frinvillier** ❷. Nach rechts dem Weg nach Plagne folgen bis zur Straßenverzweigung P. 709; Bushaltestelle Vauffelin/Bifurcation Sur Plagne. Scharf rechts dem gelb markierten Weg nach (er wird von Einheimischen Rehwägli genannt) durch den Forêt de l'Aversanne hinauf zu den Weiden Mülbe (P. 898) wieder außerhalb des Waldes und in wenigen Minuten aussichtsreich zum **Bözingenberg** ❸.

Die Abstiegsroute zurück nach Bözingen und Biel verläuft durch den Vorbergwald (auf dem sogenannten Walti-40-Weg), überwindet eine Steilstufe mit mehreren Serpentinen, kommt am Tierpark vorbei, führt durch ein Villenquartier mit Kirche und erreicht die Hauptstraße. Über die Schüss (so heißt die Suze auf Deutsch) zur Haltestelle **Taubenloch** in **Biel/Bienne** ❶.

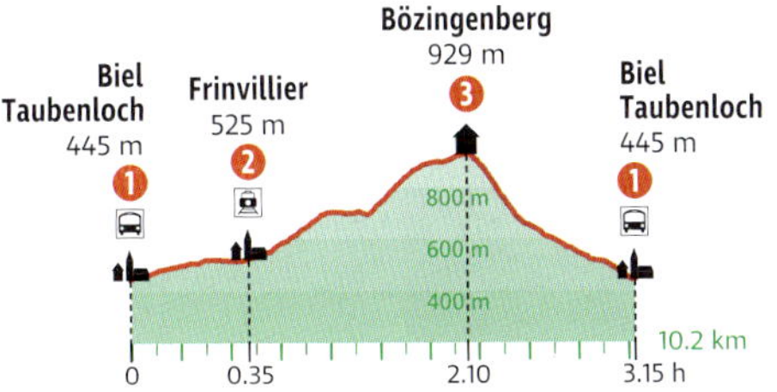

↗ 500 m | ↘ 500 m | 8.3 km

9 Echelles de Plagne, 858 m

3.30 h

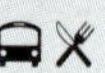

Abenteuer am Stadtrand

Noch ganz nah bei Biel befindet sich die Face de Plagne – eine der höchsten Wände des Jura, bis 140 m hoch, 2 km lang. Eine lange Klettergeschichte weist die Face de Plagne auf – 1955 wurde die erste kühne Route mit dem gleichen Namen eröffnet. Heute findet man rund 350 Routen in der Wand, ein Eldorado für Kletterer. Diese nutzen eine Schwachstelle der Face de Plagne als Zustieg zu Kletterrouten in der Wand: die Echelles de Plagne, ein abenteuerlicher Leiternweg, der einst als Verbindung zwischen den Siedlungen Plagne und Rondchâtel diente. Zusammen mit einer zweiten gut zu überwindenden Stelle kann daraus eine kleine, aber feine Runde für wagemutige Wanderer gestaltet werden, inklusive dem großartigen Aussichtspunkt Face de Frinvillier für eine ausgiebige Pause.

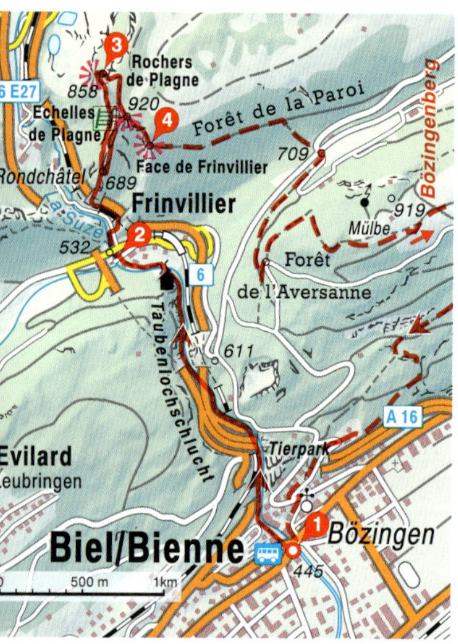

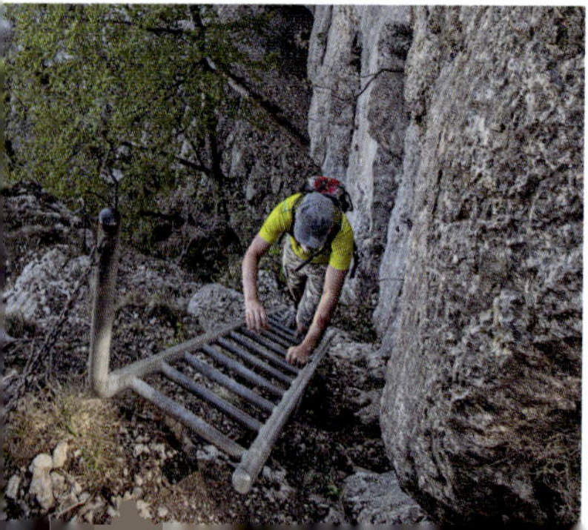

Ausgangs- und Endpunkt: Biel/Bienne, Haltestelle Taubenloch, 445 m; Bus 1 und 2 vom Bahnhof.
Anforderungen: Trittsicherheit, Schwindelfreiheit und Orientierungsvermögen sind erforderlich für Auf- und Abstieg; nicht bei winterlichen Verhältnissen. T5–.
Einkehr: Auberge Restaurant des Gorges; vgl. Tour 8.
Varianten: 1. Statt des beschriebenen Abstiegs kann man von Face de Frinvillier ❹ auch schräg links haltend hinab zu einem Fahrweg gehen, auf ca. 800 m (Steinmänner) nach rechts und auf einem steilen Pfad durch den Wald direkt hinunter zur Straßenverzweigung P. 709 steigen und somit mit Tour 8 verbinden. 2. Mit Ausgangs- und Endpunkt am Bahnhof Frinvillier verkürzt sich die Tour auf ca. 2.15 Std.
Karte: 233 T Solothurn; 1126 Büren a.A.
Kombinationsmöglichkeit: Mit den Touren 7, 8, 10, 11.

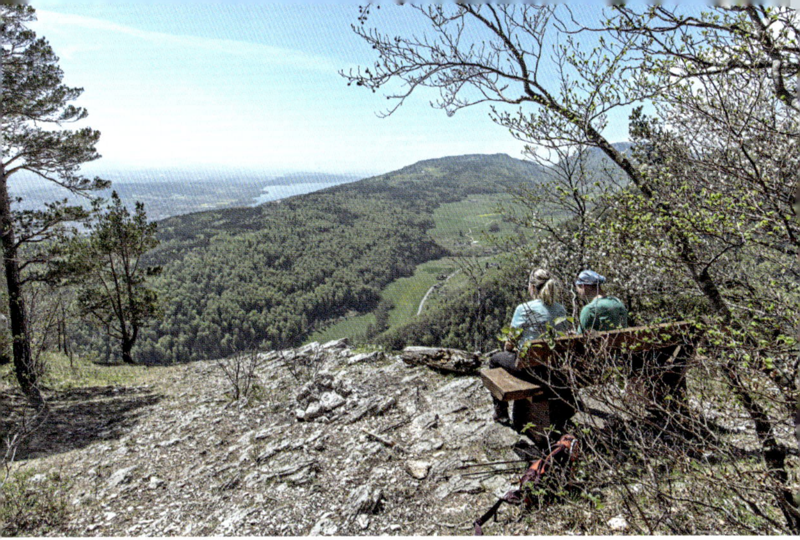

Niederlassen: beim Aussichtpunkt Face de Frinvillier.

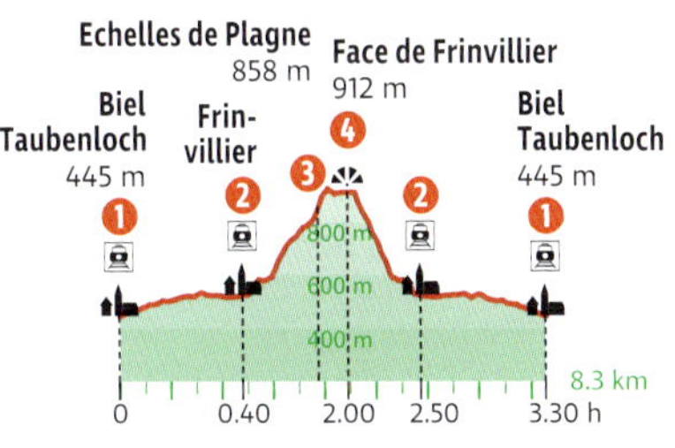

Von der Bushaltestelle **Taubenloch** am Stadtrand von **Biel** ❶ entsprechend Tour 8 nach **Frinvillier** ❷; am Ende der Rue du Canal nach links und gleich wieder nach rechts flussaufwärts. Nach ca. 200 m kurz vor dem weißen Gebäude zieht rechter Hand ein Weg über eine Steintreppe empor und auf einem Pfad hinauf, welcher alsbald auf die alte Fahrstraße trifft. Nach links auf dem Pfad entlang der modernen Fahrstraße bis zum nächsten Abschnitt der alten Straße (die moderne Straße geht in einen Tunnel). Auf der rechten Seite weisen ein Steinmann und eine blau-weiß-blaue Markierung den weiteren Weg. Die blau-weiß-blauen Markierungen findet man im gesamten Aufstieg, sie sind aber keine »offiziellen« Markierungen – der Auf- wie auch der Abstiegsweg ist auf den Landeskarten (bis auf den Abschnitt bei den Echelles de Plagne) nicht verzeichnet.

Nun steigen wir im Wald durch eine Rinne sozusagen auf den Tunnel hinauf, wobei ein Seil hilft. Weiter im Wald geht es steil aufwärts entlang der Felswände der **Rochers de Plagne**. Auf einer Höhe von ca. 690 m gibt es eine unscheinbare Gabelung, welche mit den blau-weiß-blauen Markierungen versehen ist. Von rechts oben kommt unser späterer Abstiegsweg

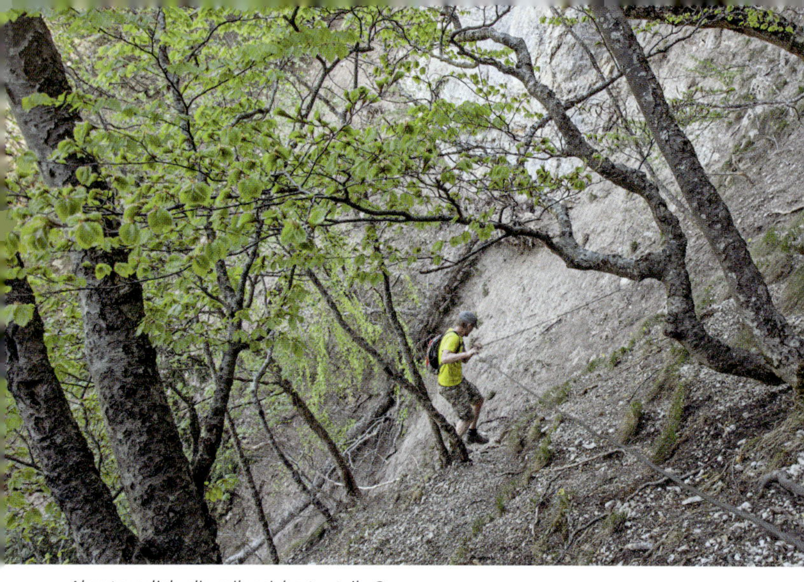

Abenteuerlich: die seilgesicherte steile Querung.

herunter. Wir gehen geradeaus weiter und steigen so im steilen Wald an der Wand weiter entlang auf, wobei ein paar ausgesetzte Wegabschnitte passiert werden – der schwierigste über eine Rinne ist mit einem langen Drahtseil versehen. Dann gehen wir um eine Ecke herum und gelangen im Zickzack zum Beginn, ca. 850 m, der **Echelles de Plagne** ❸. Vier Metallleitern überwinden die Wand; zwischen der ersten und zweiten Leiter macht die Route eine große Schleife nach rechts, nach der zweiten befindet sich eine Höhle, die als Biwakplatz genutzt wird. Nach dem Ausstieg aus der Wand nach rechts zu einem Aussichtspunkt mit Feuerstelle oben auf den Rochers de Plagne, ca. 920 m. An der Wandkante entlanggehen; vor kleinen Felsen links und weiter auf einem Pfad zum Aussichtspunkt **Face de Frinvillier** ❹ mit zwei Bänken.
Auf gleichem Weg ca. 200 m wieder zurück, bis links ein Weg abzweigt. Nach wenigen Metern sind wir an der Stelle oberhalb der Wand, unter welcher der Aufstieg in Richtung Echelles de Pagne erfolgt ist. Den Einstieg des Abstieges kennzeichnet eine Kette, welche man gerne für die ersten Meter benutzt. Der Abstieg ist ebenfalls mit kleinen blau-weißen Markierungen versehen. Unmittelbar auf der Rippe geht es abwärts, wobei eine Felsstufe mit einem Klemmblock mit einem Seil versichert ist. Auf einer Höhe von ca. 700 m können wir relativ leicht nach rechts unten queren und treffen somit wieder auf den bereits bekannten Aufstiegsweg zu den Echelles de Pagne. Auf identischem Weg zurück zum Ausgangspunkt in **Biel** ❶.

↗ 330 m | ↘ 330 m | 11.4 km

3.15 h

Petinesca/Studen – Chnebelburg – Heidenstein bei Biel

10

Sehenswürdigkeiten im Wald

Findlinge haben die Gletscher überall, wohin sie mal vorgestoßen sind, hinterlassen. Römerspuren gibt es vielerorts in der Schweiz. Spuren der Kelten sind schon rarer, und noch seltener ist eine noch so gut erhaltene hochmittelalterliche Erde-Holz-Burganlage wie diejenige der Chnebelburg auf dem Jäissberg (oder Jensberg) ob Studen. Bei den Römern hieß Studen Petinesca. Nach Besichtigung dieser von Menschen geschaffenen Zeugen der Vergangenheit wechseln wir über die Aare, die hier im Nidau-Büren-Kanal fließt, ins Findlingsreservat Längholz bei Biel, wo 51 Zeugen der glazialen Geschichte gefunden und unter Schutz gestellt wurden. Viele davon sind eher klein, aber der Heidenstein erreicht die beachtliche Höhe von knapp drei Metern.

Ausgangspunkt: Studen, 434 m;, an der S-Bahn Bern–Biel. Oder mit dem Bus von den Bahnhöfen Biel bzw. Lyss bis Haltestelle Petinesca in Studen.
Endpunkt: Biel, Bushaltestelle Bloeschweg, 440 m.
Anforderungen: Etwas Orientierungssinn ist von Vorteil, da nur streckenweise markierte Wege; T1.
Einkehr: In Studen, Aegerten, Brügg und Biel.
Variante: In Aegerten und Brügg an der Bahn-/Buslinie Biel–Lyss kann die Wanderung gut unterbrochen oder wieder aufgenommen werden.
Tipps: 1. Am schönsten im Winterhalbjahr, wenn die Bäume kein Laub tragen. 2. Faltblätter von Petinesca und der Chnebelburg ob Bellmund unter www.erz.be.ch/erz/de/index/kultur/archaeologie/Ausflugsziele.html und unter »Archäologische Rundgänge«. Vor Ort sind Infotafeln aufgestellt. 3. Abstecher zum Museum Schwab/Neues Museum Biel in der Seevorstadt 50 in Biel; geöffnet Di bis Sa 14–18 Uhr, So 11–18 Uhr. Von der Haltestelle Bloeschweg 6 mit Bus 1 via Bahnhof Biel bis Haltestelle Mühlebrücke und westwärts durch die Seevorstadt zum Museum Schwab, wo viele Funde von Petinesca ausgestellt sind. Vom Bahnhof ist das Museum in gut 10 Min. zu Fuß erreichbar, wenn man der Bahnhofstrasse bis zum Guisan-Platz folgt, dort links abzweigt in die Spitalstrasse, dieser entlang zur Schwanenkolonie und dann rechts in einer Allee an der Biel-Schüss entlang bis zum Museum geht. 4. Alles zum Findlingsreservat unter www.laengholz.ch, auch eine detaillierte Karte sowie die Heidensteinsage.
Karte: 233 T Solothurn; 1126 Büren a.A., 1146 Lyss oder 2504 Magglingen.
Kombinationsmöglichkeit: Mit den Touren 7–9, 11, 15.

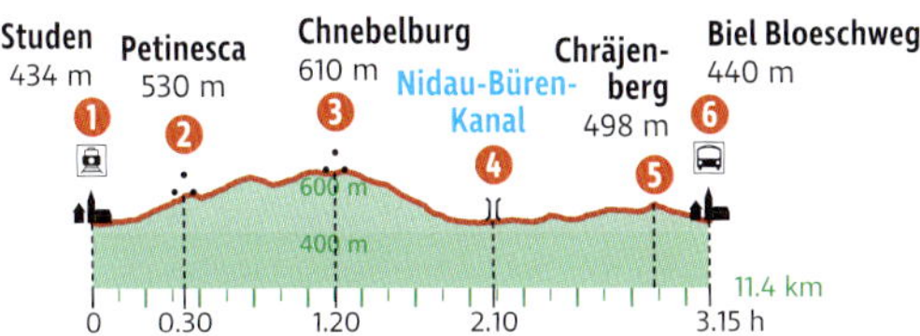

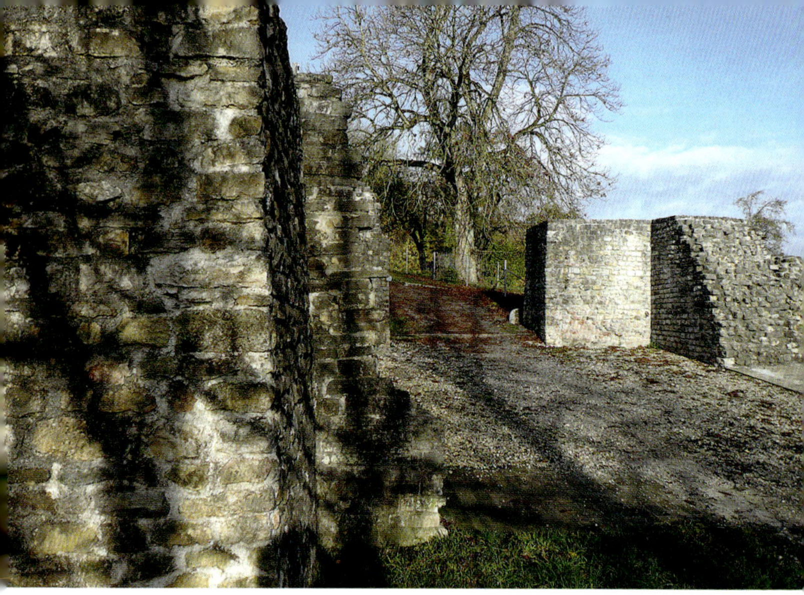

Die Römer »ante portas«: Toranlage von Petinesca in Studen.

Von der Bahnstation **Studen** ❶ den Wegweisern folgend unter den Gleisen und der Autostraße hindurch Richtung Worben und nach rechts zur römischen Toranlage von Petinesca – eindrücklich stehen diese rund 2000 Jahre alten Mauern inmitten von Wohn- und Gewerbehäusern. Der Wanderweg steigt kurz an, verläuft flach nordwärts, geht hinauf zum Schießplatz am Rande einer Kiesgrube, der eine kleine Tempelanlage zum Opfer fiel, und zieht schließlich in den Wald hinein zur Tempelanlage von **Petinesca** ❷ auf dem Gumpboden. Konserviert sind die Mauerreste des westlichsten Umgangstempels.

Südlich auf einem Pfad daran vorbei auf einen breiten Waldweg; nach links, bei der Einmündung in den Fahrweg nach rechts. Gut 100 m nach einer Waldhütte verlassen wir den Wanderweg nach rechts und gehen auf einem wenig ansteigenden Weg über den Nordrücken des **Jäissbergs**. Nach ca. 400 m, wo der Weg sich wieder zu senken begonnen hat, biegen wir links in einen Pfad ein, der zum Keltenwall (P. 592) hinaufgeht, diesem folgt, in den Wallgraben taucht und westwärts zum Wanderweg zurückführt, ca. 560 m. Auf diesem, zuletzt über einen ausgeprägten Rücken, zur **Chnebelburg** ❸. Diese ovale, 135 x 60 m große Erdburg wurde vor rund 1000 Jahren auf dem Gipfel des Jäissbergs errichtet; die Mauern aus Holz sind verschwunden, aber das 10 m überhöhte Burgplateau, der Graben und der äußere Wall sind noch gut erkennbar.

Der Wanderweg geht nordseitig durch den Graben zu einem Picknickplatz; auf halbem Weg zweigt links eine Wegspur ab, die über die Böschung in die Burg leitet. Man kann auch um die Erdburg herumgehen. Schließlich auf dem Wanderweg zurück über den Rücken des Jäissbergs, bis linker Hand der Weg nach Aegerten abzweigt. Auf einem Pfad durch die Nordflanke des Jäissbergs hinab und unter Autostraße und Gleisen hindurch zur Kirche Bürglen in **Aegerten**, die im Frühmittelalter auf Überresten römischer Wachanlagen errichtet wurde. Über den **Nidau-Büren-Kanal** 4 nach **Brügg** (P. 436) und auf der Wanderroute durchs Dorf hinauf in den Bärletwald, den südlichsten Teil des Findlingreservates **Längholz**.
Darin verlaufen schier unzählige Wege – Hauptziel ist der Heidenstein: Wir bleiben auf dem Wanderweg bis in die östlichste Waldrandecke von Ried. Nun schnurgerade und leicht aufsteigend durch den Wald zum **Heidenstein** (P. 480). Weiter auf dem breiten Wanderweg Richtung Mett bis zu einer Wegspinne in einem Tälchen (P. 471). Hier links und gleich wieder rechts, um über den Südhang zum **Chräjenberg** 5 zu steigen; links am bemalten Wasserreservoir vorbei erklimmen wir den höchsten Punkt des Krähenberges. Über den Westrücken absteigen, nördlich an Schulanlagen vorbei, dann durch den Marie-Louise-Bloesch-Weg zur Bushaltestelle **Biel Bloeschweg** 6, 440 m.

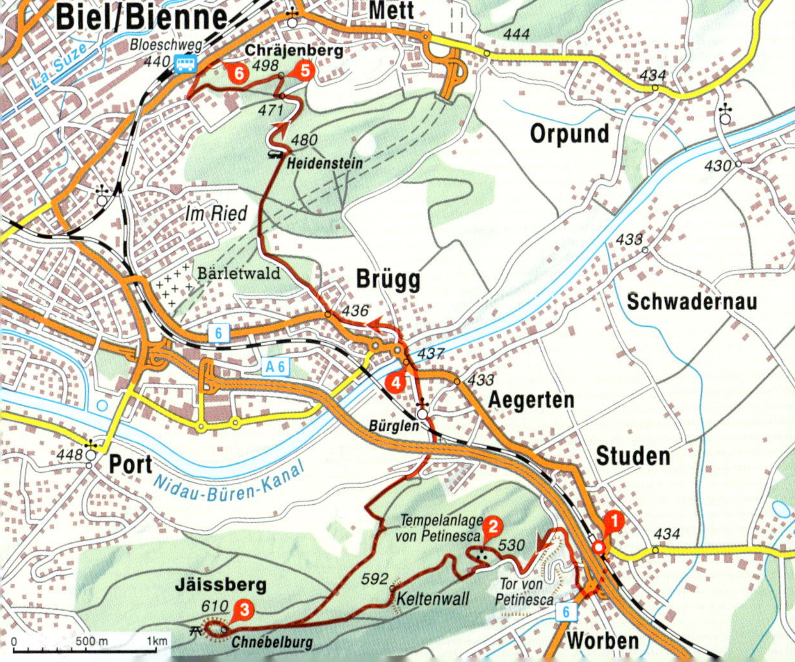

↗ 320 m | ↘ 320 m | 18.7 km

11 Bielersee: Biel – Twann – St. Petersinsel – Erlach

5.15 h

Wein, Wurst und andere Träume

Von Anfang Januar bis Mitte März liegt Schnaps- und Wurstduft über der ganzen Winzerküste des Bielersees, weil dann die sogenannten Treberwürste gegart und gegessen werden. Aber es sollte dann schon die Sonne scheinen, wenn wir an de Küste entlangwandern und in Ligerz auf die St. Petersinsel übersetzen. Genau genommen ist es eine Halbinsel, seitdem vor langer Zeit die Aare korrigiert und der Seespiegel gesenkt wurde. Das Eiland im Bielersee ist ein Schulreiseklassiker. Wie ruhig muss es gewesen sein, als der verfolgte Genfer Philosoph und Schriftsteller Jean-Jacques Rousseau 1765 auf der Île de Saint-Pierre Zuflucht suchte. In seinen Zimmern, die er im Hotel bewohnte, ist es still. Da möchten wir mal ein paar Tage ausspannen und »Die Träumereien des einsamen Spaziergängers« lesen.

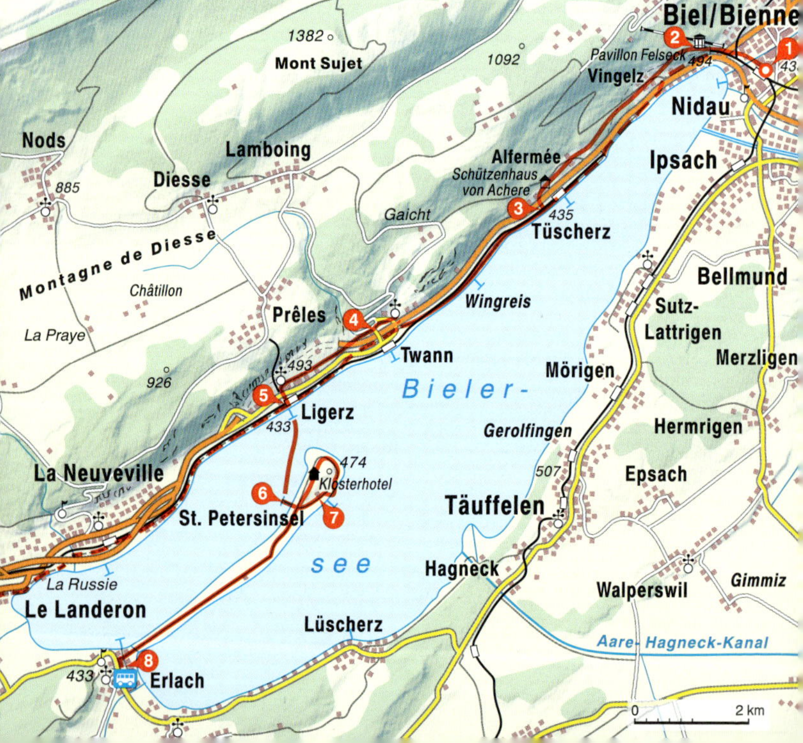

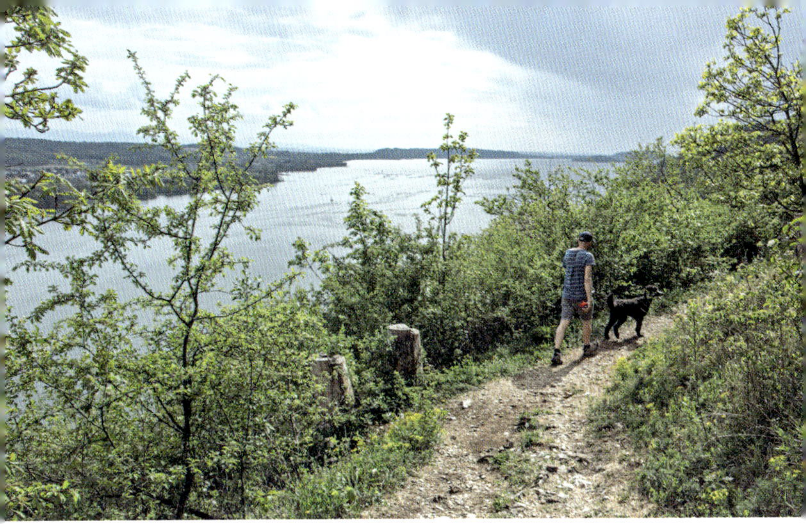

Auf dem Höhenweg zwischen Biel und Vingelz.

Ausgangspunkt: Biel/Bienne, Bahnhof, 433 m.
Endpunkt: Erlach, 433 m; Bus nach Ins an der Bahnlinie Bern–Neuenburg, Bus über Gals nach Le Landeron, oder mit dem Schiff.
Anforderungen: Leicht und lang; kann aber gut nur in Teiletappen gemacht werden. Markierte Wege. T1, kurze Passagen T2.
Einkehr: In den Dörfern sowie auf der St. Petersinsel.
Varianten: 1. In Biel/Bienne nicht zum Pavillon Felseck hinauf, sondern auf der Seevorstadt nach vorne zum See und an ihm entlang; allerdings gelangt man erst nach 1,5 km, nach dem Gottstatterhus von Vingelz, zum Uferweg.
2. Von Twann **4** auf dem Uferweg nach Ligerz **5**.
3. Von Ligerz auf dem Uferweg bis La Neuveville, von dort noch weiter bis nach La Russie und dann in die Altstadt von Le Landeron.
4. Von der Schiffländte auf der St. Petersinsel direkt zum Kloster **7**.
Hinweis: Im Winter eingeschränkte Schifffahrt auf dem Bielersee.
Tipp: Treberwurstessen: Reservationen in den urigen Weinkellern, den Carnotzets, sind unerlässlich; www.bielerseewein.ch.
Karte: 232 T Vallon de St-Imier; 1125 Chasseral, 1145 Bieler See oder 2504 Magglingen.
Kombinationsmöglichkeit: Mit den Touren 7–10, 12.

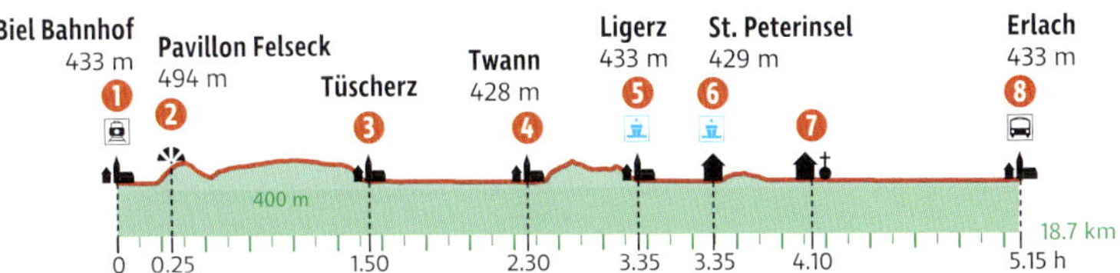

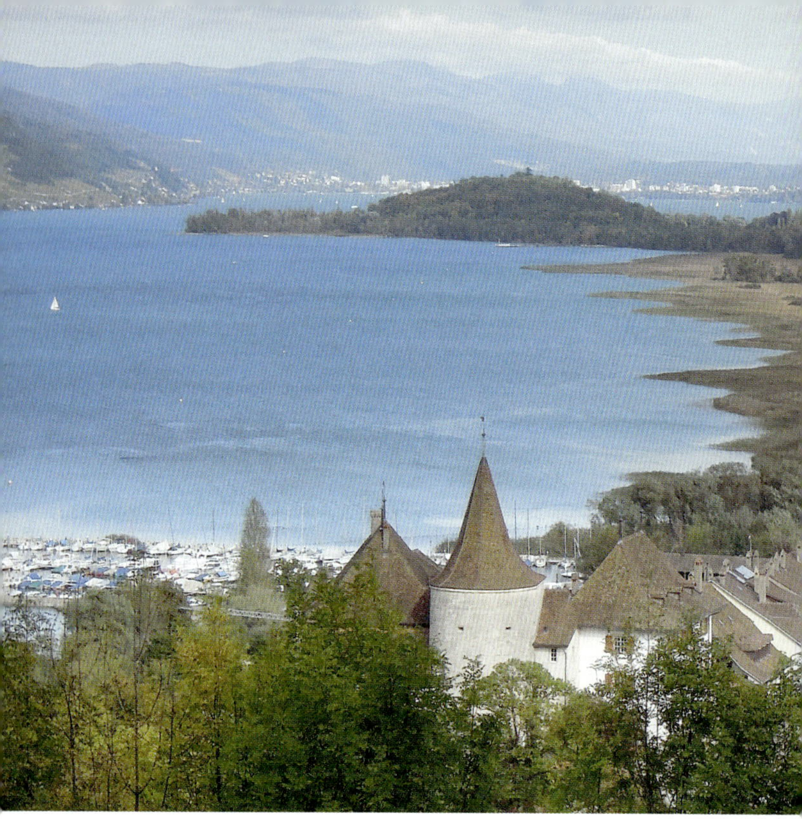

Blick auf die St. Petersinsel und den Bielersee.

Vom **Bahnhofplatz** in **Biel** ❶ auf der Wanderroute in nordwestlicher Richtung via Uraniaplatz, Steg über den Schüsskanal, Chemin du Terreau, Seefelsweg, Seevorstadt und Alpenweg an den Jura-Südfuß. Auf dem Zickzackweg hinauf zum **Pavillon Felseck** ❷; wunderbare Sicht über den Bielersee. Weiter auf dem Wanderweg Richtung Vingelz, schön und luftig am steilen Hang entlang, aufsteigend bis ca. 530 m, dann absteigend bis ca. 500 m und mehr oder weniger die Höhe haltend zu den ersten Rebbergen und Häusern von Vingelz, ca. 490 m. Auf dem Rebenweg durch die Siedlung und durch Wald in die Rebhänge, ca. 520 m, von Alfermée. Im Hang weiter zu einem Friedhof und zum 1877 erbauten Schützenhaus von Achere, ca. 500 m, das wie eine Kapelle aussieht. Wir folgen noch kurz dem Sträßchen und steigen dann nach **Tüscherz** ❸ ab.

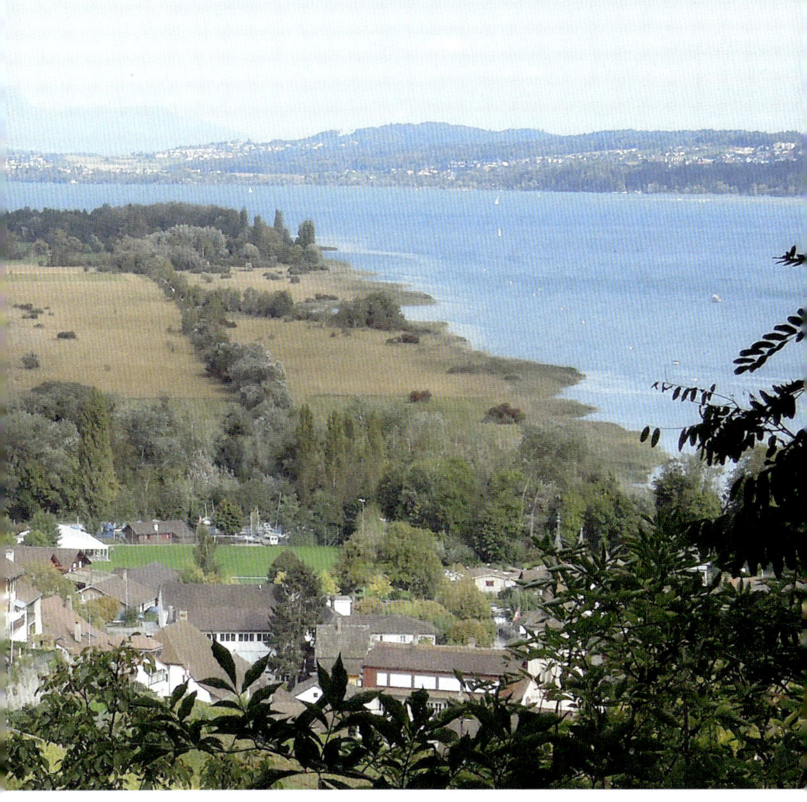

Nun auf dem Uferweg, unterhalb der Autostraße und Eisenbahnlinie, über Wingreis bis zum Strandbad von Twann. Kurz danach durch eine Unterführung auf die Dorfgasse hinauf und hinein ins schmucke **Twann** 4. Durch das Dorf, den Twannbach überschreitend, nach Kleintwann. Hinauf in die Rebberge und auf sehr schönem Wanderweg zur Kirche von Ligerz, 493 m, einem Bijou, sehr beliebt für Hochzeiten. Dann geht's bergab nach **Ligerz** 5 und zur Schiffländte.

Mit dem Kursschiff hinüber zur **St. Petersinsel** 6. Im Uhrzeigersinn, inkl. Aufstieg zum Pavillon (P. 462), um die Insel herum, zum Rousseau-Denkmal und schließlich ins **Kloster** 7 (Restaurant, Hotel Rousseau). Auf dem Heidenweg, an der Kanincheninsel/Chüngeliinsel (P. 444) vorbei, über den schmalen Landstreifen nach **Erlach** 8, einem mittelalterlichen, von einem Schloss gekrönten Städtchen.

↗ 340 m | ↘ 340 m | 13.2 km

12 Über den Jolimont: Von Gampelen nach Lüscherz

3.45 h

Teuflisch hübsch

Der Gipfel des Jolimont, des seeländischen Molassehügels zwischen Grossem Moos, Bieler- und Neuenburgersee, ist dicht bewaldet. Aber von der an seinem Südfuß gelegenen Gedenkstätte für Karl Scheurer, Chef des Eidgenössischen Militärdepartements von 1919 bis 1929, haben wir eine magistrale Aussicht auf die Alpen. »Joli Mont« übrigens hat nichts mit einem »hübschen Berg« zu tun, sondern leitet sich von »sur le mont« her. Daraus entstand »Suslemont«, »Tschulimont« und schließlich »Jolimont«. Hübsch dürfte aber die junge Frau aus Vinelz am Bielersee gewesen sein, auf die der Besitzer des Hofes Oberi Budlei ein Auge geworfen hatte. Doch sie wollte ihn nicht, und in seiner Verzweiflung soll er vom Hügel bei Vinelz in den Abgrund geritten sein. Hofmannsflue heißt der höchste Punkt dieses Hügels. Die Aussicht von dort ist – hübsch natürlich. Und was machen wir zwischen den beiden Anhöhen auf unserer Seelandwanderung? Dann sitzen wir in einem der Restaurants des Rebbergstädtchens Erlach und genießen ein Glas »Les trois amis« oder »Les trois filles«. Und stoßen auf den Teufel an, welcher die riesigen Findlinge auf dem Jolimont liegen ließ.

*Foto unten: Vom Gletscher einfach liegen gelassen: Findlinge aus dem Val de Bagnes.
Rechts: Extra erbaut: Bunkerschacht, frei begehbar.*

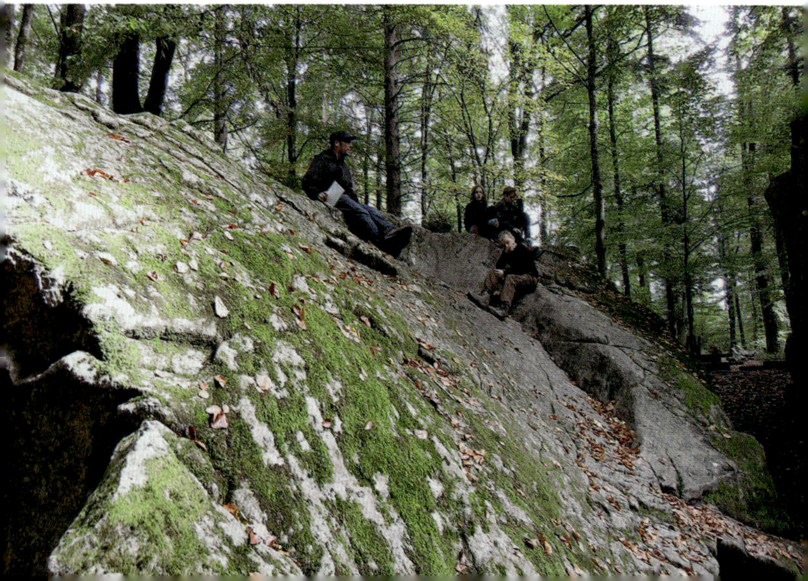

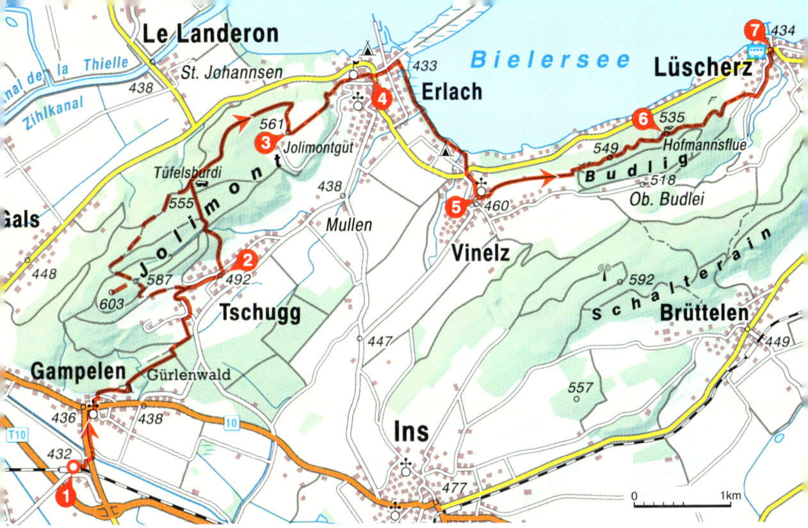

Le Landeron
St. Johannsen
Canal de la Thielle
Zihlkanal
438
Bielersee
433
Erlach
Lüscherz
434
7
4
3
561
Jolimontgut
6
535
549
Hofmannsflue
Tüfelsburdi
Jolimont
438
Budlig
518
Ob. Budlei
555
Mullen
5
460
Gals
Vinelz
2
492
448
587
603
592
Schalterain
Tschugg
Brüttelen
447
449
Gampelen
Gürlenwald
557
436
438
10
T10
432
1
Ins
477
0
1km

Ausgangspunkt: Gampelen, 432 m; Bahn Bern–Ins–Neuenburg und Bus Ins–Gampelen–Gals–Erlach–Le Landeron.
Endpunkt: Lüscherz, 434 m; Schiff nach Erlach und Biel, Bus über Vinelz nach Erlach, in einem der Orte umsteigen in den Bus nach Ins.
Anforderungen: Überwiegend markierte Wege. T1. Taschenlampe für Bunker.
Einkehr: In Gampelen (Anker-Stübli), Tschugg, Erlach, Vinelz, Lüscherz.
Variante: In Tschugg ❷ westwärts nach Äntscherz; nach dem Hof rechts auf Pfad hinauf zum Jolimont-Wald; nach rechts und gleich wieder links zu einer Vierwegekreuzung, 587 m, auf dem Jolimont-Rücken. Links auf das Forststräßchen, nach 250 m rechts durch Wald zum überwachsenen höchsten Punkt des Jolimont, 603 m. Zurück zur Kreuzung, 587 m, und nach links. Über den Rücken, bis man nach einer Antenne auf den Wanderweg kommt; er führt an Bunkern vorbei, durch die man gehen und kriechen kann (Ein- und Ausstieg durch Falltüren), zur Tüfelsburdi. Ca. 35 Min. länger.
Tipps: 1. Themenweg »Jolimont – eine Wanderung zu Geschichte und Gegen-

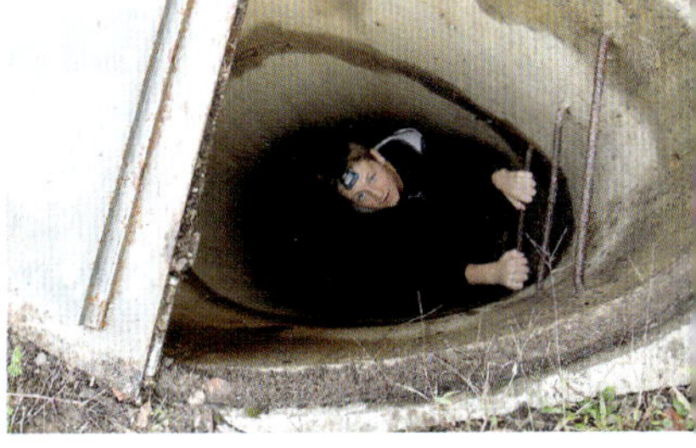

wart« mit elf Objekten von Gampelen bis Erlach (braun markiert; www.erlach.ch). – 2. Alljährliche Musikferienwochen und Kurse in der Villa Jolimont (www.villa-jolimont.ch). – 3. Pfahlbaumuseum in Lüscherz: Die Pfahlbauten gehören zum UNESCO-Weltkulturerbe »Prähistorische Pfahlbauten um die Alpen«, es gibt sogar eine Lüscherz-Kultur (www.pfahlbaumuseum.ch, www.palafittes.org). – 4. Militärgeschichtliche Führungen: www.fort-fribe.ch.
Karte: 232 T Vallon de St-Imier; 1145 Bieler See.
Kombinationsmöglichkeit: Mit Tour 11.

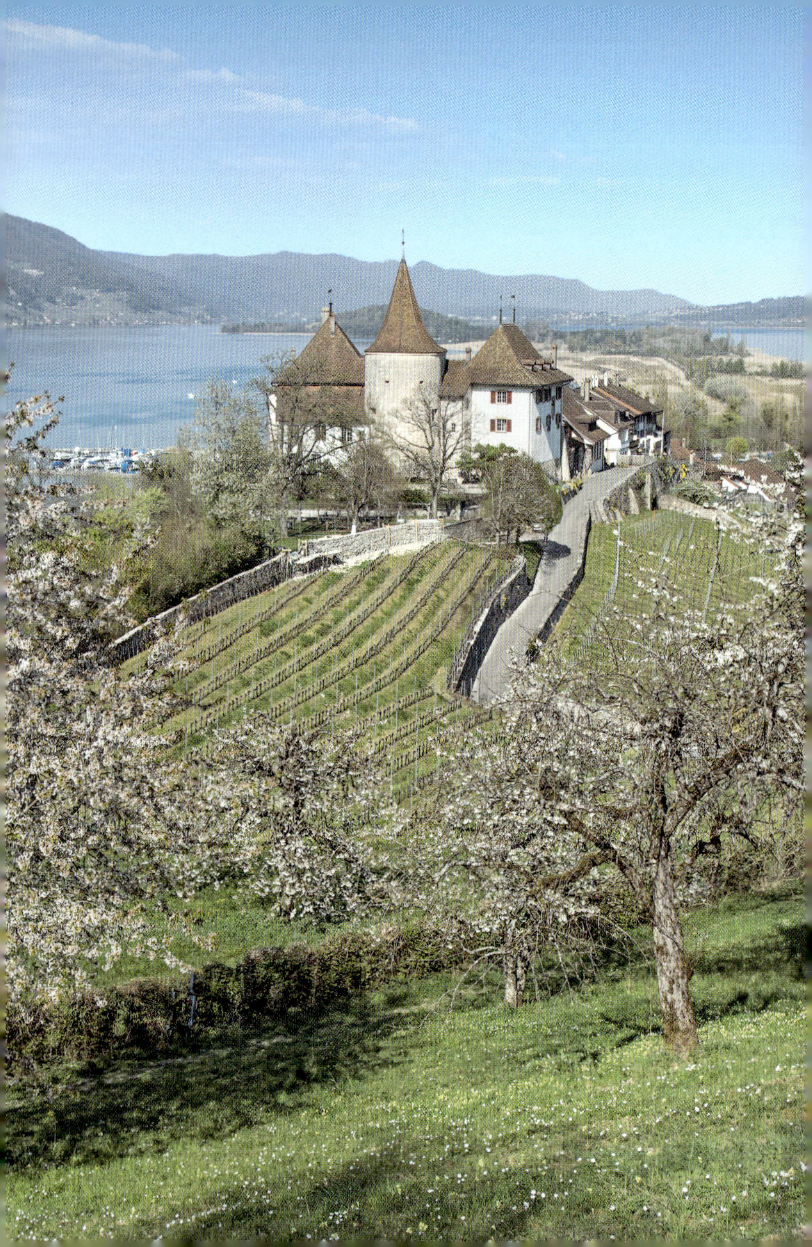

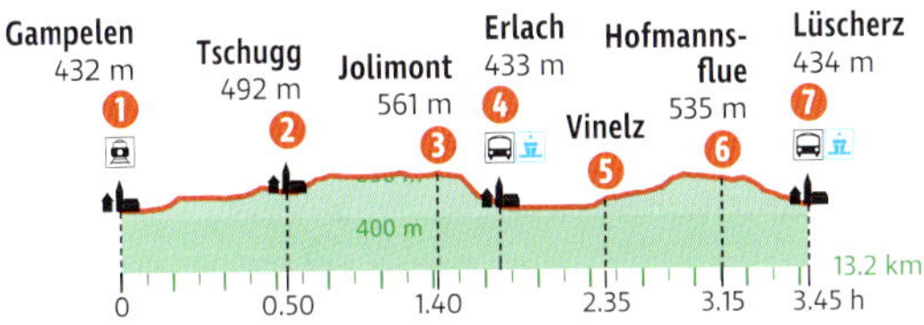

Vom Bahnhof **Gampelen** ❶ nordwärts auf der Straße ins Dorf und nach rechts zur Kirche; in der Nähe befindet sich die Bushaltestelle. Auf der Wanderroute zum Südfuß des Jolimont-Hügelzuges und schräg durch den Rain hinauf, dann nach vorne an die Rebbergkante zum **Denkmal** Bundesrat Karl Scheurer (P. 475). Nordostwärts auf den Wanderweg Richtung Tschugg. Durch den Gürlenwald und über Felder und an Häusern vorbei – bei der Verzweigung den linken Wanderweg wählen – nach **Tschugg** ❷ inmitten von Obst- und Weingärten. Bei der Klinik Bethesda teilen sich die Wege. Gipfelstürmer halten sich links und erobern noch den bewaldeten höchsten Punkt des Jolimont (vgl. Variante), Genusswanderer gehen ins Dorf (P. 492) hinab und nach der Gemeindeverwaltung links.
Hinauf auf den waldigen **Jolimont** ❸ und quer über seinen Rücken zur **Tüfelsburdi**, ca. 555 m. Sie besteht aus zwei mächtigen und mehreren kleinen erratischen Blöcken aus Arollagneis, die der Rhonegletscher in der Eiszeit hier abgelagert hat. Seit 1872 ist die geologische und keltische Kultstätte unter Naturschutz gestellt, seit dem Zweiten Weltkrieg wird sie von sechseckigen Bunkern bewacht – der ganze Jolimont ist wie der Mont Vully voll von militärischen Anlagen. Noch immer ist die Teufelsbürde Ziel und Höhepunkt zahlreicher Schulreisen.
An der nördlichen Plateaukante des Jolimont entlang zum Oele-Weiher und zur mächtigen Waldlichtung des Jolimontgutes (P. 561); eine Allee führt zur dortigen Villa Jolimont, ein Feldweg von ihr weg. Vom Waldrand steil hinunter zum **Schloss Erlach** ❹. Durch das mittelalterliche Städtchen (P. 433) hinab und nach vorne in Richtung Bielersee. Noch vor dem Wasser zweigt rechts der Uferweg nach Vinelz ab; bei einem Steg an einer Hafenanlage kommen wir zum See. Nun mehr oder weniger direkt am Bielersee entlang durch Auenwald und an Campingplätzen vorbei zum Hafen von **Vinelz**. Auf der Wanderroute südwärts hinauf ins **Dorf** ❺; bei der Kirche links und über das Holenfeld in den Budlig-Wald. Der Wanderweg führt am Steilabbruch entlang zur **Hofmannsflue** ❻, mit Wegweiser und Ruhebank; durch Föhrengeäst blicken wir immer wieder aufs Wasser hinaus. Noch kurz weiter an der Hangkante entlang, dann hinab zu den Obstgärten von **Lüscherz** ❼ und zur **Bushaltestelle**; zur Schiffsanlegestelle gehen wir noch ein paar Minuten weiter.

Das Schloss Erlach im Abstieg vom Jolimont.

↗ 130 m | ↘ 450 m | 9.8 km

13 Frienisberg, 820 m – Lobsigenhöhlen

2.30 h

Chutzenturm, Sandsteinwohnungen, Flohmarkt

Chutzemischt sagt man im Berndeutschen, und meint damit dummes Geschwätz. Kein Mist ist aber, dass auf den Chutzen früher wohl trockener Mist verbrannt wurde, um möglichst viel Rauch zu erzeugen. Die Chutzen, besser bekannt unter dem Namen Hochwacht oder Hohwacht, sind nämlich auf den höchsten und frei stehendsten Punkten von Hügeln zu finden, und auf ihnen zündete man in Kriegs- und Notzeiten Feuer an, um sich gegenseitig zu alarmieren. Der Chutzen auf dem Frienisberg ist schon lange von Bäumen zugewachsen – Aussicht also fast gleich null. Doch seit dem Frühling 2010 blickt man von dort über die halbe Schweiz, dank des 45 m hohen Holzturms. Eine ganz andere Sicht der Welt erhält man von den Lobsigenhöhlen am Nordhang des Frienisbergs. In diesen »Löchern«, die in ein Sandsteinband gegraben wurden, hausten vom 19. bis ins 20. Jahrhundert hinein arme Korber und Kesselflicker.

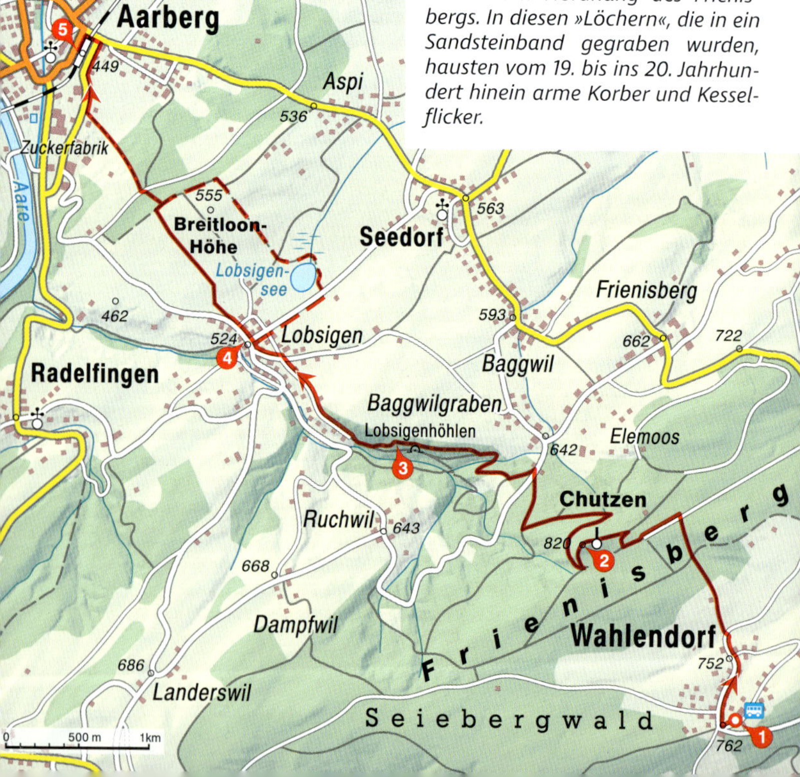

Ausgangspunkt: Wahlendorf, 762 m; Postauto vom Bahnhof Bern.
Endpunkt: Aarberg, 449 m; an der Bahnlinie Kerzers–Lyss–Büren a.A., Postauto von Bern und Biel.
Anforderungen: Auf den teils schmalen Waldwegen bei den Lobsigenhöhlen sollte man nicht gerade stolpern. Mehrheitlich markiert. Taschenlampe für die Lobsigenhöhlen nicht nötig. T1.
Einkehr: In Wahlendorf und Lobsigen. Viele Möglichkeiten in Aarberg (z.B. das Bahnhöfli).
Varianten: 1. Von Lobsigen mit Postauto nach Aarberg oder Bern. 2. Nordöstlich von Lobsigen liegt das Naturschutzgebiet Lobsigensee, wo man 5000 Jahre alte Besiedlungsspuren gefunden hat; von einem Holzturm hat man einen Blick auf den schilfumgürteten See. Man kann auf grasigem Weg halb um ihn herumgehen und dann auf Feldwegen die Breitloon-Höhe erklimmen.
Tipp: Der Antiquitätenmarkt »Aarberger Puce« findet jeweils am letzten Freitag und Samstag im April und im August statt – einer der größten Flohmärkte der Schweiz. Vielleicht findet man dort einen alten Kessel aus den Lobsigenhöhlen ...
Karte: 233 T Solothurn; 1146 Lyss.
Kombinationsmöglichkeit: Mit den Touren 14, 15.

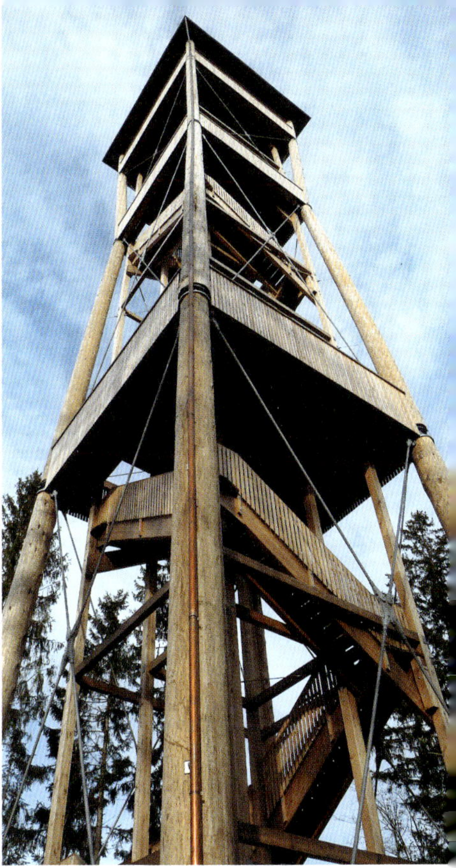

Luftig: Chutzenturm auf dem Frienisberg.

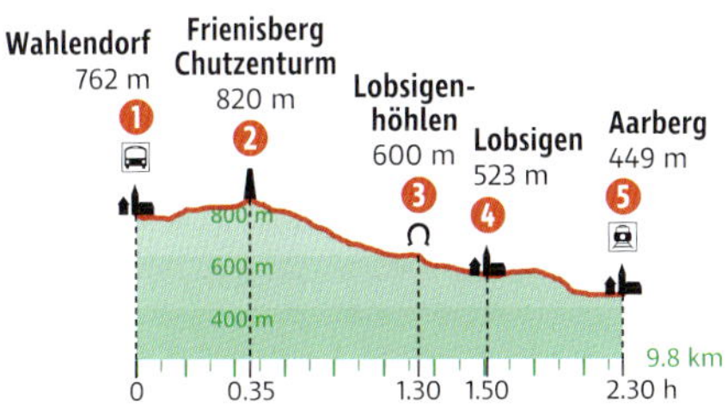

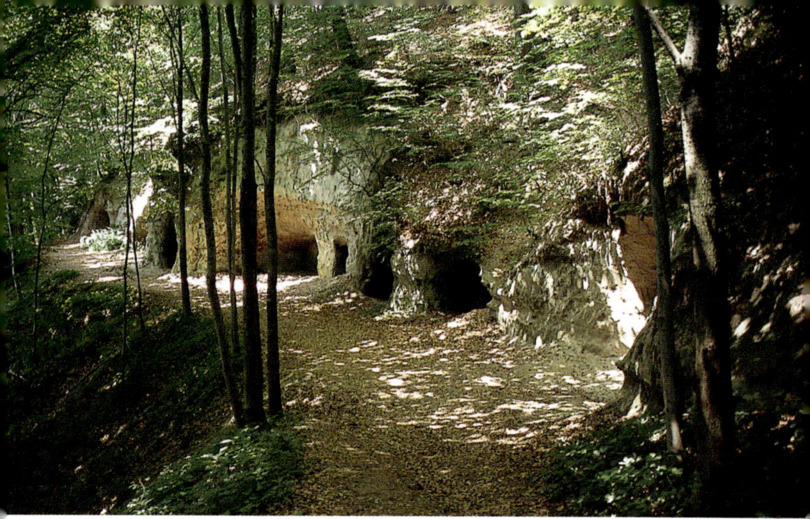

Schattig: die Lobsigenhöhlen, heute unbewohnt.

Von der Postautoendstation in **Wahlendorf** ❶ auf der Straße (und Wanderroute) nordwärts durchs Dorf, vorbei am Dorfladen und Gasthof Rössli. Aufstieg über den Sonnenhang und hinein in den Wald des Frienisbergs. Auf dem Wanderweg in westlicher Richtung zum Holzturm auf dem **Chutzen** ❷; 234 Stufen führen zur obersten Aussichtsplattform, 859 m.
Abstieg auf dem Weg südwärts bis auf ein Sträßchen und scharf nach rechts auf einen Fahrweg. Er führt auf die Nordseite des Chutzen; bei der ersten Möglichkeit nach links und westwärts weiter absteigen, bei einer Vierwegekreuzung geradeaus. Kurz darauf nordwärts hinab auf die Straße, ca. 645 m, südlich des Dorfes **Baggwilgraben**. Ein paar Schritte dorfwärts, dann linker Hand in den Fahrweg einbiegen, der in den bewaldeten Graben des Mülibachs hinabkurvt. 150 m nach der Brücke über den Bach zweigt rechts der Wanderweg nach Baggwilgraben ab. Man folgt ihm nur kurz und biegt links in einen unmarkierten, schmalen Weg ein. Er zieht durch den Südhang des Grabens zu den wenig tiefen **Lobsigenhöhlen** ❸, die aus dem Sandstein gehauen wurden: zuerst eine Höhlengruppe, dann eine Wasserstelle, ca. 600 m, und schließlich noch zwei weitere Höhlengruppen, teilweise mit Holzbänken ausgestattet.
Von der westlichen Höhle führt ein Treppenweg auf den Fahrweg zurück. Auf ihm nach **Lobsigen** ❹. Durchs Dorf hindurch, schnurgerade auf einem Feldweg über die Breitloon-Höhe, ca. 540 m, und auf schmalen Wegen durch Wald und Feld direkt hinab zur Zuckerfabrik. Nordwärts zum Bahnhof **Aarberg** ❺; vor der Heimreise empfiehlt sich allerdings noch der Besuch des mittelalterlichen Städtchens.

↗ 330 m | ↘ 120 m | 11.3 km

3.00 h

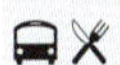

Münchenbuchsee – Meikirch – Wahlendorf

14

Am Südhang

Wer im Norden von Bern in den nach Süden orientierten Dörfern zwischen dem Flussbett der Aare und dem Hügelzug des Frienisbergs wohnt, ist zu beneiden. Viel Sonne, viele Felder, viele Postautolinien. Und vor allem eine Traumaussicht auf die Alpenkette, vom Titlis zum Moléson. Das Bernbiet und seine Hauptstadt liegen einem sozusagen zu Füßen, obwohl man gar nicht so hoch steht.

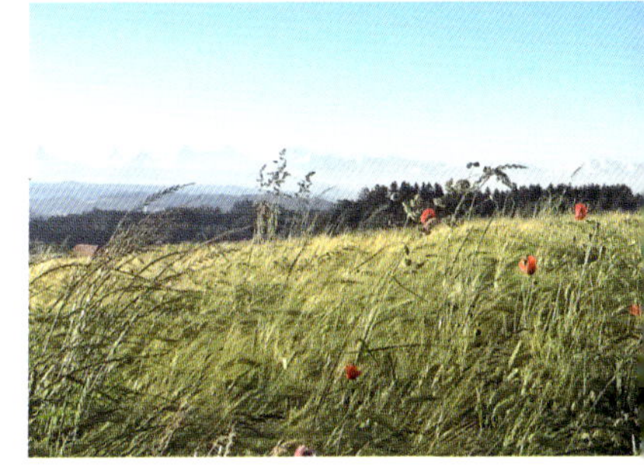

Foto oben: Sommerwarm: nahe der Leutschenhöhe.
Unten: Frostig: Schneefeld zwischen Leimeren und Äzikofen.

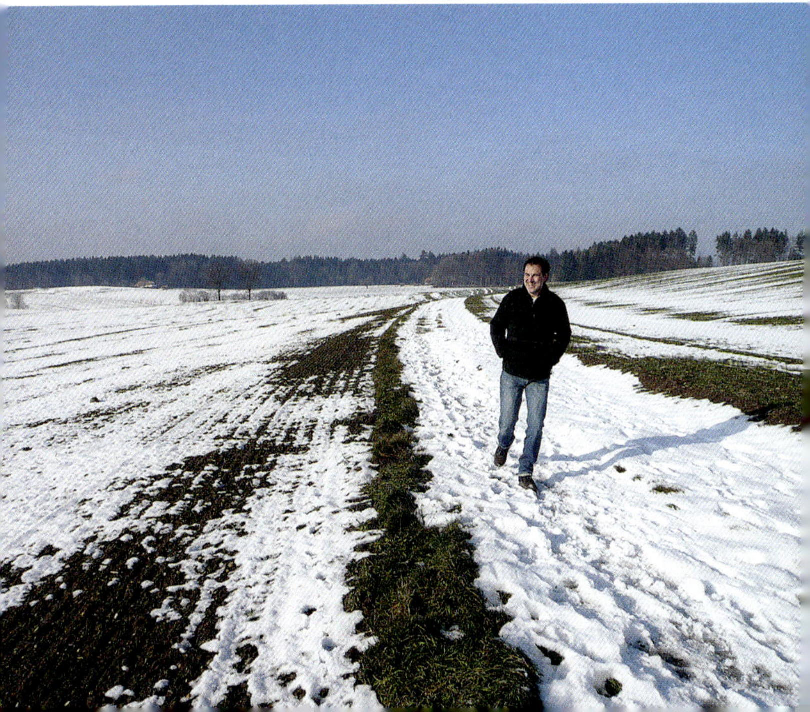

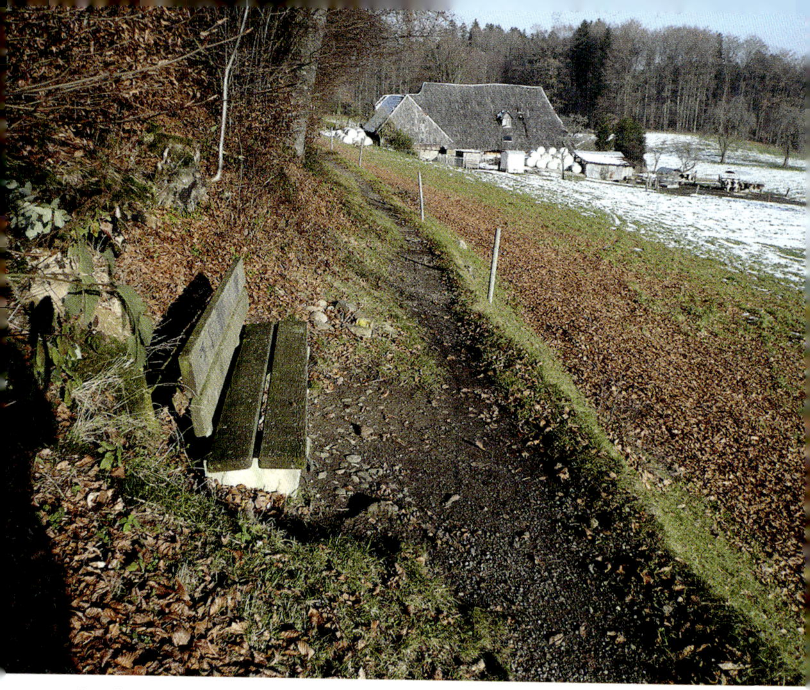

Sonnig: Sitzbank bei Schachen.

Ausgangspunkt: Münchenbuchsee, 553 m; an der Bahnlinie Bern–Lyss–Biel.
Endpunkt: Wahlendorf, 762 m; Postauto zum Bahnhof Bern.
Anforderungen: Gelb markierte Wege. T1.
Einkehr: In Münchenbuchsee, Meikirch und Wahlendorf.
Varianten: 1. Die Wanderung kann vielerorts dank der Postautos unterbrochen oder wieder aufgenommen werden.
2. Man kann die Wanderung auch weiter nach Westen über Innerberg bis Frieswil, 673 m, fortsetzen, wo auf die sonnige Wanderung im brasilianischen Restaurant Dona Flor angestoßen werden kann (1 Std. länger).
Tipp: Am schönsten an einem sonnigen Nachmittag im Spätherbst und Winter, wenn klare Sicht herrscht.

Karte: 233 T Solothurn, 243 T Bern; 2502 Bern und Umgebung.
Kombinationsmöglichkeit: Mit Tour 13.

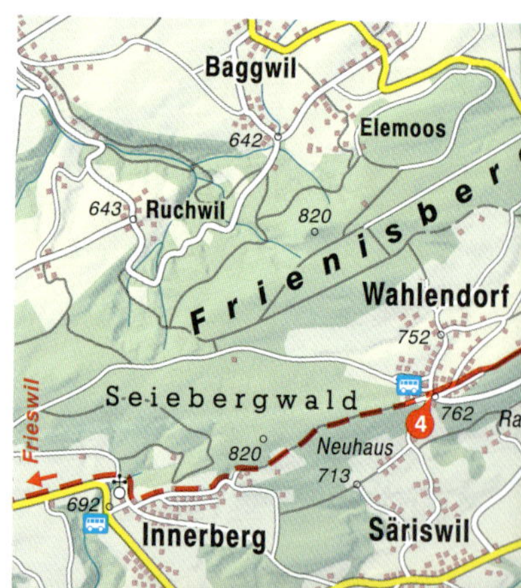

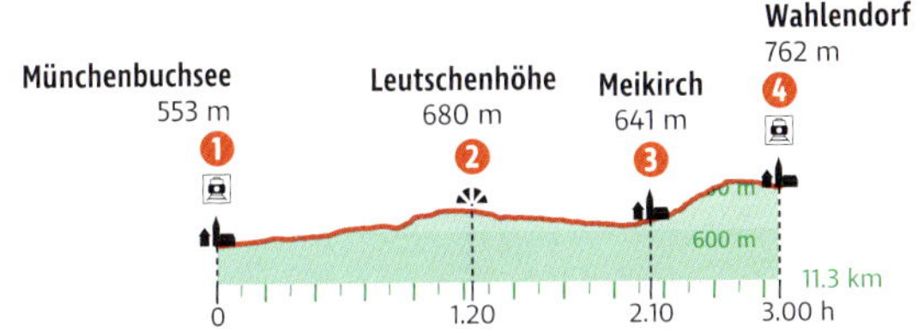

Vom Bahnhof **Münchenbuchsee** ❶ westwärts, entweder auf der Oberdorfstrasse, bis links die Kirchlindachstrasse abzweigt. Oder alternativ mit weniger Verkehr durch kleinere Straßen: nur kurz auf der Oberdorfstrasse, dann links in die Kirchgasse, rechts in Schmiedgasse und durch den Bodenackerweg hinauf zur Kirchlindachstrasse. Auf ihr links zum Dorf hinaus. Gute 100 m nach einer Straßenverzweigung rechts in den Feldweg einbiegen. Auf ihm westwärts bis zur Straße Oberlindach–Diemerswil. Links auf der Fahrstraße durch die Siedlung **Ufem Moos** (P. 614) und kurz nach dem Ortsausgang rechts waldeinwärts gehen.

Bei Verlassen des Büelwaldes kommt die Route zum Hof Schachen, geht am Waldrand entlang, gelangt zum Buchsacker-Hof (P. 622), steigt zum Leutschenwald hinauf und zieht an seinem Rand entlang, zu einem Parkplatz und dann an drei Picknickplätzen vorbei bis zur Panoramatafel auf der **Leutschenhöhe** ❷.

Der gelb markierten Route über Jeztikofen nach Äzikofen, 650 m, folgen und weiter über Unterholz (P. 623) bis in den Ort **Meikirch** ❸. Die Beschilderung in Richtung Wahlendorf führt im Westteil des Ortes etwas aufwärts zum Underen Wald. Schräg links geht es weiter aufwärts nun im Wald, bis mit dem Waldrand die Krete erreicht ist. Auf dieser in wenigen Minuten nach **Wahlendorf** ❹.

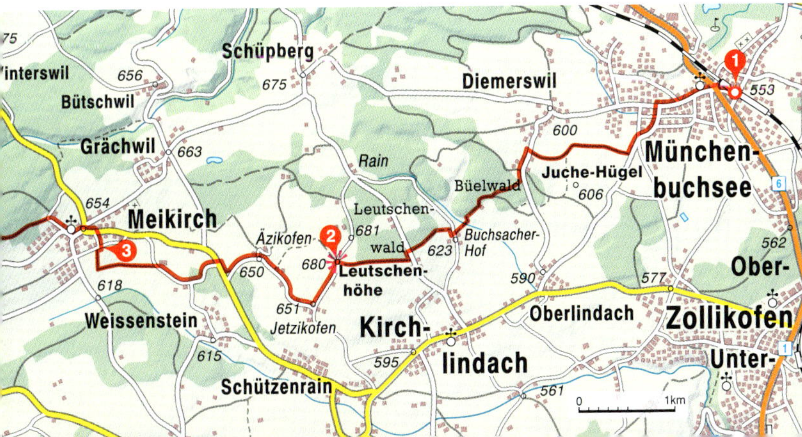

↗ 40 m | ↘ 50 m | 17.6 km

15 Alte Aare: Aarberg – Büren an der Aare

4.15 h

Aareläufe

Die ganze Region zwischen La Sarraz und Wangen an der Aare litt früher unter ständigen Überschwemmungen, doch die beiden Juragewässerkorrektionen (in den Jahren 1868–91 und 1962–73) besiegten den Aareteufel. Nicht teuflisch, sondern idyllisch präsentieren sich heute die Alte Aare und ihr Naturschutzgebiet zwischen Aarberg und Büren an der Aare. Start und Ziel sind zudem sehr sehenswerte Landstädtchen mit viel mittelalterlicher Bausubstanz.

Ausgangspunkt: Aarberg, 449 m; an der Bahnlinie Kerzers–Lyss–Büren a.A.; Postauto von Bern und Biel.
Endpunkt: Büren a.A., 442 m; Zug nach Kerzers, Bus nach Solothurn sowie Aareschiff nach Biel und Solothurn.
Anforderungen: Überwiegend markierte Wege. T1.
Einkehr: Viele Möglichkeiten in Aarberg (z.B. das Bahnhöfli), Lyss, Studen und in Büren an der Aare (z.B. das Ristorante im chic restaurierten Kornhaus).
Tipp: Erlebniswelt Seeteufel in Studen (40 Tierarten aus allen 5 Erdteilen sowie zahlreiche Spiel- und Vergnügungsmöglichkeiten für Kinder), geöffnet täglich 10–18 Uhr von März bis Oktober, www.seeteufel.ch.
Karte: 233 T Solothurn; 1126 Büren a.A., 1146 Lyss.
Kombinationsmöglichkeit: Mit den Touren 10, 13, 16.

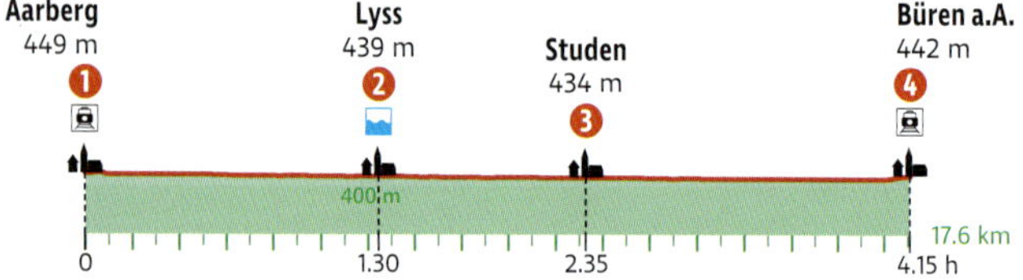

Vom Bahnhof **Aarberg** 1 hinauf in die Altstadt und hindurch zur gedeckten Brücke von 1567 über die Alte Aare; flussabwärts wurde eine Kopie für die Fußgänger erstellt, die wie eine Spielzeugbrücke aussieht. Am linken, westlichen Ufer flussabwärts, durch eine Parkanlage, dann entlang von Schrebergärten und schließlich durch den Auenwald, mehr oder weniger nah beim Fluss (das gilt für die ganze Wanderung). Nach 1,5 km, bei P. 445, auf einem Sträßchen nach rechts über die Alte Aare und gleich wieder links in den Wanderweg.

An einem Tümpel entlang (mit Beobachtungsturm) und wieder auf einem gewundenen Pfad durch schönen Auenwald, dann unter der Autobahn hindurch zu einer Straße. Auf ihr zurück ans linke Ufer und rechts der Kartbahn auf dem Wanderweg sehr schön, wenn auch mit leichtem Verkehrs-

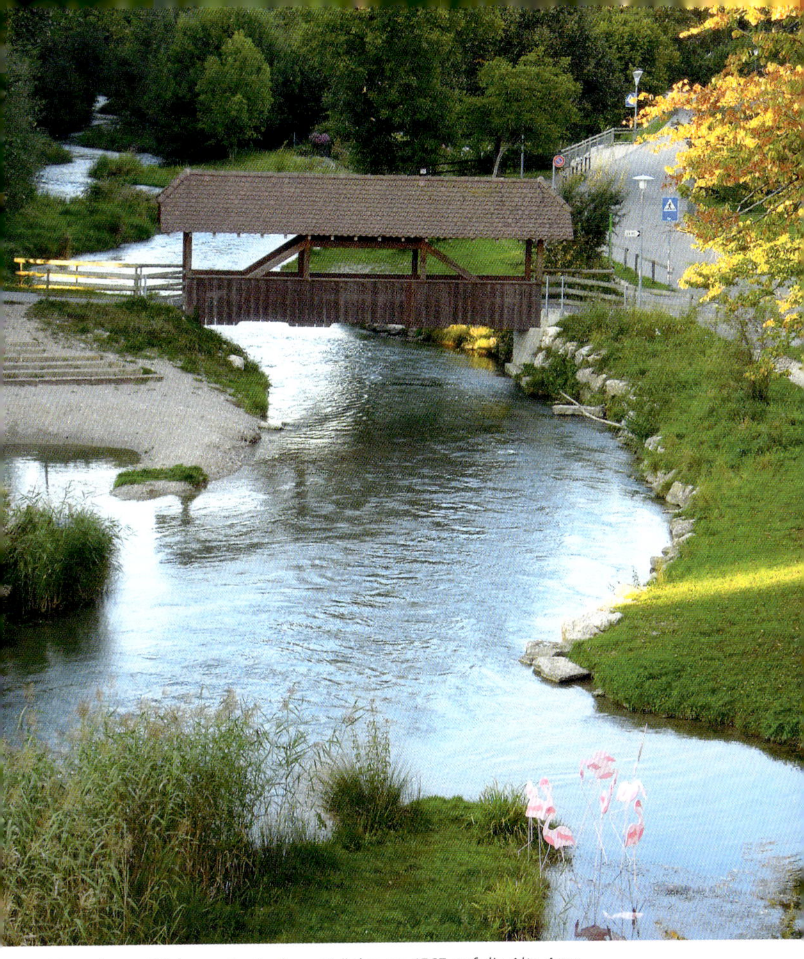

Alt und neu: Blick von der Aarberg-Brücke von 1567 auf die Alte Aare.

rauschen, durch Wald und an Tümpeln zwischen Schotterbänken vorbei zum **Schwimmbad** von **Lyss** ❷.

Westlich daran vorbei und beim Kreisverkehr rechts. Noch vor der Brücke über die Aare links auf der markierten Route weiter, welche kurz darauf die Alte Aare wieder überquert. Nun zwischen der Aare und einem Industriegelände hindurch. Nach der Abwasserreinigungsanlage entfernt sich der Weg kurz von der Alten Aare, kommt zu ihr zurück, quert eine Straße, geht

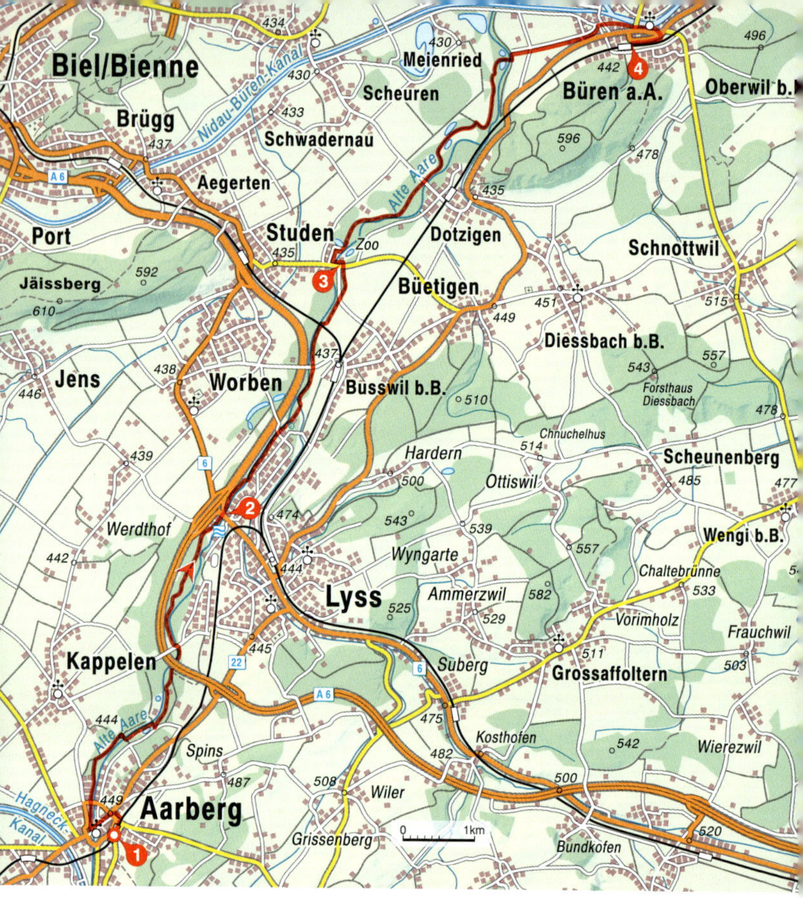

unter der Eisenbahnlinie hindurch und folgt einfach dem gelb markierten Weg zum Zoo/Seeteufel von **Studen** ❸.

Hier wieder über den Fluss, durch eine Wohnsiedlung hindurch und weiter auf dem markierten Weg im Wechsel von Auenwald, Tümpellandschaft und unbewaldeten Teilstücken, die Dotzigen-Strasse querend. Schließlich zum letzten Mal über die Alte Aare, auf einem Teersträßchen querfeldein nach **Büren a.A.** ❹ und schnurstracks zum Uferweg an der Aare. Unter der gedeckten Holzbrücke vorbei zu den Gasthäusern am Wasser. Im hübschen Städtchen oben warten weitere Restaurants und schöne Häuser; zum **Bahnhof** ist es nicht weit.

↗ 470 m | ↘ 440 m | 23.9 km

6.15 h

Lyss – Bucheggberg – Bätterkinden

16

Rechts die Alpen, links der Jura, wir mittendrin

Die Fläche der Schweiz beträgt 41.293 km², davon entfallen 60 % auf die Alpen, 30 % aufs Mittelland und 10 % auf den Jura. Im Mittelland konzentriert sich alles: Siedlungen, Industrie, Verkehr – und Landwirtschaft. Ja, es gibt noch Flächen im Mittelland, die nicht verbaut sind, auf denen nur angebaut wird. Hügel erheben sich ebenfalls; Hügel, die häufig »Berg« heißen. Wie der Bucheggberg, den der Rhonegletscher vor langer Zeit aus der Molassedecke herausmodelliert hat. Es ist dies ein lang gezogener Rücken zwischen der mäandernden Aare im Norden und dem schnurgeraden Limpach im gleichnamigen Tal; er erstreckt sich von der Alten Aare im Westen bis zur Emme im Osten. Diese Strecke wandern wir, vom Industriestädtchen Lyss durch Feld und Wald ins ländliche Dorf Bätterkinden, vorbei an mehreren solothurnischen Bauernhäusern, die bernische Heimeligkeit ausstrahlen.

Einladend: Schloss Buchegg mit Rebberg.

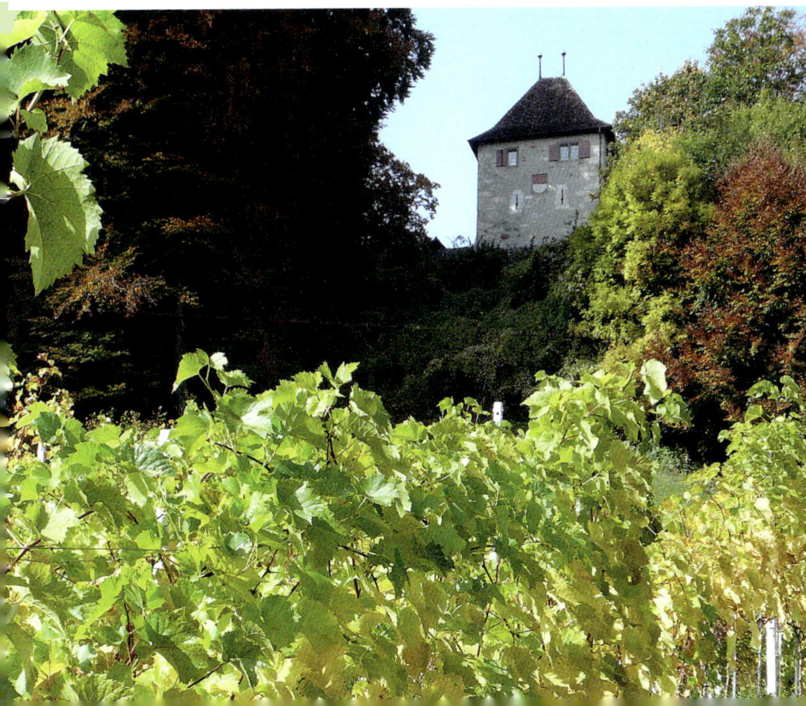

Ausgangspunkt: Lyss, 444 m; an den Bahnlinien Bern–Biel sowie Kerzers–Aarberg–Büren a.A.
Endpunkt: Bätterkinden, 473 m; an der Bahnlinie Bern–Solothurn.
Anforderungen: Durchgehend markiert, außer der fakultative Abstecher zum höchsten Punkt des Bucheggbergs. T1.
Einkehr: In Schnottwil, Aetigkofen, Buchegg, Kyburg und Bätterkinden. Einige Forsthäuser am Weg, wo sich bequem Brotzeit halten lässt.
Varianten: 1. Start in Schnottwil ❷; Bus von Lyss oder von Zollikofen. Nur bis Aetigkofen ❺ oder Buchegg ❻; Bus nach Lohn-Lüterkofen.
2. Vom Zugangsweg zu Rapperstübli/Ruine Balmegg nordwärts in knapp 10 Min. zum höchsten, antennenbestückten Punkt des Bucheggbergs, Flüeli, 671 m.
Tipps: 1. 38 m hoher Aussichtsturm auf der Kreuzhöhe (Chrüzhöchi auf der Landeskarte) nördlich oberhalb von Lyss. Im Schloss Buchegg ist das Heimatmuseum für den Bucheggberg untergebracht. Mehr über das »Buechischlössli« unter www.buechibaerg.ch.
2. Am schönsten an einem sonnigen Spätherbsttag, wenn das Laub nicht mehr den Blick auf Alpen und Jura verdeckt, sondern um die Füße raschelt.
Karte: 233 T Solothurn; 1126 Büren a.A., 1127 Solothurn, 1146 Lyss.
Kombinationsmöglichkeit: Mit Tour 15.

Vom Bahnhof **Lyss** ❶ folgen wir den Wegweisern Richtung Schnottwil: Nordostwärts auf der Hauptstraße flach durch die Stadt, dann durch den Hübeliweg aufwärts an den Waldrand, ca. 500 m. Ohne große Höhenunterschiede nach Hardern, sonnig am Bannholz-Wald entlang, dann schat-

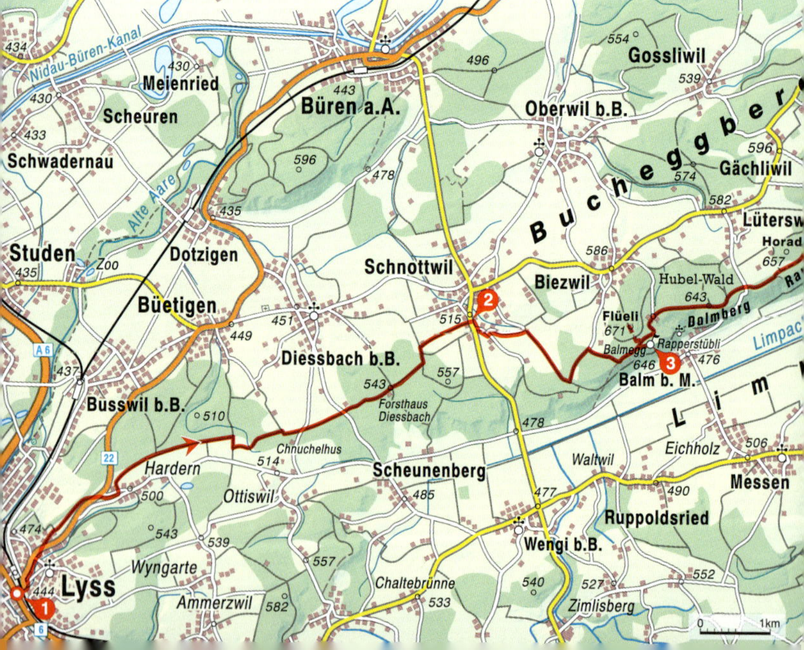

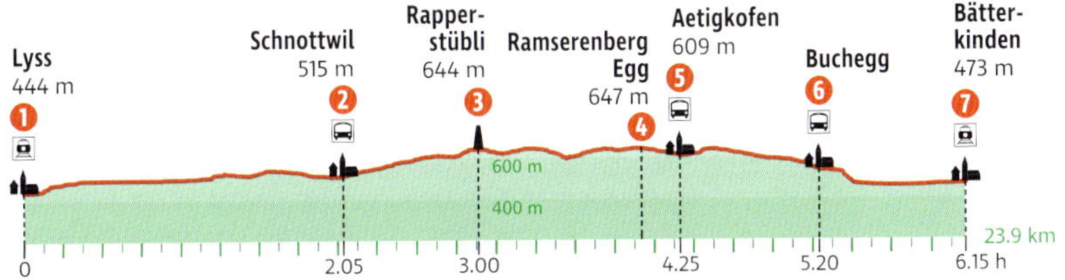

tig durch und entlang des Waldes bei Chnuchelhus und schließlich in den Oberwald mit dem Forsthaus Diessbach (P. 543). Über eine Kuppe und über die Kantonsgrenze Bern-Solothurn hinab nach **Schnottwil** ❷.
Wir gehen nicht ins Dorfzentrum, sondern treffen am südlichen Dorfrand auf die Fortsetzung der Wanderroute nach Rapperstübli, Aetigkofen und Buchegg. Durch Feld und Wald über Schoren zum **Rapperstübli** ❸ und zur **Burgruine Balmegg** (P. 646), die auf einem Stichpfad erreicht werden; sehr schöner Rastplatz am Rande des Bucheggbergs fast 200 m oberhalb des topfebenen Limpachtals. Über den Stichweg zurück und hinab zum Biezwiler Forsthaus (P. 622). Erneuter Aufstieg bis fast 650 m und durch den Hubel-Wald, am Lüterswiler Waldhaus vorbei, auf die Straße Lüterswil–Balm, ca. 600 m. Wiederanstieg gegen die Horad-Höfe und schöne Höhenwanderung durchs Eggholz über den **Ramserenberg Egg** ❹ nach **Aetigkofen** ❺.
Immer noch auf der Wanderroute durch den Chalgen-Wald, ca. 645 m, nach Wolftürli und weiter durch Wald nach **Buchegg** ❻. Auf der Straße zum Schloss Buchegg, ca. 540 m, das auf der Hangkante des Bucheggberges steht. Auf einer Treppe durch Wald zum Rebberg unterhalb des Schlosses, geradeaus durch eine Wiese und zur Straßenverzweigung in **Kyburg** (P. 470). Auf der Straße zum Limpach und zur Kantonsgrenze, dann auf einem Sträßchen über die Ebene zur Bahnlinie. An ihr entlang direkt zum Bahnhof **Bätterkinden** ❼.

TOP

17

Solothurn: Verenaschlucht – Weissenstein/Röti, 1395 m

↗ 1150 m | ↘ 300 m | 12.2 km

4.45 h

Auf Solothurns Hausberg

Im Januar 1851 wurde die Weissenstein-Sesselbahn, auf der man quer zur Fahrtrichtung sitzt, eingeweiht; im November 2009 wurde sie altershalber stillgelegt. Schließlich wurde 2014 die neue Weissenstein-Gondelbahn eröffnet. Ob mit oder ohne Seilbahn: Ein Besuch des Weissensteins lohnt sich. Dort in der Sonne zu sitzen, hoch über dem Alltag und der Aare, das tut der Seele so gut wie ein Besuch der Einsiedelei Sankt Verena in der gleichnamigen 800 m langen Schlucht. In der Altstadt von Solothurn sollte man nicht verpassen, auf die St.-Ursen-Kathedrale zu steigen und über die Dächer der Ambassadoren-, Barock- und Kulturstadt zu schauen bis hinauf zum Weissenstein. Dann wird es höchste Zeit, das einheimische Elfer-Bier kennenzulernen.

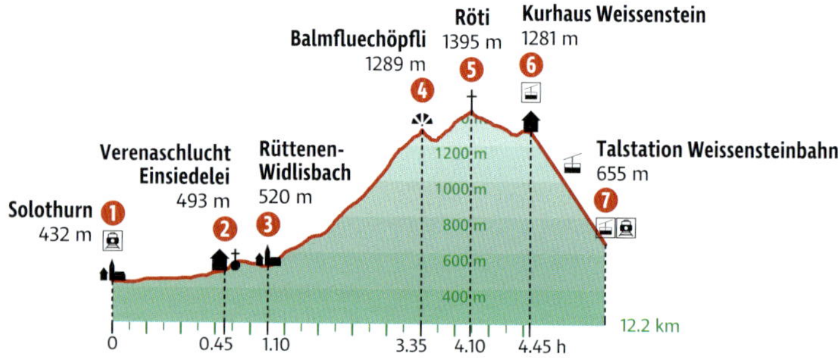

Über den Wolken: Blick vom Röti auf die Jurakette.

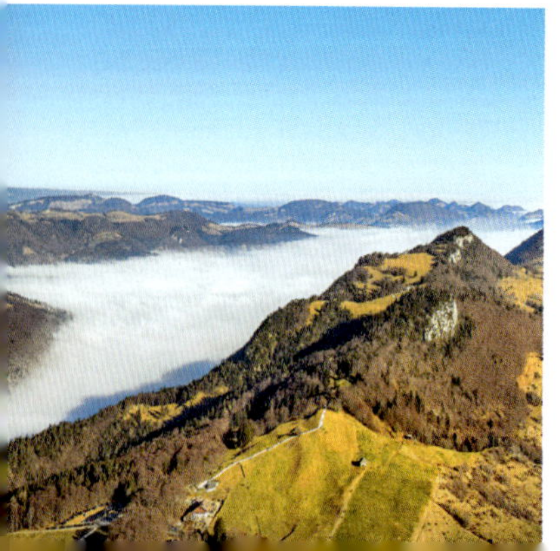

Ausgangspunkt: Solothurn, Bhf., 432 m.
Endpunkt: Bergstation Kurhaus Weissenstein, 1281 m. Seilbahn zur Bahnstation Oberdorf, von dort mit der Bahn zurück nach Solothurn. Ganzjähriger Seilbahnbetrieb (außer Revision); nähere Infos: www.seilbahn-weissenstein.ch.
Anforderungen: Trittsicherheit am Balmfluechöpfli und in der Stigelos (Variante), nicht im Winter (die Verenaschlucht ist aber ganzjährig begehbar). Meist markierte Wege. T2.
Einkehr: In Solothurn, am Nordeingang der Verenaschlucht, Restaurant Post in Rüttenen, Restaurant Oberrüttenen. Kurhaus Weissenstein, +41 32 628 61 61, www.kurhausweissenstein.ch.

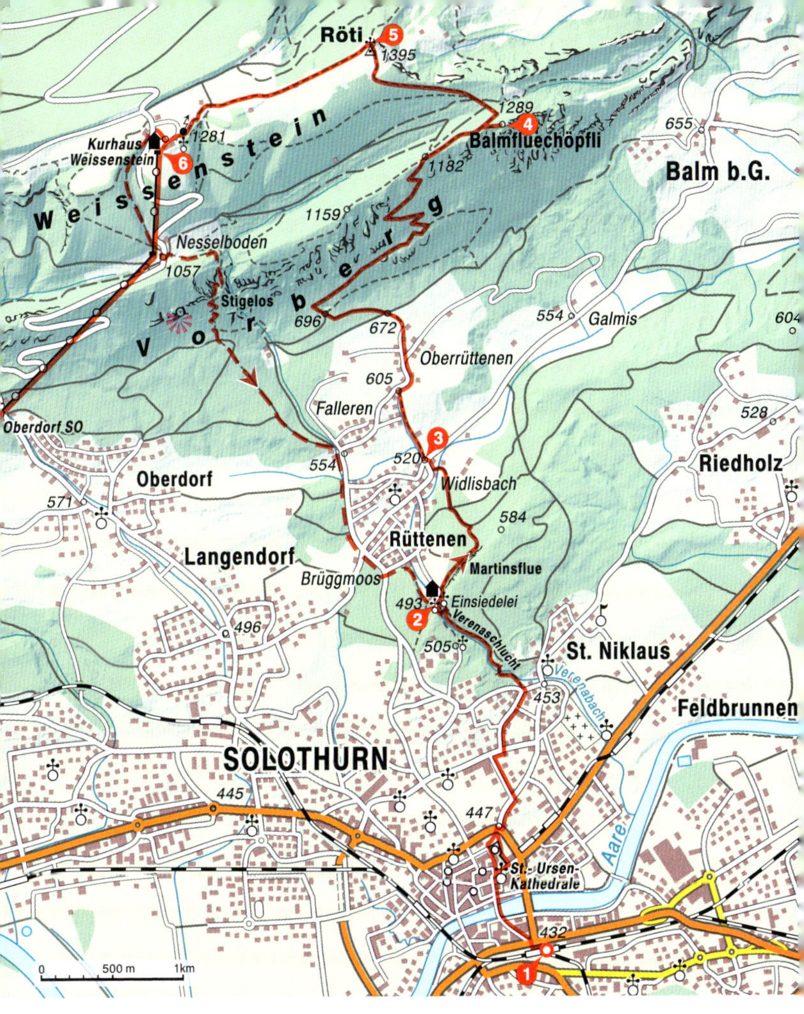

Variante: Alternativ zur Seilbahn kann man den Abstieg auch unter die Füße nehmen: über Nesselboden, 1056 m, die Steilstufe der Stigelos, Falleren, 553 m, Einsiedelei und Verenaschlucht zurück zum Bahnhof Solothurn (gut 2.30 Std. zusätzlich).

Tipp: Alljährlich finden in Solothurn im Januar die Film- und im Mai die Literaturtage statt, die beiden bedeutendsten Veranstaltungen zum Film- und Buchschaffen der Schweiz.
Karte: 233 T Solothurn; 1107 Balsthal, 1127 Solothurn.

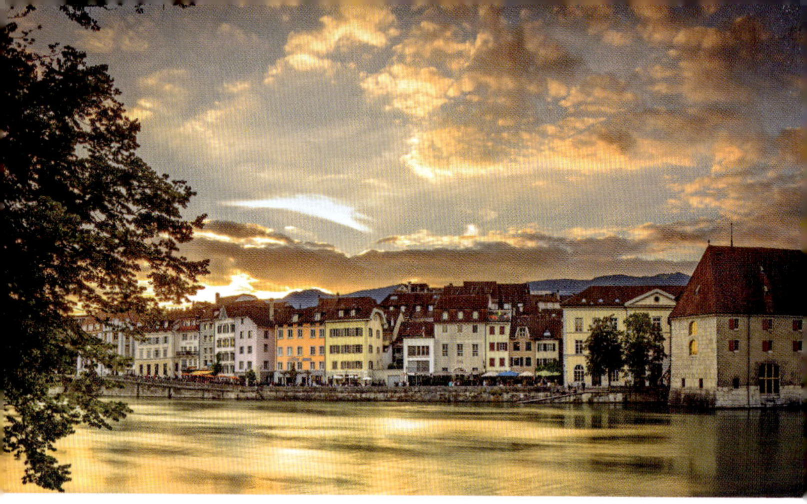

Farbig: Abendstimmung in Solothurn.

Vom Hauptbahnhof **Solothurn** ❶ durch die Bahnhofstrasse und über die Kreuzackerbrücke (P. 430) in die Altstadt. Vorbei an der St. Ursen-Kathedrale, nordwärts zum Zeughaus, rechts daran vorbei zum Riedholzplatz und durch einen schmalen Durchgang bei Häusern auf den Vauban-Weg außerhalb der Stadtmauer. Nordostwärts, unter der stark befahrenen Werkhofstrasse durch auf die Wanderroute, die vom Bahnhof herkommt, aber weniger stimmig ist als unser Weg durch die Altstadt. Durch die Fegetz-Allee und den Verenaweg gelangen wir in die **Verenaschlucht**, wo man Gedenktafeln für (bekannte) Solothurner Männer aus dem 19. Jahrhundert entdeckt. Fast am nördlichen Eingang zur Schlucht befindet sich die berühmte, immer noch bewohnte **Einsiedelei** ❷ mit dem Häuschen der Schwester Verena, der Kapelle Sankt Verena, der Kapelle Sankt Martin, der Magdalena-Grotte, dem Arsenius-Brünnchen und einer heiligen, frei stehenden Skulpturengruppe.

Vom Nordeingang der Schlucht (mit Restaurant) entlang der Felsen der Martinsflue bis ca. 555 m und nordwärts nach **Rüttenen-Widlisbach** ❸. Über Oberrüttenen hinauf an den Waldrand (P. 672) bei Witteli. Über P. 698 im Wald und im Zickzack immer steiler bergan auf den Grat (P. 1182). Über den Kamm, dann durch die Schattseite hinauf auf das **Balmfluechöpfli** ❹, eine Aussichtskanzel zuvorderst an der Jurakette; Gipfelbuch.

Nordwestwärts hinab in ein Tälchen (P. 1223) und durch Wald, dann über die Weide auf die **Röti** ❺; Kulminationspunkt des Weissensteins; grandioser Blick auf die Alpen, das Mittelland und den Jura. Über den Westrücken hinab zu einer Wegspinne, ca. 1260 m, und Gegenanstieg, an Antennenanlage vorbei, zum **Kurhaus Weissenstein** ❻ mit der Bergstation.

↗ 950 m | ↘ 950 m | 12.0 km

5.45 h

Vom Heereloch über den Rötistollen zum Rundloch

18

Auf spannenden Wegen über den Weissenstein

Während Tour 17 die Erwanderung des Solothurner Hausbergs auf leichten Wegen vorstellt, werden in dieser Tour ungewöhnliche Pfade zur Erkundung des Weissensteins genommen. Für den steilen Hornpfad und das Heereloch im Aufstieg zum Balmfluechöpfli müssen schon mal die Hände aus den Hosentaschen genommen werden. Eine feuchte Angelegenheit ist dann das Eintauchen in den Rötistollen, und der Abstieg vom Weissenstein ist nochmal mit einem spannenden Abstecher zum Rundloch gewürzt, bevor sich die abenteuerliche Runde in Rüttenen wieder schließt.

Ausgangs- und Endpunkt: Rüttenen, 510 m; Bus vom Bahnhof Solothurn nach Rüttenen, Haltestelle Brüggmoos. Einen Parkplatz hat es eingangs Chuchigraben.
Anforderungen: Eine gute Prise Orientierungssinn und ordentlich Trittsicherheit. T4.
Einkehr: Ein paar Minuten abseits vom Weg Kurhaus Weissenstein, +41 32 628 61 61, www.kurhausweissenstein.ch. Restaurant Post in Rüttenen, +41 32 631 33 10.
Karte: 233 T Solothurn; 1107 Balsthal, 1127 Solothurn.

Von **Rüttenen** ❶ folgen wir zuerst der Straße Richtung Falleren. Dann auf der Chuchigrabenstrasse am gleichnamigen Hof vorbei und am Waldrand hoch bis zum Eintritt in den Wald. Kurz nach dem Wasserreservoir wird der markierte Wanderweg verlassen und es geht nach links auf einen Pfad und steil aufwärts durch den Wald bis zu einem Veloständer (!); hier ist ein Hinweisschild montiert und eine kurze Umleitung wegen eines riesigen Ameisenhaufens signalisiert. Nach wenigen eher flacheren Metern be-

Von innen: im Heereloch.

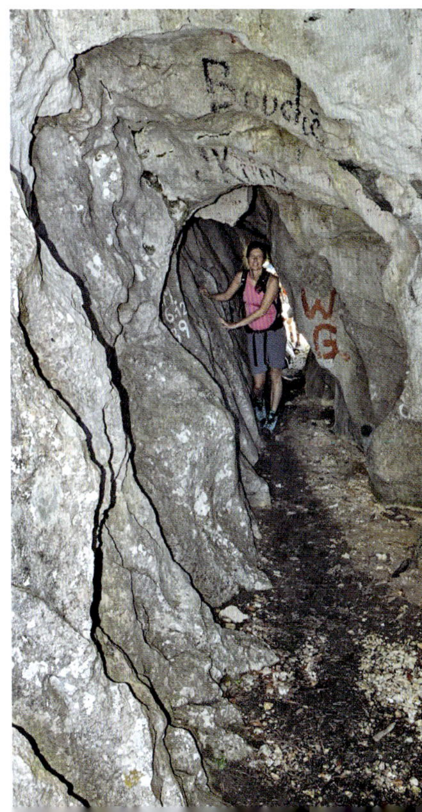

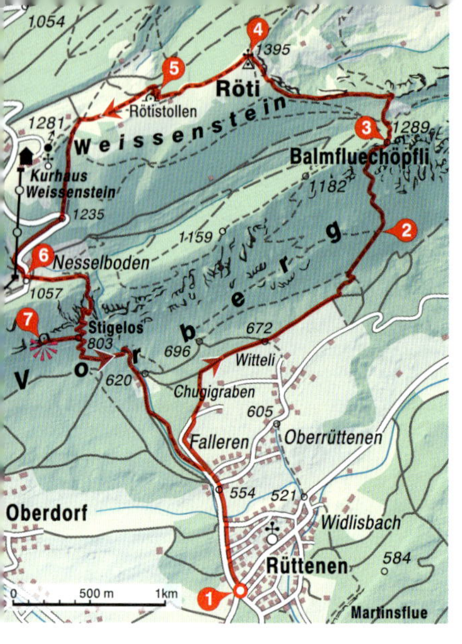

ginnt im meist lichten Wald rechter Hand der attraktive **Hornpfad** ❷: Durchwegs sehr steil – doch meist auf erkennbaren Wegspuren, öfters gesäumt von Steinmännchen – leitet dieser rasch an Höhe gewinnend an zahlreichen roten Bändeln im Vorberg hoch. Einige wenige, teils seilgesicherte Kraxelstellen sind dabei enthalten. Vorm Einstieg ins **Heereloch** ❸ geht der Steig in eine flache Traverse über. Mit ein wenig Kraxelei gelangt man ins Innere des quer verlaufenden Stollens. Eng ist schließlich der Durchgang zum östlichen Ausgang, wo der adäquate Platz für die Sage der Rotsheere von Soledurn (welche sich hier nach dem Einmarsch der Franzosen 1798 versteckt hielten) ist.

Zurück beim Höhleneingang leitet der weiterhin »markierte« Pfad spannend hoch zum Schlusshang unterm Balmfluechöpfli. Eine Kette hilft über eine steile Kraxelstufe hinweg; den Ausstieg gewinnen wir über eine nur kurze, doch luftige Felskraxelei zum Gipfel des **Balmfluechöpfli**. Anschließend den (nicht auf der LK eingezeichneten) Direktabstieg nordwärts zur Nesselbodenröti unter die Füße nehmen. Auf dem Wanderweg dann zum Grat hoch (P. 1254) und an diesem entlang bis auf den Gipfel des **Röti** ❹ mit Kreuz und Triangulationspyramide. Über die Rötiweid westwärts hinab bis kurz vor die »Futterkrippe«; hier wenden wir uns dem Grat zu, folgen diesem und machen uns kurz vor Waldende nordseitig auf zum Eingang

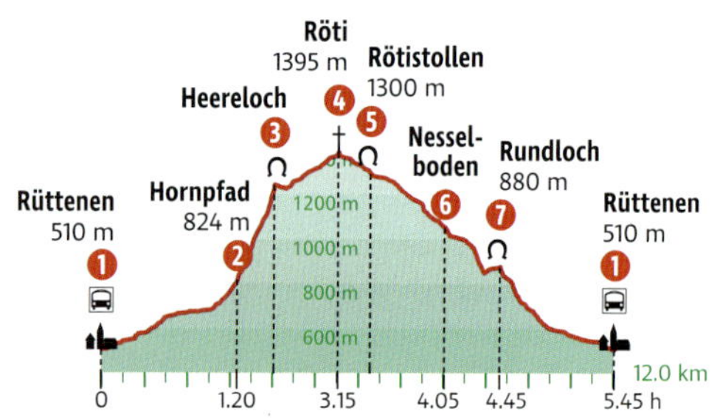

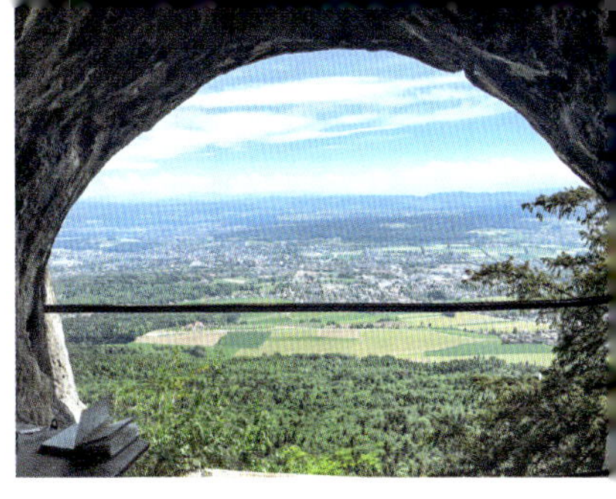

des **Rötistollens** 5. Nasse und schmierige Bedingungen herrschen drinnen vor; beim markanten Linksbogen vor einer tiefen Wasserlache ist unser »Ausflug« ins Berginnere zu Ende.

Nach dem kurzen Abstieg im Wald zum Saumweg und wegloser Traverse über Wiesen erreichen wir den Wanderweg. Auf diesem noch vor dem Kurhaus Weissenstein (wäre nur ein Abstecher von wenigen Minuten) abwärts bis zur Straße bei P. 1235 und auf dieser zum **Nesselboden** 6. Auf dem schön angelegten Steig über Stigelos geht es weiter hinab bis zur letzten Kurve kurz vor der Weggabelung auf 803 m. Hier beginnt der erst nur sanft ansteigende Abzweig zur Höhle; eine meist gut erkennbare Spur leitet höher zu einer ersten kettengesicherten Felsstufe. Gelegentlich abschüssig erreichen wir nach einer weiteren kettengesicherten Passage das Bödeli unterhalb des **Rundloches** 7. Über eine kurze Eisenleiter kommen wir in die kleine Höhle mit dem faszinierenden, eben »gerundeten« Ausblick.

Auf derselben Strecke zurück zum markierten Wanderweg und weiter abwärts bis auf eine Höhe von ca. 730 m. Nach links auf einem nicht markierten Weglein bis zu einer Felswand, welche von einer Eisenleiter überwunden wird. Auf schmalem Band steigen wir schließlich ab bis zur wieder instand gesetzten Holzbrücke über den Chesselbach. Zum Abschluss entlang des Baches durch den Chuchigraben talauswärts bis nach **Rüttenen** 1.

Mal was anderes: Kraxelei im Aufstieg zum Heereloch.

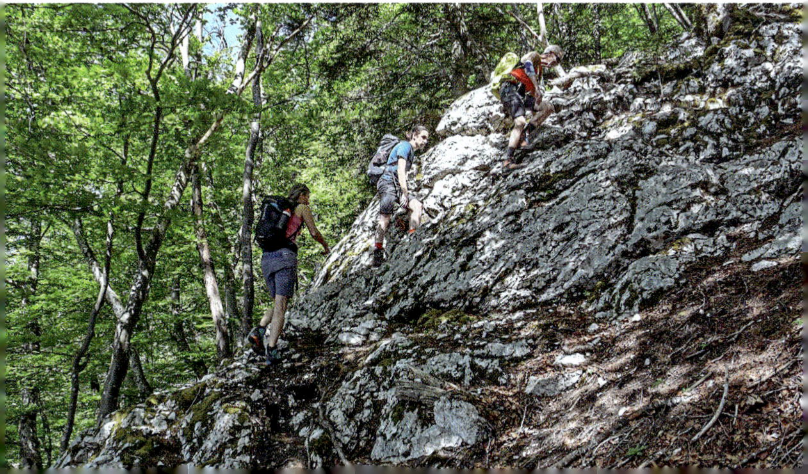

TOP

19

↗ 220 m | ↘ 220 m | 6.8 km

Burgdorf: Gisnauflüe – Ziegelflue – Altstadt

2.15 h

Stadt – Land – Fluss

Burgdorf ist kein Dorf, sondern eine Stadt: eine gut erhaltene, mittelalterliche Stadt an der Emme, erbaut aus dem Sandstein, der in den Flühen am Flussufer gewonnen wurde. Und diese vier Gisnauflüe gehören zu Burgdorf wie das mächtige Schloss. Sie sind erschlossen durch einige Wege; manchmal wagen wir uns ganz hinaus auf die Sandstein-Kanzeln und stehen dann senkrecht oberhalb der Emme. Wir gehen aber auch in die Steinbrüche hinein, ins Schloss natürlich, in die Altstadtgassen. Wem dies alles zu anstrengend und vielleicht auch zu gefährlich ist, trinkt im Art Café im Museum Franz Gertsch ein Burgdorfer Bier, zum Beispiel das dunkle Aemme.

Nah an den Felsen: Abstieg von der Vierten Flue zur Ziegelflue.

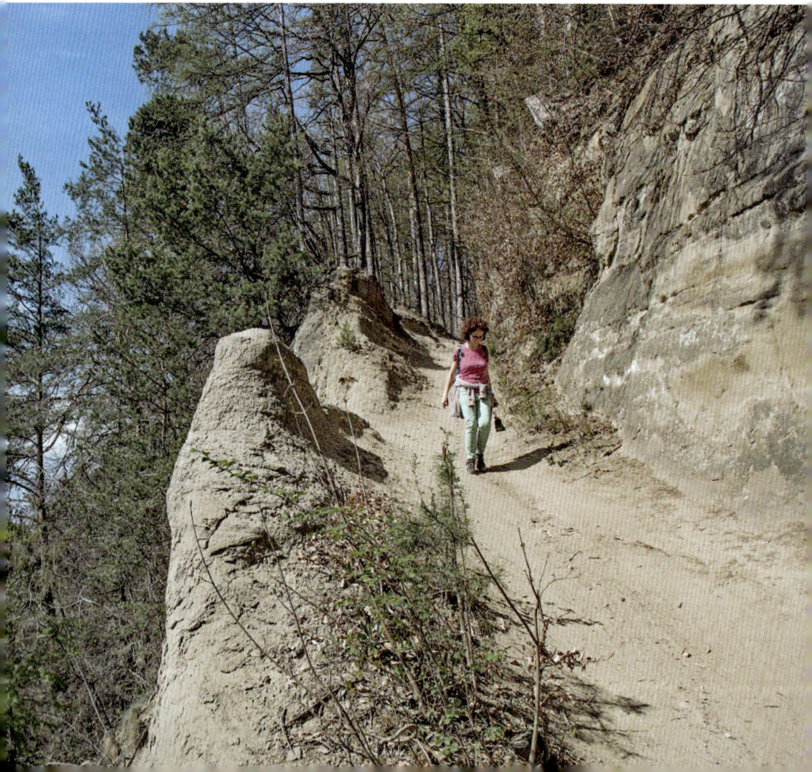

Ausgangs- und Endpunkt: Burgdorf, Bahnhof, 533 m.
Anforderungen: Für die Optionen etwas Trittsicherheit und Orientierungssinn erforderlich. Markierte und unmarkierte Pfade, kurz auch weglos. Die Stelle zum rechten Emmeufer ist T3, ansonsten T1 bis T2.
Einkehr: In Burgdorf, z.B. im Restaurant zur Gedult in der Metzgergasse 12.
Varianten: Mit den optionalen Abstechern (siehe Tourenbeschreibung) dauert die Rundtour etwa 30 Min. länger; ohne die Begehung des rechten Emmeufers ist sie eine Spur leichter.
Tipps: 1. Das Schloss beherbergt drei Museen: Schlossmuseum (lokale Geschichte), helvetisches Goldmuseum, Museum für Völkerkunde, im Sommerhalbjahr täglich, im Winterhalbjahr am Sonntag offen; www.kulturschloss.ch.
2. Museum Franz Gertsch an der Platanenstrasse 3, montags geschlossen, www.museum-franzgertsch.ch.
3. Burgdorfer Krimitage finden alle zwei Jahre im Herbst statt; www.krimitage.ch.

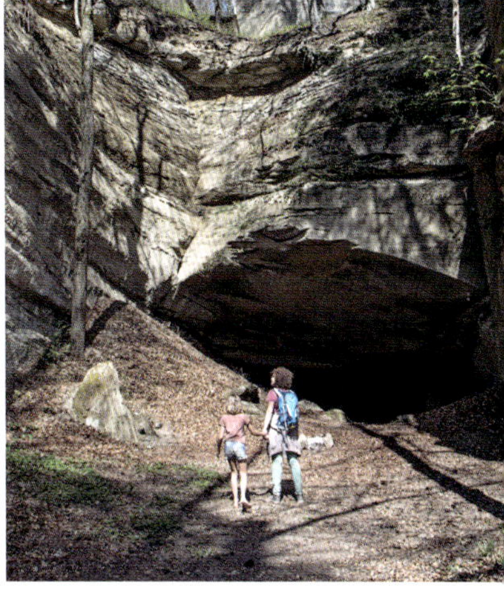

Eingang ins Dunkel: bei der Ziegelflue.

4. Für die Tiefblicke von den Gisnauflüe auf Burgdorf ist es besser, wenn die Bäume keine Blätter tragen.
Karte: 1147 Burgdorf; Stadtplan, erhältlich im Tourist-Office beim Bahnhof.

Im Bahnhof **Burgdorf** ❶ nordwärts unter den Gleisen hindurch und durch die Kirchbergstrasse und den Typonweg zur Emme. Durch den Strandweg flussaufwärts zur Hauptstraße, auf der Wynigenbrücke (P. 537) über die Emme.
Hier kann man optional direkt rechts unterhalb der Gisnauflüe in den Wald hinein. Wenig später zweigt links ein gut sichtbarer Weg zur Sandsteinwand der **Zweiten Gisnauflue** ab, in deren Sockel ein Scheibenstand gehauen wurde, der noch erkundbar ist. Beim Zugang linker Hand steht eine Warntafel, ein paar erodierte Treppenstufen führen hinauf zum Scheibenstand, der aus vier Teilen besteht; vom hintersten kann man noch weiter in einen beeindruckenden Steinbruch gehen.
Zurück zur Wynigenbrücke und den Wanderweg rechts einschlagen. Wieder optional: etwa 10 m nach dem Geländer zweigt rechts ein Weglein ab, das zu den Sandsteinbrüchen der **Ersten Gisnauflue** emporsteigt. Im Steinbruch angekommen, kann man südwärts durch einen Stollen gehen und gelangt so in die Höhlenwohnung.
Auf gleichem Weg gehen wir wieder zurück zum gelb markierten Wanderweg und steigen rechts in Serpentinen auf die **Erste Gisnauflue** ❷ hinauf. Beim Aufstieg Blick auf das mittelalterliche Siechenhaus und dahinter auf den Eisenbahntunnel, in welchem die berühmte Erzählung »Der Tunnel«

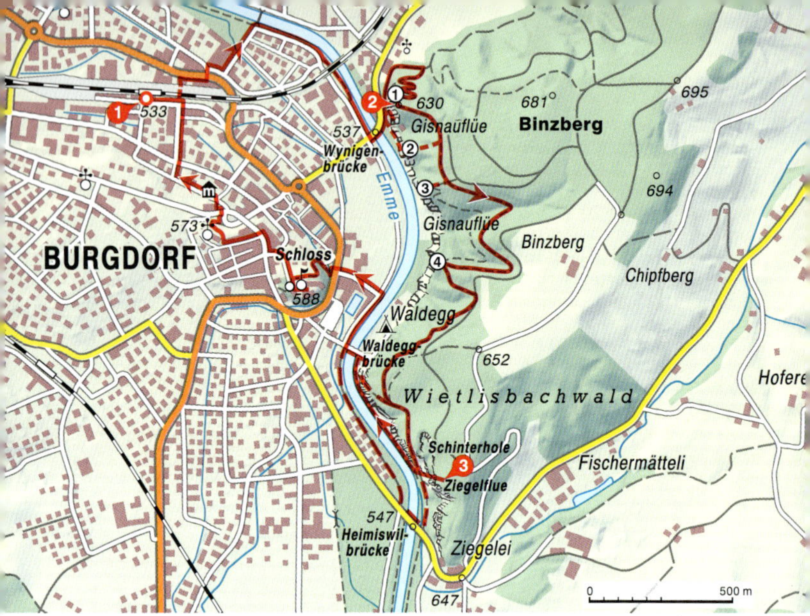

von Friedrich Dürrenmatt ihren Anfang nimmt. Von der Ersten Gisnauflue selbst faszinierender Tiefblick auf Burgdorf. Auf dem Wanderweg südwärts, bei der nächsten Verzweigung sich rechts haltend. Wieder optional: Etwa 30 m danach zweigt rechts eine undeutliche Wegspur ab, die durchs Gebüsch auf die **Zweite Gisnauflue**, ca. 620 m, hinausführt; ohne Blätter kann man den »Gipfel« der Fluh, eine Kanzel, gut erkennen.

Zurück auf den Wanderweg und auf ihm zur Dritten Gisnauflue, ca. 630 m. Als Fortsetzung wählen wir den Alfred-Dür-Weg, der allerdings auch ganz wenig ausgesetzt in der Flanke verläuft, in den Kesselgraben sinkt und dann zur **Vierten Gisnauflue**, 621 m (laut Wegweiser), hinaufzieht; diese Fluh ist südlich abgesetzt zu den drei andern. Weiter auf dem Alfred-Dür-Weg entlang und im Steilhang bis zu einer großen Wegverzweigung; südwärts Richtung Heimiswilbrücke und durch die Schinterhole, einen aus dem Sandstein gehauenen Hohlweg, absteigen zu den großen Sandsteinbrüchen, ca. 560 m, der **Ziegelflue** ❸, einem beliebten Schulreiseziel. Es gibt drei Eingänge zu den unterirdischen Steinbrüchen, man kann beim ersten hinein- und beim dritten hinausgehen; allerdings sind

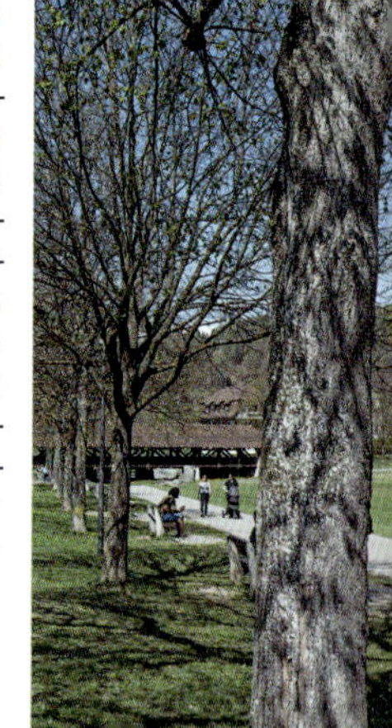

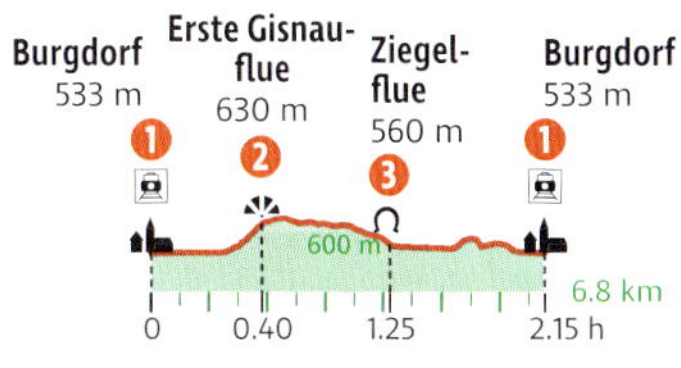

die Decken teilweise eingestürzt, daher wird davon abgeraten hindurchzukraxeln.
Von den Ziegelflue-Höhlen gibt es drei Möglichkeiten, um zur Waldeggbrücke und dann ins Zentrum von Burgdorf zu gelangen: 1. Durch die Schinterhole wieder auf- und die Waldegghole abwärts. 2. Flussaufwärts zur Heimiswilbrücke und am linken Ufer flussabwärts. 3. Am spannendsten ist die Route **am rechten Ufer der Emme**, allerdings nicht bei Hochwasser: unterhalb der Höhlen, unmittelbar rechts des Baches, welcher in die Emme fließt, wenige Meter steil hinab ans Wasser und flussabwärts, über ein paar Blöcke turnen, worauf der Uferstreifen breiter wird, und schon bald ist der beliebte Picknickplatz erreicht; zuletzt über die Waldeggbrücke, 545 m, an das linke Ufer. An ihm noch kurz flussabwärts und nach dem Freibad links in Richtung Schlosshügel. Die stark befahrene Sägegasse überqueren und auf einem Fuß- und Treppenweg hinauf auf die Nordseite des Hügels und von Westen hinein ins **Schloss Burgdorf**, 588 m, mit seinen drei Museen.
Beim Abstieg nehmen wir oberhalb des Torturms links die Treppe zur Diebespforte und zum Armsünderweg. Er sinkt als Treppenweg hinab auf die Rütschelengasse. Durch sie hinauf in die obere Altstadt. Vor dem Stadthaus links durch den Kirchbühl zur spätgotischen Stadtkirche mit dem 72 m hohen Turm. Auf ihrer Nordseite durch das Luftgässli abwärts auf die Technikumstrasse und rechts an der Galerie im Park vorbei zum modernen Museum Franz Gertsch. Zuletzt am Stadtpark entlang und über Mergelegässli und Bahnhofstrasse zurück zum Bahnhof **Burgdorf** ❶.

Aus der Distanz: Burgdorfer Hausberge Gisnauflüe, hier 1 bis 3.

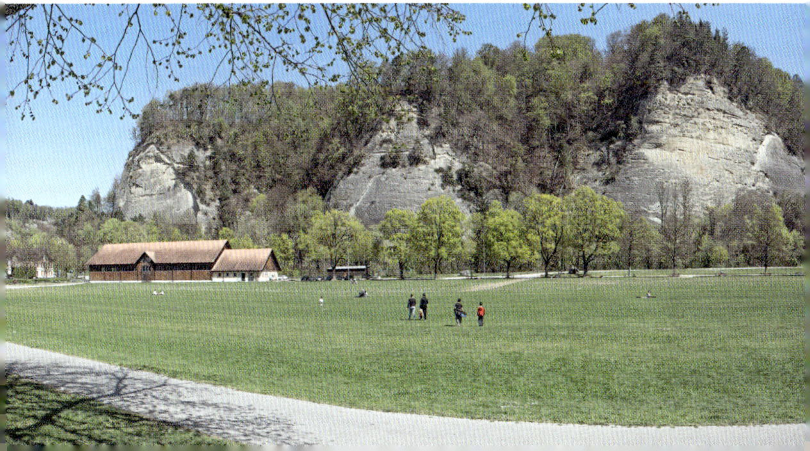

↗ 550 m | ↘ 550 m | 11.4 km

20 Sandstein in Krauchthal und im Lindental

3.45 h

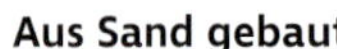

Aus Sand gebaut

Der Lehrpfad am Dorfrand hinauf zur Chrüzflue mit dem Aussichtspavillon erinnert an den Sandsteinabbau großen Stils in Krauchthal. Aber vorher besuchen wir noch die legendären Höhlenwohnungen im Lindental; schon in der Jungsteinzeit fühlten sich dort oben Menschen wohl und geschützt. Auf der anderen Talseite liegt die Geismeflue, eine bis zu 50 m hohe Wand. Ihr Fuß besteht aus eisenhartem, grobkörnigem Sandstein, und so üben hier Kletterer Griff- und Trittfolgen. Doch nicht nur Boulderer kommen an der Geismeflue zu Glücksmomenten, auch Hiker. Dieser ebenerdige Platz unter der überhängenden Sandsteinwand, an die oben die langstämmigen Buchen lehnen! Das ergibt einen Raum wie in einer Kathedrale, sozusagen das Berner Münster draußen in der Natur.

Ausgangs- und Endpunkt: Krauchthal, Haltestelle Post, 582 m; an der Postautolinie Hindelbank–Bolligen. Diese beiden Orte sind sehr gut per Bahn erreichbar.

Anforderungen: Teils etwas ausgesetzte Wege, teils weglos. Trittsicherheit und Orientierungssinn nötig; nicht ratsam, wenn der Boden schneebedeckt, gefroren oder nass ist. T4.
Einkehr: In Krauchthal.
Variante: Von den Fluehüsli auf dem Wanderweg nach Lindenfeld, 599 m, absteigen und vom Parkplatz östlich davon auf dem normalen Zugangsweg zur Geismeflue; 1.45 Std. kürzer und leichter (Schwierigkeit »rot«).
Hinweis: Betretungsverbot Geismeflue von 1. Februar bis 30. Juni.
Tipp: Das Gemeindemuseum im Alten Schulhaus an der Länggasse 8; www.krauchthal.ch.
Karte: 233 T Solothurn, 243 T Bern; 2502 Bern und Umgebung.

Im Dorf **Krauchthal** ❶, Haltestelle Post, kurz südwärts, bis rechts die Wanderroute (zum Bantiger) abzweigt. Sie folgt dem Chrouchtalbach und überquert dann die Ebene zum Nordfuß des Bantiger-Massivs, das im Nordwesten vom Krauchthal und im Osten vom Lindental begrenzt wird. Der Wander-

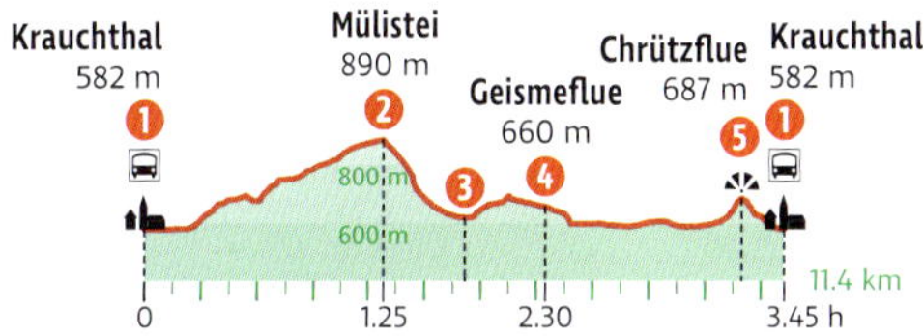

weg erklimmt nun die schmale Schneide des Nordsporns in kurzweiligem Aufstieg und mit einigen Treppen, zum **Fluehüsli** (kurz nach P. 683), den bewohnten Höhlenwohnungen in den Sandsteinwänden in der Ostflanke des Lindentals. Auf flachem Weg an den Häusern und Wänden vorbei, dann durch eine Rinne hinauf in einen Sattel (P. 708). Weiter über den Grat zum Bauerngut **Chlosteralp** (P. 754).

Auf dem Zufahrtssträßchen leicht abwärts; wenn es wieder ansteigt, wechselt man links auf einen Pfad, der direkt über den Grat zu P. 801 aufsteigt. Etwa 15 m absteigend erreicht man wieder die Wanderroute. Auf ihr überwiegend rechts des Nordgrats zu einer Waldhütte (P. 868). Hier den linken Fahrweg nehmen; bei der nächsten Verzweigung, wo der Wanderweg nach Ferenberg rechts weggeht, bleibt man ebenfalls links und gelangt schon bald zu einer Kurve bei **Mülistei** 2 und in eine Waldlichtung.

Nun verlässt man den Fahrweg und steigt ostwärts mehr oder weniger steil entlang der Begrenzungskante eines Steilabbruchs zum Bauernhof Wart ab. Zuerst auf einem in der Landeskarte nicht eingezeichneten Weg, dann weglos am linken Rand einer Rodungsfläche, schließlich wieder im Wald bis zu einer Weide. An deren oberem Rand nach rechts und entlang des Zauns hinab zum Bauernhof Wart (P. 719). Auf dem Zufahrts- und Wanderweg hinab in die Siedlung **Lindental** 3 im gleichnamigen Tal.

Auf der anderen Talseite auf dem Wanderweg Richtung Krauchthal bis zu einer Verflachung im Wald, ca. 720 m, kurz nachdem man einen Graben auf einem Steg passiert hat. Nun weglos nordwärts ziemlich steil durch eine Mulde hinab bis etwa 640 m, nach rechts über einen undeutlichen Bach und an ihm entlang hinauf zur Geismeflue; man erreicht die bemooste Sandsteinwand auf ca. 660 m bei einem kleinen Gebäude links eines tiefen Einschnittes. Auf einem schmalen Pfad direkt an der Wand entlang, etwas aufsteigend bis ca. 680 m, dann absteigend bis dorthin, wo der Wandfuß schön breit, ca. 670 m, und die **Geismeflue** 4 am höchsten ist. Hier bouldern Kletterer.

Auf dem steilen Zugangsweg hinab ins Lindental, ca. 610 m, und auf einem Feldweg zu einem Parkplatz östlich der Siedlung Lindenfeld. Auf der Wanderroute nordwärts zu einem Gebäude, ca. 590 m, unterhalb der Strafanstalt Thorberg ansteigend bis ca. 610 m, dann auf der Straße wieder hinab, vorbei an der Abzweigung rechter Hand zum einzigen Steinbruch von Krauchthal, der noch in Betrieb ist. Kurz danach zweigt rechts ein Feldweg

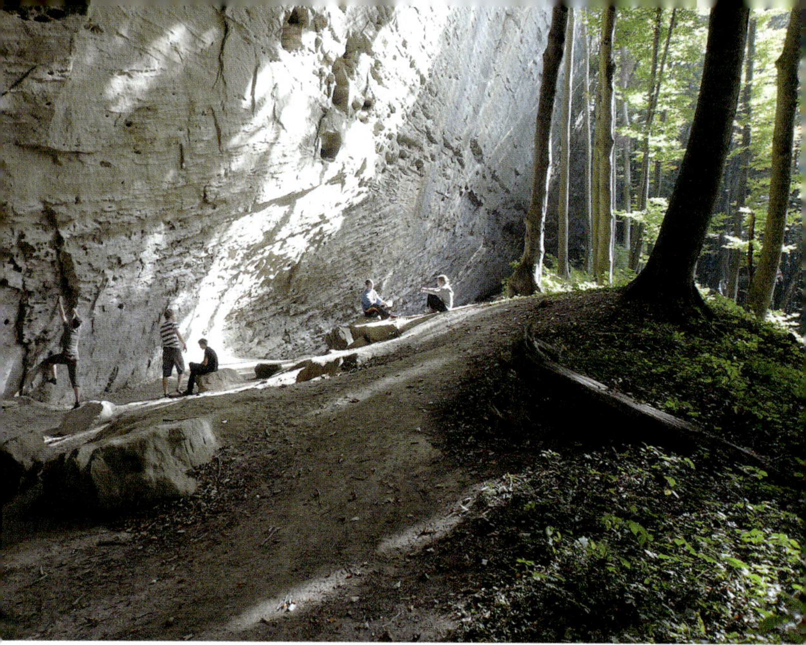

Zum Bouldern und Meditieren: Geismeflue im Lindental.

ab, der nordwestwärts über die Ebene zu einer Straße, ca. 585 m, führt. Nach links und gleich wieder nach rechts. Am Friedhof von Krauchthal entlang zu einer Gärtnerei aufsteigen. Hier nach rechts, auf einem Feldweg weiter ansteigen und dann nach links hinauf unter die markante **Brecherflue** mit zwei Erläuterungstafeln des Sandsteinlehrpfades. Westwärts weiter auf eine Weide; der Weg verzweigt sich. Wir wählen den rechten Ast und kommen schon bald in steilen Wald. Eine Metall-Holz-Treppe überwindet eine Steilstufe, dann geht es nach vorne, zuletzt durch eine ausgewaschene Sandsteintreppe, zum Pavillon auf der **Chrüzflue** 5; sehr schöne Aussicht über das Dorf hinweg zum Lindental.
Der Abstieg erfolgt auf der Schattseite der Chrüzflue, auf einem mit Geländern versehenen Weg, streckenweise auf einer etwas ausgesetzten Sandsteintreppe. So gelangen wir in den stillgelegten Steinbruch mit seinen turmhohen Wänden. Unterhalb davon nehmen wir zuerst den links abzweigenden Weg, der oberhalb des Dorfes um die Chrüzflue herumführt, dann biegen wir bei einer Wegspinne rechts ab, um direkt zur **Kirche** von **Krauchthal** 1 aus dem Jahre 1794 abzusteigen. Sehenswert ist vor allem ihre hauptsächlich aus Sandstein erbaute Westseite. Nun ist es nicht mehr weit zur Postautohaltestelle.

↗ 340 m | ↘ 340 m | 6.5 km

2.30 h

Geristein – Bantiger, 947 m – Stockeren

21

Schöne Aussichten am Stadtrand

Seit 1688 heißt der höchste Berg am Stadtrand von Bern Bantiger. Früher zierten ihn eine Hochwacht und ein Vermessungssignal. Eine Sommerwirtschaft nahm 1832, der erste Sendeturm 1955 den Betrieb auf. Die Besucherplattform des heutigen Turms liegt auf knapp 1000 m, die Aussicht ist also nicht nur äußerst lieblich, sondern auch weitreichend: Der Blick geht vom Eichberg bei Blumberg in Deutschland bis zum Crêt de la Grotte de la Marie du Jura (1644 m) im Französischen Jura hinter Genf, knapp 150 km entfernt. Einen alpin angehauchten Blick – und Abstieg – bietet hingegen die Stockeren-Mauer. Und bei Geristein bröckelt der Sandstein-Elefant fast seit Urzeiten still vor sich hin.

Ausgangs- und Endpunkt: Haltestelle Stockeren, 691 m; an der Postautolinie Bolligen–Krauchthal–Hindelbank.
Anforderungen: Trittsicherheit und Orientierungssinn nötig. Nur teilweise markierte Wege, ein kurzer Abschnitt gegen Ende ist weglos. T3.
Einkehr: In Bolligen.
Variante: Wer die vorgestellte Tour mit der Schwierigkeitsstufe »blau« (T1) machen will, steigt nicht zum Elefanten und weiter zur Burgruine Geristein auf, sondern geht auf dem Wanderweg dorthin.
Tipp: Für Sandsteinkraxler: 1. Nordwestlich unterhalb der Ruine Geristein können weitere Sandsteinformationen erkundet werden.
2. Auf den Stockeren-Turm, ca. 800 m, innerhalb des Steinbruchzaunes zieht sich eine Art Klettersteig hinauf.
Karte: 243 T Bern; 2502 Bern und Umgebung.

Von der Bushaltestelle **Stockeren** ❶ der Straße folgen, beim Hof Stockerehöchi rechts auf den Pfad. Auf diesem lässt man das Umspannwerk links liegen und trifft bei Harnischhuet auf ein Teersträßchen. Nach dem Gehöft folgt rechts eine riesige, abgesperrte Sandsteinhöhle. Auf der nächsten Rippe erheben sich die **Sandsteinfelsen** mit dem **Elefanten**, einem verwitternden Doppel-

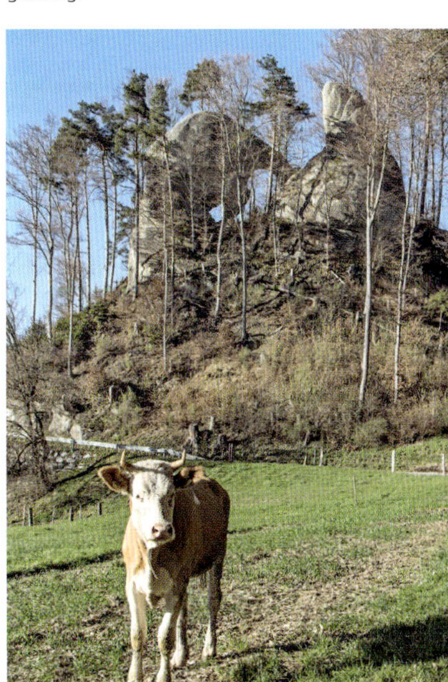

Tierische Angelegenheit: Kuh mit Elefant.

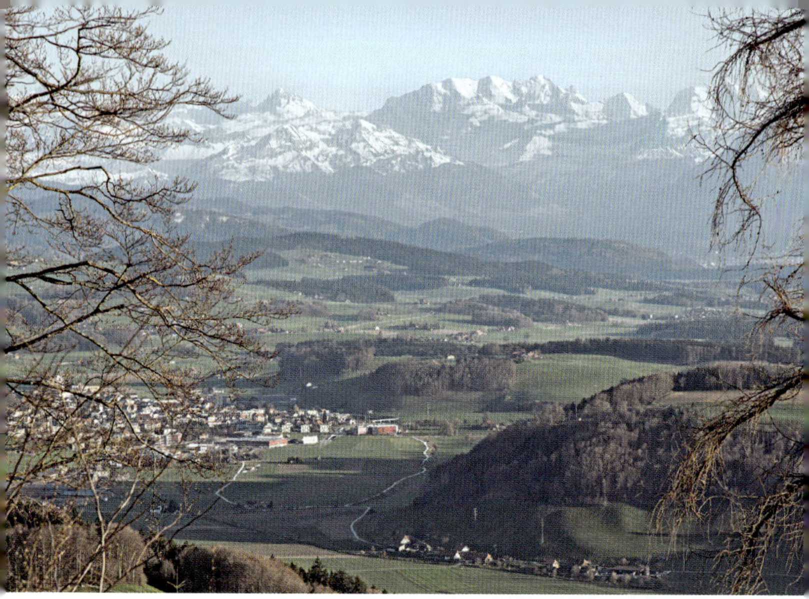

Von Gipfel zu Gipfeln: Blick vom Bantiger zu den Berner Hochalpen.

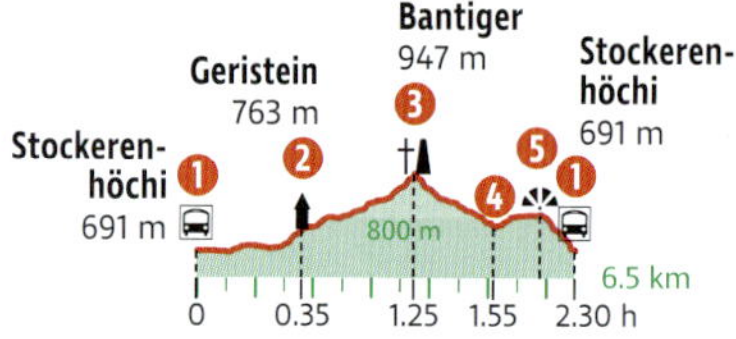

bogen mit einer gewissen Ähnlichkeit zum größten Landtier. Direkt im Südhang durch den steilen Wald auf einem Zickzackweg (nicht markiert) gegen die Felsen hinauf und durch die Bögen, also Beine, hindurch.

Auf der Gratrippe aufsteigen; eine kleine Felsstufe wird mittels herausgehauener Tritte überwunden. Wo sich die Rippe aufschwingt, geht man auf einem Weglein links der bemoosten Felsen weiter, bis man in der Nähe einer Höhle gut nach rechts zum Burgplatz und Bergfried der **Ruine Geristein** 2 hinaufsteigen kann. Auf den Bergfried kann man emporklettern. Auf der Wanderwegtreppe hinab. Auf dem Wanderweg südwärts, schon bald im Geristeinwald, zur Lichtung Bantigenhubel und steiler teilweise über Treppen hinauf zum **Bantiger** 3 mit Triangulationssignal, dem 196 m hohen Sendeturm mit Besucherplattform in 39 m Höhe; vier moderne Tafeln erklären das 360°-Panorama.

Abstieg auf dem bekannten Wanderweg bis zur Wegverzweigung auf dem Bantigenhubel, ca. 865 m. Westwärts auf dem Wanderweg bis zu einer Wegverzweigung (P. 815). Weiter westwärts, aber unmarkiert, hinab in den Übergang **Talhöchi** 4 zwischen dem Bantigental und dem Weiler Bantigen. Aufstieg auf den oben flachen Stockeren-Hügel, rechts an den Häusern von Äbnit vorbei, zu einer Kreuzung; dort geradeaus. Der Fahrweg biegt nach Süden ab; rechts in einen Weg einschwenken, der an den waldigen Westrand der Hochfläche führt. Hier südwärts zum Zaun rund um den Sandsteinbruch von Stockeren; an ihm entlang kann man ganz legal nach vorne auf eine Sandsteinkanzel gelangen, der **Stockeren-Kanzel 5**, welche von einer südlich benachbarten durch eine tiefe Abbaukluft getrennt ist. Überraschende Aussicht auf Bolligen, Bern und Brünnen.

Zurück auf den flachen Rand und nordwärts zu einem breiten, steilen Graben, der sich südlich von P. 816 absenkt. Durch diesen Graben weglos, aber erstaunlich leicht absteigen. Nach Verlassen des Waldes nach rechts bis zu einem Weg (auf der Landeskarte nicht eingezeichnet). Auf ihm nach links zum Steinbruchsträßchen und auf diesem in ein paar Minuten zur Bushaltestelle **Stockeren 6**.

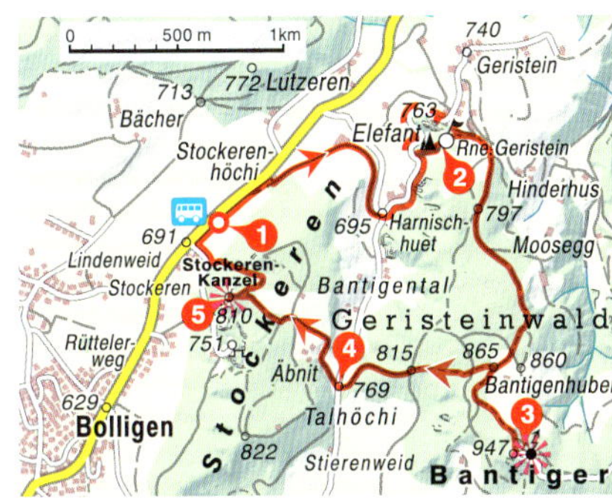

Felsig: unter dem Elefanten.

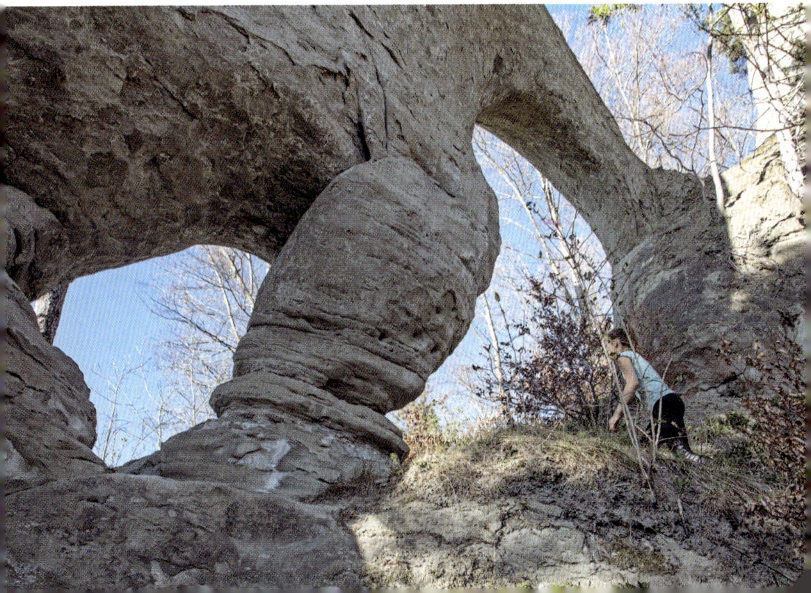

↗ 370 m | ↘ 410 m | 10.3 km

22 Ostermundigen – Flugplatz Bern-Belp

3.00 h

Stehen, gehen, abheben

Zuoberst auf dem waldigen Ostermundigenberg steht seit 1993 ein Grabstein für Karl Kasthofer (1777–1853), Pionier einer nachhaltigen Waldwirtschaft, und Professor für Forstwissenschaften an der Uni Bern. Wir kommen noch an anderen Steinen, natürlichen und künstlichen, auf unserer Wanderung von der Worble an die Aare und Giessen vorbei. Die beiden letztgenannten Gewässer fließen am Rande des Belpmooses, seit 1929 bekannt für den Flugplatz Bern-Belp – und besungen vom 1991 veröffentlichten Lied »Bälpmoos« der Berner Mundart-Rockband Patent Ochsner.

Ausgangspunkt: Deisswil, 549 m, im Worblental; S-Bahn von Bern.
Endpunkt: Flugplatz Bern-Belp, 509 m; direkter Bus nach Bern oder Bus nach Belp und Zug nach Bern. Oder an der Aare zum Elfenaubus (vgl. Variante).
Anforderungen: Etwas Orientierungssinn. Markierte und unmarkierte Wege. T1.
Einkehr: In Deisswil, Gümligen und am Flugplatz Bern-Belp.
Varianten: 1. In Gümligen kann die Tour unterbrochen oder wiederaufgenommen werden. – 2. Von der Augutbrücke auf dem rechten Ufer aareabwärts bis in die Elfenau und hinauf zur Endstation des Elfenaubusses, 545 m; knapp 1 Std. (siehe auch Tour 4).
Tipps: 1. Am schönsten im Sommer, dann kann man in der Aare oder im Giessenbad beim Flugplatz baden. Am Rande von Ostermundigen übrigens auch.
2. Die Geschichte »Der Rand von Ostermundigen« von Franz Hohler, aus den Erzählungen »Der Geisterfahrer«, 2013.
Karte: 243 T Bern; 2502 Bern und Umgebung.
Kombinationsmöglichkeit: Touren 3, 4.

Fortgespickt: Augutbrücke beim Belpmoos als Startbahn für Aare-Flug.

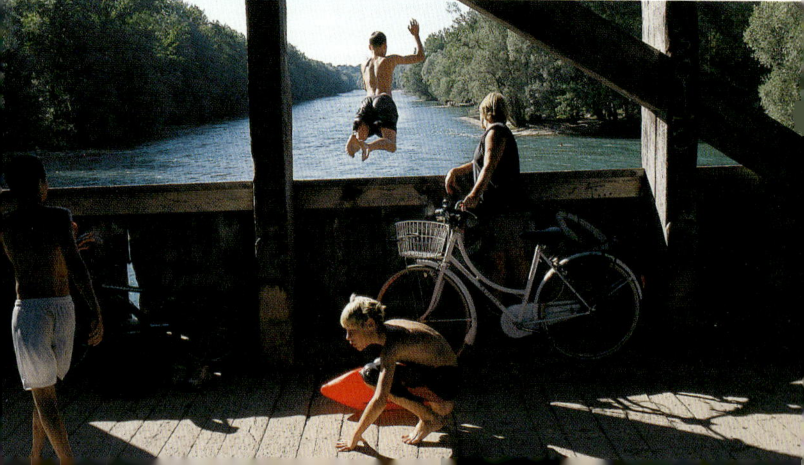

Von der Station **Deisswil** ❶ auf dem Sträßchen zum Eingang des Gümligentals und rechts abbiegen. Ein Treppenweg geht im Wald hinauf an den Ostrand der Siedlung Rüti am Rand von Ostermundigen. Südwärts an Wohnblöcken vorbei und über den Nordrücken des Ostermundigenbergs auf einem schmalen Waldweg ansteigen; er mündet in einen breiten. Hier nach rechts, bei der nächsten Verzweigung nochmals rechts (der gelb markierten Wanderroute nach). Nach 100 m liegt links am Weg die Gipfelhochfläche des **Ostermundigenbergs** ❷ mit dem Grabstein für Karl Kasthofer.

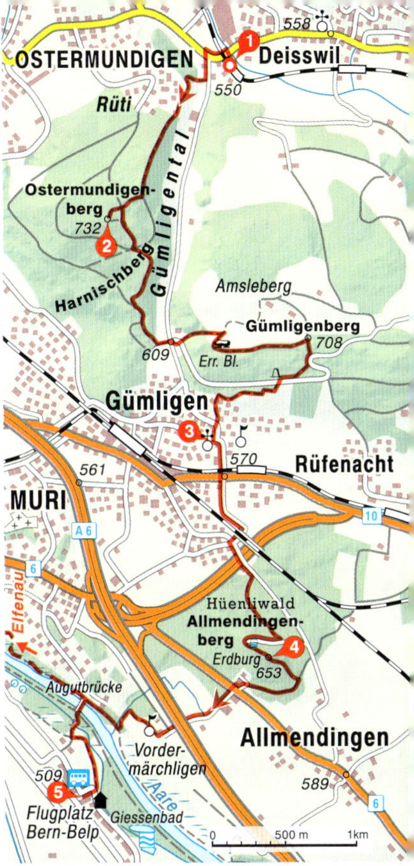

Die 100 m wieder zurück und links dem Forststräßchen folgen. An der nächsten Wegkreuzung links, sodass man bei einer Waldkuppe wieder auf den markierten Wanderweg trifft. Links auf diesem Weg über den Harnischberg hinab ins **Gümligental** (P. 609). Rechts an einem Schießstand vorbei und ziemlich steil hinauf. Oben auf der Hochebene nach rechts am Waldrand entlang, dann hinein zu einem großen Findling, ca. 690 m, mit Buche obendrauf und unleserlicher Inschrift. Auf der Moräne ostwärts im Wald über den Gümligenberg zum Teersträßchen (P. 706). Nun wieder auf dem Wanderweg nach rechts hinab zum Soldatendenkmal, ca. 680 m; 1941 zu Ehren von General Henri Guisan errichtet. Schön am Waldrand entlang nach **Gümligen** ❸, hinab zur Kirche und links.

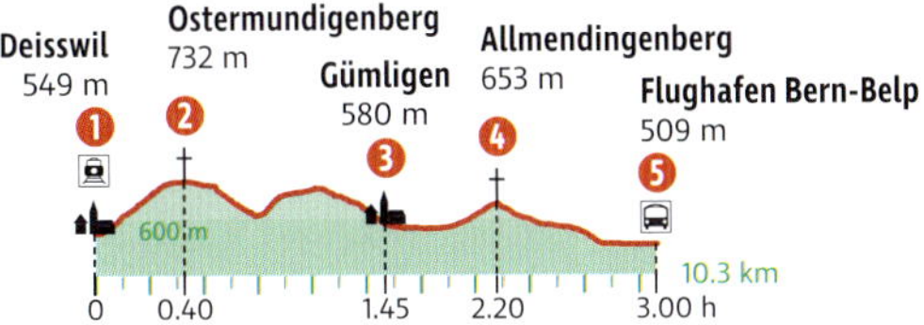

Zwischen Schloss und Hofgut zum Worbbähnli (P. 570). Über Gleis und Straße und südwärts auf dem Allmendingenweg über die Ebene. Unter der Bahnlinie durch und über die Autobahn hinein in den Hüenliwald. Rechts ein paar Meter dem Wanderweg Richtung Augutbrücke folgen, dann gleich weg links und ziemlich geradeaus leicht ansteigend auf einen Fahrweg. Nach rechts, hinauf zum Wasserreservoir und auf schmalem Pfad zur Erdburg auf dem Gipfel des **Allmendingenberges** 4. Auf der Landeskarte hat dieser Hügel keinen Namen; im »Wanderatlas Bern Ost« von 1934 ist ein Plan erwähnt, wonach dort oben die mittelalterliche Burg Pfraumberg stand; der Keltologe Christoph Zürcher nennt sie und den Hügel Frumberg. Der rechteckige, 14,5 x 29 m große Burghügel ist durch zwei Gräben vom natürlichen Hügel abgetrennt.
Über den Südostrücken des Allmendingenberges auf den Wanderweg, nach rechts, über die Straße Bern–Thun zur Gärtnerei Vatter, unter der Autobahn hindurch zum Schloss von Vorder Märchligen. Der Wanderweg folgt der Autobahn, wir gehen aber unterhalb des Gutes auf einem Feld- und Waldweg nordwestwärts zu einem Bach und steigen links von ihm (er bildet zuletzt einen hübschen Wasserfall) hinab zur Aare (P. 511). Flussabwärts zur **Augutbrücke**, einer überdachten Holzbrücke von 1836, die bis 1972 als Hunzigenbrücke weiter flussaufwärts ihren Dienst tat. Über die Aare und die Giessen und an dieser entlang zum **Flugplatz** 5 auf dem **Belpmoos**.

Abgebremst: Ostermundigenberg, gesehen vom Weinberg Hättenberg.

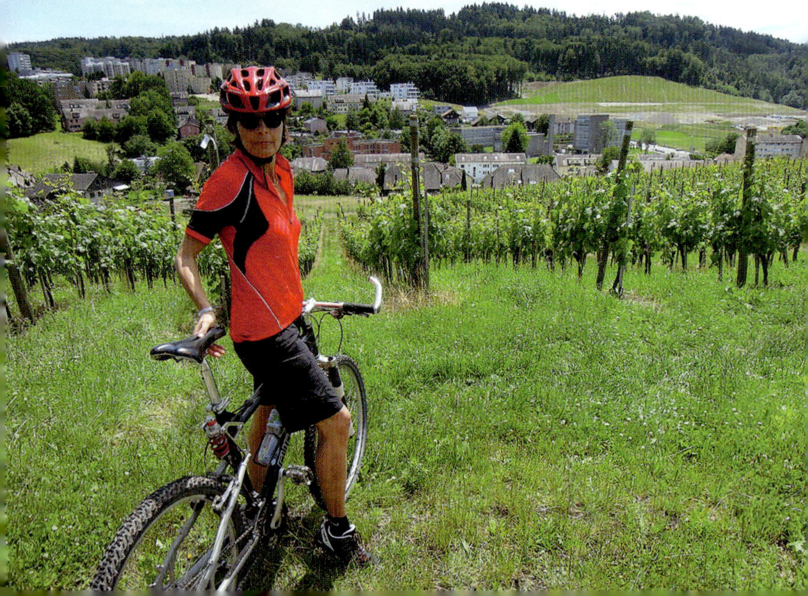

↗ 380 m | ↘ 600 m | 18.2 km

5.00 h

Schlosswil – Ballenbüel, 851 m – Schloss Kiesen

23

Zu Besuch bei fünf Schlössern

Die Patrizier von Bern erlebten im 17. und 18. Jh. ihre Blütezeit. Zeugnis dieser Epoche sind die vielen Burgen und Schlösser im Bernbiet. Fünf davon wollen wir auf dieser Wanderung anschauen und vielleicht besichtigen. Schlosswil: mächtig und unübersehbar dieser weiße Turm auf einer Geländekante, fast mehr Burg als Schloss; darin war die Verwaltung untergebracht, der Teich bleibt hoffentlich öffentlich zugänglich. Schlössli Ursellen: privat, edler Garten, mehr ein Landsitz als ein Schloss. Schloss Hünigen: Restaurant und Hotel mit einem prächtigen Park, wo man stunden-, ja tagelang verweilen möchte. Schloss Oberdiessbach: die größte Anlage auf dieser Tour, von außen gut sichtbar, bei einem Gartenhäuschen am Haupteingang kann man picknicken; manchmal werden Führungen angeboten. Schloss Kiesen: privat, leider.

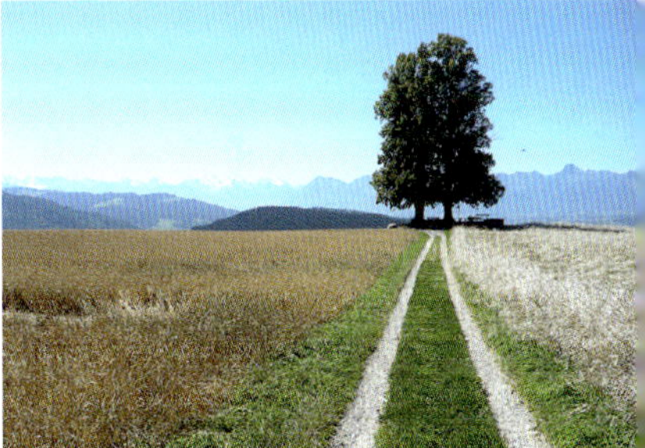

Unter Naturschutz: die Linden auf Ballenbüel. Hinten die Berner Alpen.

Ausgangspunkt: Schlosswil, Hst. Kreuz, 752 m; an der Buslinie Worb–Grosshöchstetten. Worb ist Endstation der Bahnlinie von Bern, Grosshöchstetten liegt an der Bahnlinie Thun–Oberdiessbach–Konolfingen–Burgdorf.
Endpunkt: Kiesen, 539 m; an der Bahnlinie Thun–Bern.
Anforderungen: Etwas Kondition und Orientierungsvermögen. Meist markiert. T1.
Einkehr: In Schlosswil, Konolfingen, Oberdiessbach und Kiesen. Schloss Hünigen, +41 31 791 26 11, www.schlosshuenigen.ch; Restaurant für Nichthotelgäste am Sonntagabend und Mo geschlossen.
Varianten: 1. Start in Worb, 581 m, hinauf zum alten und neuen Schloss (keine Besichtigung), südostwärts auf Nebenstraßen nach Richigen und auf der Wanderroute nach Schlosswil ❶; 1.20 Std. 2. Die Wanderung ist gut in Teiletappen möglich.
Tipps: 1. Internetseiten www.swisscastles.ch, www.schloss-oberdiessbach.ch, www.chantalmichel.ch. – 2. Emmental Literaturweg in Konolfingen – auf den Spuren von Friedrich Dürrenmatt; mehr unter www.konolfingen.ch.
Karte: 243 T Bern; 1167 Worb, 1187 Münsingen.

Von der Haltestelle **Kreuz** in **Schlosswil** ❶ am Gasthof Kreuz vorbei zum mächtigen Schloss. Links daran vorbei, durch die Gartenanlage und durch die Allee zum Waldrand (P. 770). Rechts haltend hinab gegen Herolfingen, bei einer Wegverzweigung (P. 739) links zum Waldrand. Nun im Wald selbst auf einem eher schmalen Weg ziemlich steil bergan auf ein Feld. Flach an einem Hof vorbei nach Hürnberg. Weiter auf der Wanderroute ansteigen, mal auf Treppenwegen, mal auf Sträßchen. Zuletzt auf einem Weg nach vorne zum Aussichtspunkt **Ballenbüel** ❷ mit auffälligen Bäumen und Panoramatafel, früher wahrscheinlich eine dem keltischen Sonnengott Belenus geweihte Kultstätte.

Der Wanderweg nach Ursellen holt ostwärts aus, geht dann über Weideflächen westwärts unter dem Ballenbüel durch und sinkt gegen den Weiler Ursellen hinab. Beim obersten Haus, wo der Wanderweg links abbiegt, gehen wir rechts auf dem Sträßchen weiter hinab und später auf einem Feldweg nochmals südwärts auf den gepflasterten Zugangsweg zum **Schloss Ursellen**, ca. 660 m. Es kann nicht besichtigt werden; wer frech genug ist, kann evtl. auf der Ostseite durch die Gittertüre einen Blick auf die Gartenanlage und die Hauptfront dieser sogenannten Campagne erhaschen. Zurück in den Weiler Ursellen, auf dem Wanderweg übers Feld, vor den großen Anlagen von Nestlé nach rechts und über die Bahnlinie auf die Hauptstraße. Hinein nach **Konolfingen** ❸ zum Kreuzplatz. Geradeaus in die Hünigenstrasse, bis rechts die Wanderroute abzweigt. Zuerst links, dann rechts der Chise (Kiesen) zum **Schloss Hünigen** ❹ (Einkehrmöglichkeit); gleich zu Beginn des Areals links in einen Weg mit Fahrverbot einbiegen und durch den idyllischen Garten mit Bächlein östlich um das Schloss herum.

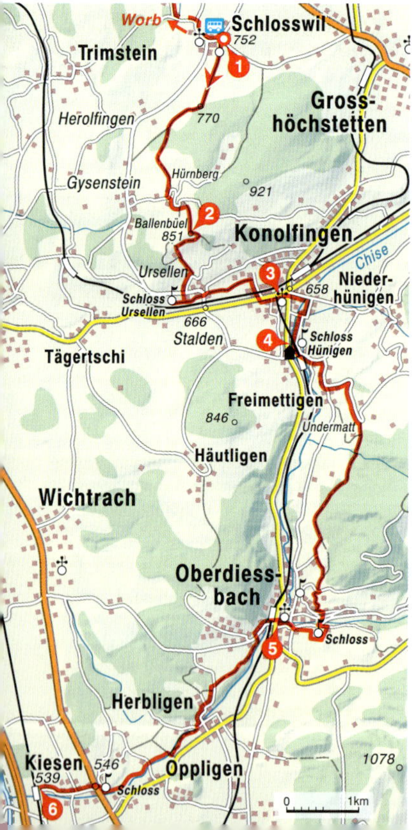

Durch die Allee verlassen wir standesgemäß das Schlossgut. Wieder auf der markierten Route und bald auch schon entlang der Chise südwärts, bis der Weg einem Bächlein folgend hügelan nach **Freimettigen** steigt. Weiter auf der Straße hinauf, bis die Wanderroute die Straße nach rechts zum Waldrand, ca. 750 m, oberhalb des Hofes Undermatt verlässt. Zuerst die Höhe haltend, dann absteigend im und am Wald Richtung Oberdiessbach. Bei einer Wegspinne, wo die Wanderroute

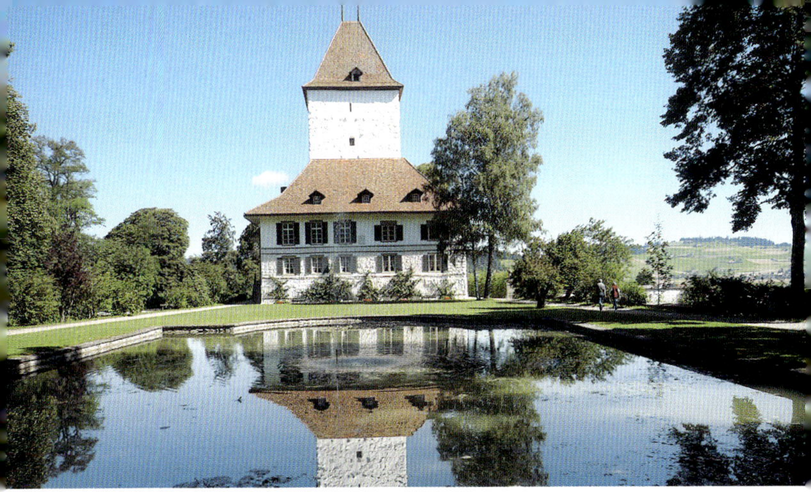

Unter Heimatschutz: Schloss Wil.

nach Oberdiessbach rechts abzweigt, gehen wir geradeaus übers Feld und auf einem Schotterweg am Waldrand entlang abwärts. Der Weg geht in ein Teersträßchen über. Er senkt sich in eine Mulde hinab, wo wir uns links halten, eine Anhöhe überwinden und den grasigen Chriesegglenweg einschlagen. Er führt flach in ein Wohngebiet.

Hier nach links – die Straße geht in einen unmarkierten Weg über, welcher abwärts zum Diessbach führt. Auf der anderen Bachseite links und bei der nächsten Gelegenheit rechts zum Schlossgut. Das Schlossareal linksseitig umgehen zur Hauptansicht des privaten **Schlosses Oberdiessbach**, ca. 630 m, leitet. Durch die Allee und die Schlossstrasse hinab zum Bahnhof **Oberdiessbach** 5. Über die Chise und auf der Wanderroute über eine Anhöhe, ca. 630 m, dann direkt auf der Straße nach Herbligen und hinab zur Chise. An ihr entlang ins Dorf Kiesen; vom Kreisel (P. 546) auf der Hauptstraße auf dem Fußgängerweg hinauf zum Schloss Kiesen, ca. 560 m, das nur vom Vorplatz aus betrachtet werden kann. Zurück zum Kreisel und auf der Bahnhofstrasse zum Bahnhof **Kiesen** 6.

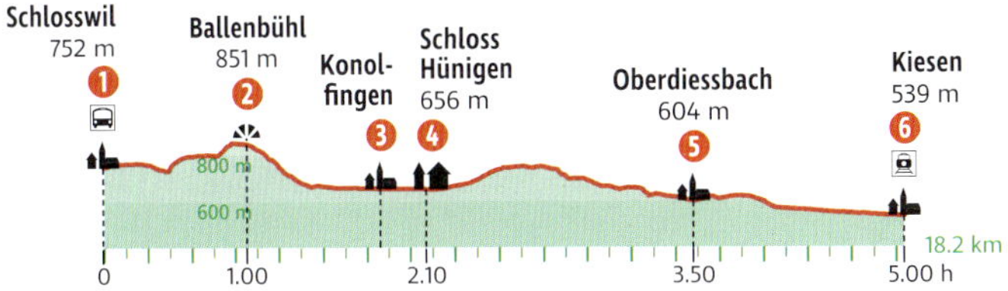

↗ 450 m | ↘ 480 m | 12.9 km

24 Rotache – Lueghubel, 913 m

4.15 h

Abenteuer in der Tiefe und Aussicht in der Höhe

Eine Wanderung am Ostrand des Aaretals und am Westrand des Oberemmentals, welche mit Lueghubel und Hartlisberg zwei Hügelzüge überquert. Der Lueghubel ist eine Gedenk- und Pilgerstätte für den bedeutenden Kartografen Eduard Imhof, Bürger von Fahrni und Initiator der Neuen Landeskarte der Schweiz. Doch bevor es auf aussichtsreiche Höhen geht, müssen lauffeste Sandalen angelegt werden, damit man nassen, aber stabilen Fußes das schöne Flussbett der Rotache durchwandern kann – eine wunderbare Unternehmung an warmen Sommertagen, besonders mit Kindern.

Ausgangspunkt: Bhf. Brenzikofen, 577 m.
Endpunkt: Bahnhof Heimberg, 551 m.
Anforderungen: Weglose Wanderung im Flussbett. Danach wieder leicht auf markierten Wegen. T3.
Einkehr: Restaurant Panorama Hartlisberg, +41 33 437 43 44. In Heimberg.
Varianten: 1. Will man nur die Flusswanderung unternehmen, kann man von Sagi oberhalb der Rotache entlang des Luegwaldes über P. 731 und P. 606 an der Rotache nach Brenzikofen zurückwandern (ca. 1.30 Std. kürzer).
2. Der in Variante 1 beschriebene Weg kann als Ausstieg genutzt werden, wenn man den Abschnitt durch die Rotache vermeiden möchte (ca. 40 Min. kürzer).
Karte: 243 T Bern; 1187 Münsingen.

Vom Bahnhof **Brenzikofen** ❶ entlang der Bahnlinie südwärts bis zum Campingplatz. Links abzweigen und linksseitig an der Rotache entlang. Bei Boden (P. 591) über die Fahrstraße hinweg und weiter entlang der **Rotache** bis zur Brücke bei P. 606 –

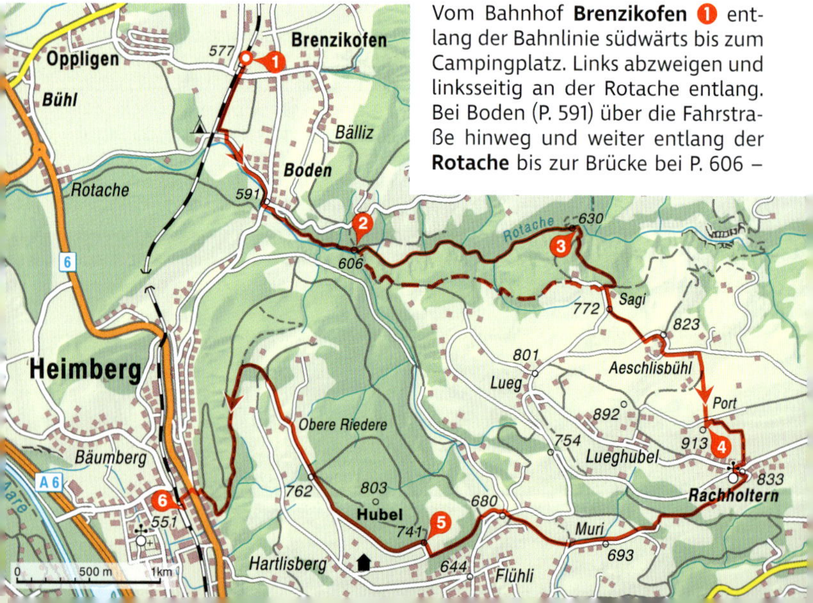

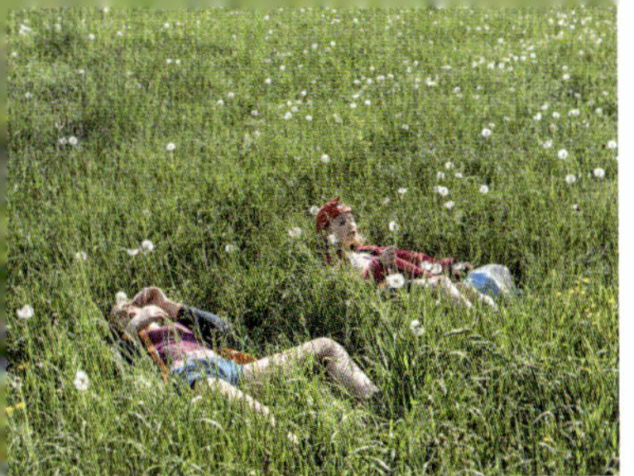

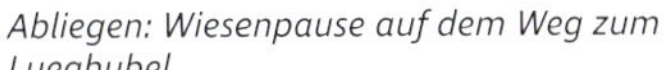

Abliegen: Wiesenpause auf dem Weg zum Lueghubel.

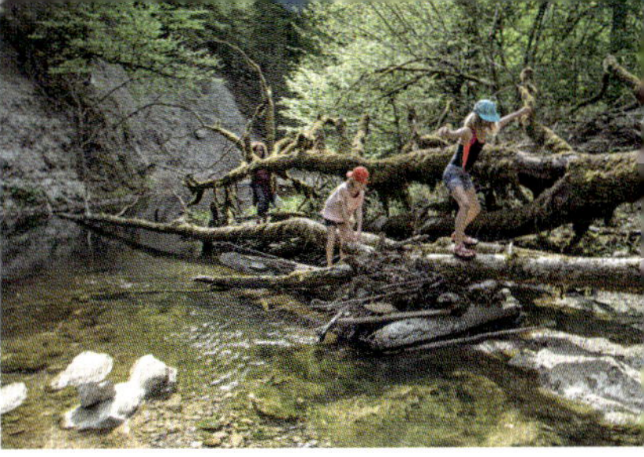

Spaßmacher: Hindernisse im Bachbett der Rotache.

eine gute **Einstiegsstelle** ② für das Bachbett. Nun folgt man dem Verlauf mal links, mal rechts des Baches oder oft auch mitten durch das maximal knietiefe Wasser. An einer Stelle, wo das Bachbett sehr eng wird, geht linker Hand ein breiter Weg aufwärts. Auf diesem wird diese Stelle umgangen; wenn der Weg sich wieder verliert, kann man gut im Bachbett weitergehen. Kurz vor dem Ausstieg folgt noch eine Engstelle, wo man schwimmen müsste. Hier befindet sich auf der linken Seite ein etwa 3 m langes Seil, an welchem man die Böschung überwindet, um so die kurze Engstelle zu umgehen. Dann ist auch der **Ausstieg** aus der **Rotache** ③ erreicht: bei der Brücke des die Rotache überquerenden Wanderweges.

Auf diesem steigt man nun rechter Hand im Wald nach oben bis zum Hof Sagi (P. 772), wo der Wald verlassen wird. Bei der nächsten Gabelung links und nach Aeschlisbühl (P. 823) rechts zum Hof I der Schwaderi. Dem gelb markierten Weg über den Weiler (P. 885) zum **Lueghubel** ④ mit Triangulationssignal, Panorama- und Infotafel folgen. Weiter auf dem gelb markierten Weg südwärts hinab nach Rachholtern (P. 833), über die Fahrstraße hinweg und westwärts über Bärenmoos und Muri nach Flühli, dem oberen Ortsteil von Steffisburg (P. 680). Der gelben Markierung weiter westwärts folgen, welche an den Waldrand vom **Hartlisberg** ⑤ führt (das Restaurant Hartlisberg liegt nur rund 3 Min. unterhalb des Waldrandes). Nun aussichtsreich am Wald entlang zum Hof Obere Riedere (P. 769), links halten und auf den Wanderweg einbiegen, welcher schließlich südwärts entlang der Riedereflue bis zum Bahnhof **Heimberg** ⑥ hinabführt.

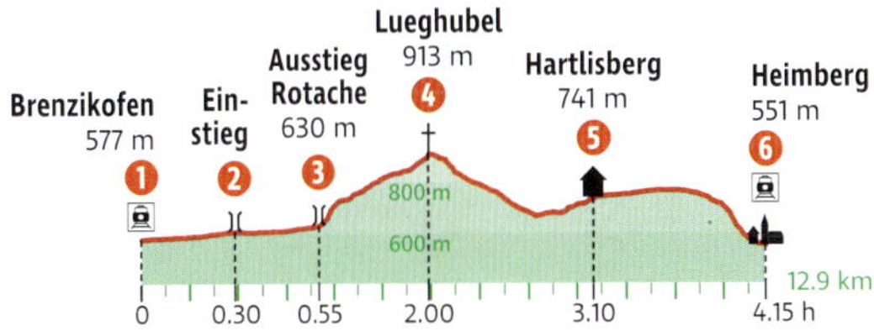

TOP

25 Thun: Hünibach – Gwatt

↗ 70 m | ↘ 70 m | 11.0 km

2.45 h

An den Ufern des Thunersees

Thun – auch als »Tor zum Berner Oberland« bezeichnet – besticht durch seine herrliche Lage am Thunersee, auf dessen anderer Seite sich unvermittelt die Eisriesen der Berner Hochalpen auftürmen. Ein Turm prägt auch das Stadtbild von Thun: auf dem Schlossberg in der Stadtmitte thront der riesige Donjon, welcher bereits vor über 800 Jahren von den Zähringern erbaut wurde. Neben Schloss und charmanter Altstadt mit den Aareläufen verwöhnen die Wege entlang des Thunersees mit wunderschönen Blicken auf die umgebende Bergwelt. Macht man den ausgedehnten Seespaziergang an einem warmen Sommertag, lohnt sich die Mitnahme von Badesachen – im Hochsommer kann die Seetemperatur gerne mal die 20° C überschreiten!

Reizvoll: in der Altstadt von Thun.

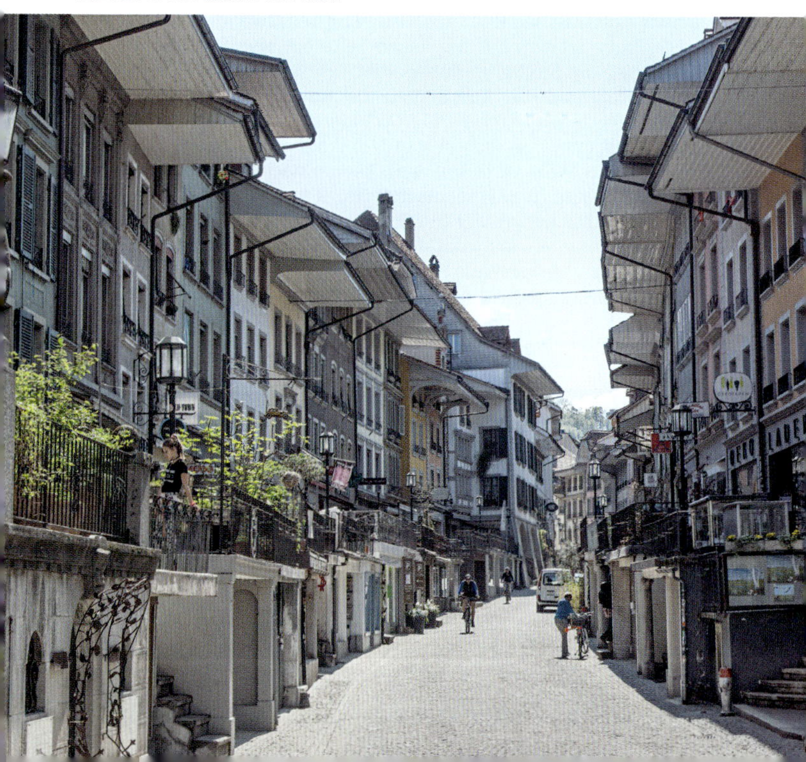

Ausgangspunkt: Thun Hünibach, Haltestelle Chartreuse, 568 m.
Endpunkt: Gwatt, Haltestelle Deltapark, 560 m.
Anforderungen: Mehrheitlich markiert. T1.
Einkehr: Mehrere zwischen Hünibach und Thun. Schadaupark Seepark Bar-Restaurant, +41 33 226 12 12. Gwatt Camping, +41 33 336 40 67. Route 66 American Pub, +41 33 336 68 41 (kurz vor Wegpunkt 4; gute Burger).
Tipps: 1. Am schönsten im Frühling, wenn die Berge noch schneebedeckt sind.
2. Schloss Thun, offen Feb./März täglich 13–16 Uhr, April bis Okt. täglich 10–17 Uhr, Nov. bis Jan. So 13–16 Uhr (Weihnachten bis Neujahr täglich). Der mächtige Burgturm bietet von den vier Ecktürmen noch abwechslungsreichere Blicke auf Stadt, See und Berge. Strandbad Thun, offen Anfang Mai bis Anfang Sept., täglich 7–19 Uhr (Mai, Sep.), 7–20 Uhr (Juni–Aug).
Variante: Wer sich die Stadtmitte von Thun sparen möchte, kann die Fähre zwischen Bächimatte und Scherzligen Schadaupark nehmen; Fährbetrieb April bis Okt., Mi, Do (13.30–17.30 Uhr) Sa, So (11.30–18 Uhr), +41 33 222 92 16.
Karte: 253 T Gantrisch; 1207 Thun. Stadtplan gratis erhältlich bei Thun Tourismus neben dem Ticketschalter im Bahnhof Thun.
Kombinationsmöglichkeit: Mit Tour 26.

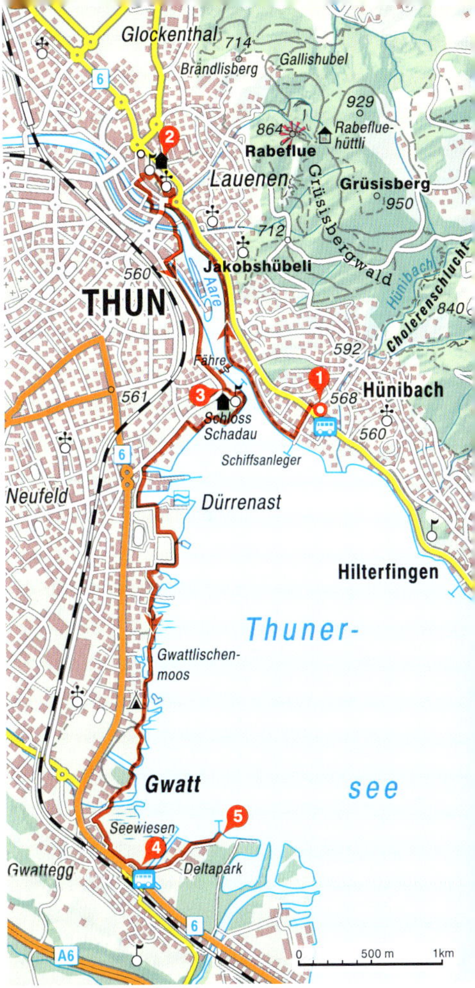

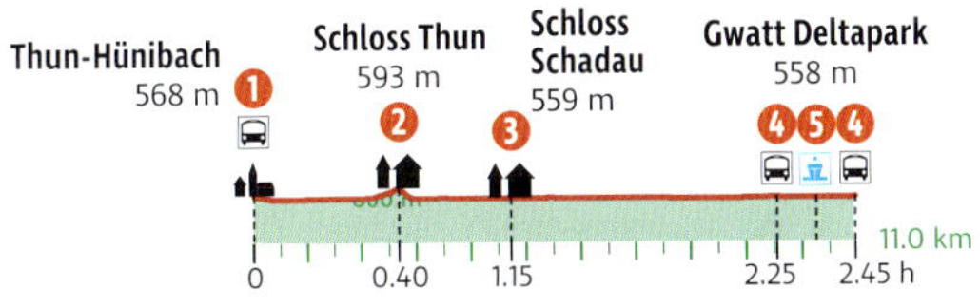

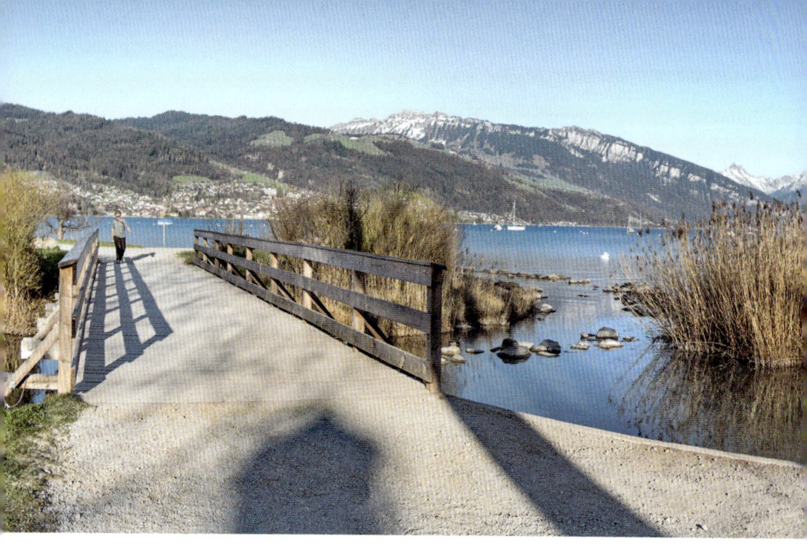

Von der Haltestelle **Chartreuse** in **Hünibach** ❶ durch die Ländtestrasse geradewegs zum Ufer des Thunersees hinab. Nun an der schönen Uferpromenade stadteinwärts bis zur Sinnebrücke kurz vor der Mühleschleuse. Über die Treppen zur Straße und nach rechts kurz entlang der Oberen Hauptgasse. Kurz vor dem Kreisverkehr links und über die Treppen hoch bis zum **Thuner Schloss** ❷. Vor dem Schlossgebäude links hinab zur Holi Mäz und auf dem überdachten Weg bis zum Rathausplatz abwärts. Über diesen hinweg und vor zur Inneren Aare. Zum allseits beliebten Mühleplatz und dann über die überdachte Brücke der Mühleschleuse ans andere Ufer. Diesem folgen bis zur nächsten überdachten Holzbrücke der Oberen Schleuse (Scherzligschleuse). Entlang des Ufers weiter bis zum Bahnhof und Schiffsanlegestelle. Der Seestrasse folgen bis zur Kurve beim **Schloss Schadau** ❸. Am Seeufer um das Schloss herum und entlang der Seestrasse bis zum Lachenkanal. Nach Passieren des Strandbads Thun und der Sportanlagen Lachen wird bald der Yachtclub Thun erreicht. Nun auf dem Strandweg weiter, über die Holzbrücken bis zum **Camping Gwatt**. Im Bereich der Holzbrücken und beim Camping bieten sich schöne Bademöglichkeiten. Weiter entlang des Bonstettenparks (im Park etwas nach hinten versetzt in Richtung der Gwattstrasse steht ein beeindruckendes Exemplar einer Hängebuche) und teilweise auf Holzstegen durch das Gwattlischenmoos. Hinter dem Restaurant Route 66 herum zur Spiezstrasse, dieser 200 m folgen und dann links auf dem Weg bis zur Seewiese des **Gwatt Deltaparks** ❺ mit schöner Bademöglichkeit, Kiosk und Grillstelle. Die **Bushaltestelle Deltapark** ❹ befindet sich vorne an der Spiezstrasse.

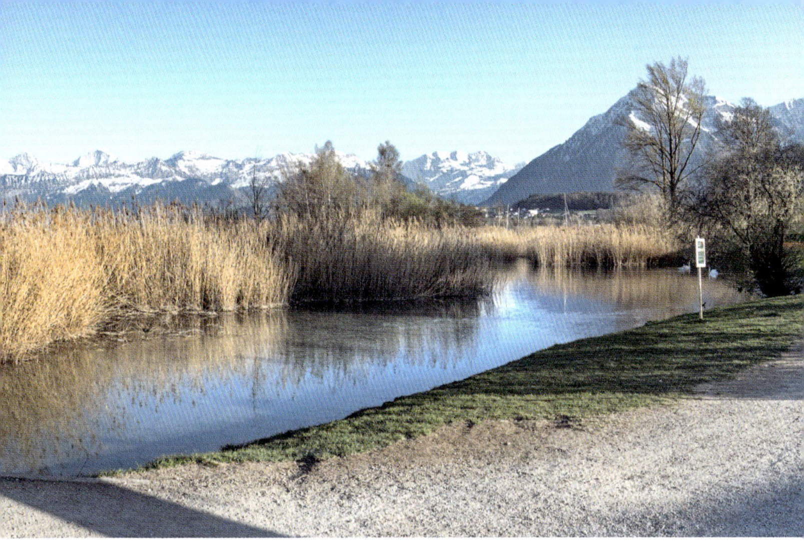

Foto oben: Zu jeder Jahreszeit schön: der Uferweg im Gwatt.
Unten: Gepflegt: die Anlage von Schloss Schadau.

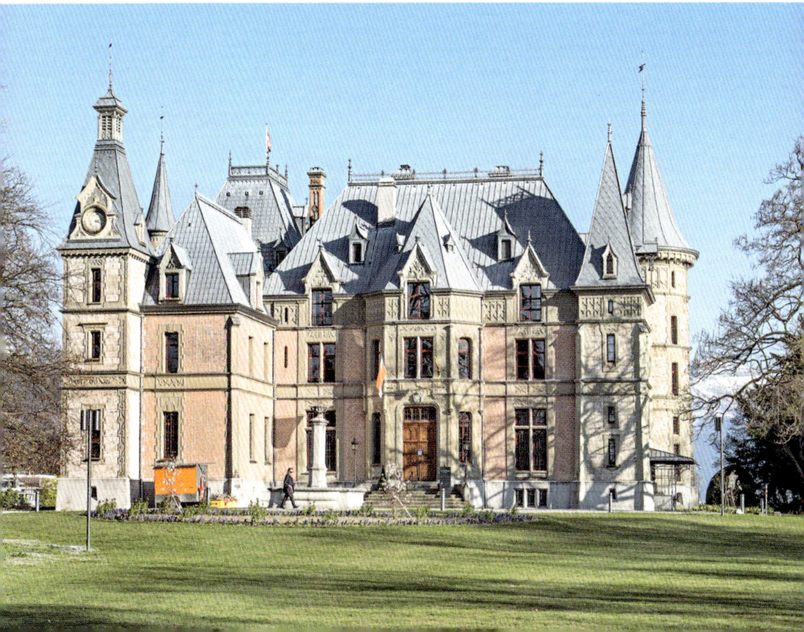

↗ 360 m | ↘ 360 m | 9.2 km

26 Thun: Cholerenschlucht – Rabeflue, 864 m

3.00 h

Der unbekannte Hausberg mit bekannten Panoramapunkten

Der Hausberg von Thun? Das Stockhorn? Der Niesen? Die Blüemlisalp? Von wegen! Sie alle bestimmen den alpinen Horizont von Thun. Am Ostrand der Stadt aber steigt ein steiler Wald in die Höhe, der Grüsisbergwald. Zwar ist die Rabeflue nicht dessen höchste Erhebung (diese ist das Grüsisbergegg mit 949 m), doch dafür bietet diese Schulter hoch oberhalb einer Nagelfluhwand eine hübsche natürliche Aussichtsplattform am Thuner Hausberg. Zusammen mit der Cholerenschlucht eine tolle Rundwanderung über den Thuner Hausberg.

Ausgangs- und Endpunkt: Thun, Bahnhof, 560 m.
Anforderungen: Meist markierte Wanderwege; Trittsicherheit für die Cholerenschlucht. T1, kurze Passagen T2.
Einkehr: In Thun und Hünibach.
Varianten: 1. 10 Min. kürzer und deutlich abenteuerlicher ist der Abstieg von der Rabeflue 4, welcher unmittelbar vom Aussichtspunkt südwärts auf einem nicht markierten Weg beginnt. Zuerst steil hinab entlang der Flue, dann scharf rechts (nicht verpassen) in einem Bogen unter die Flue, wo eine ausgesetzte Stelle gequert wird (Haltegriffe an Baumwurzeln). Die Forststraße weiter unten wird überquert, dann auf einem Pfad bis zur Goldiwilstrasse (T4).
2. Statt über Brändlisberg kann man vom Abzweig bei der Rabeflue 4 rechts den Weg einschlagen, der in vielen Serpentinen absinkt, die Goldiwilstrasse bei P. 712 quert und über das Jakobshübeli (Pavillon mit schöner Aussicht) zur Aare hinab führt (gleich lang).
Hinweis: Im Winter – vom 1. Nov. bis 31. März – ist die Cholerenschlucht gesperrt!
Karte: 253 T Gantrisch; 1207 Thun.
Kombinationsmöglichkeit: Mit Tour 25.

Am Eingang der Cholerenschlucht.

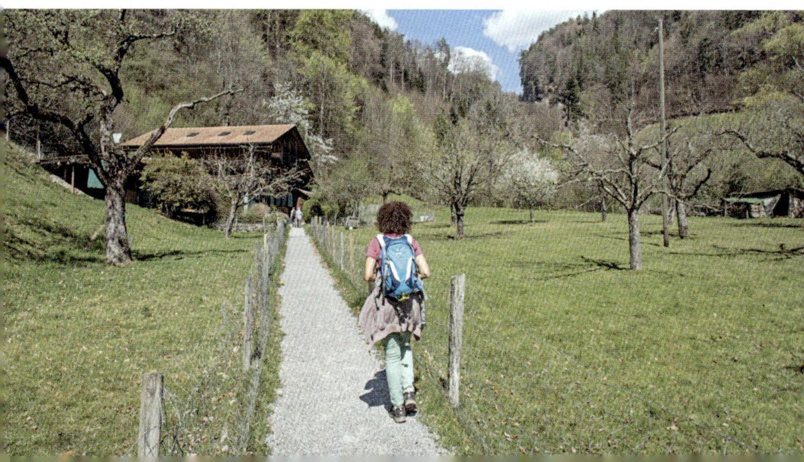

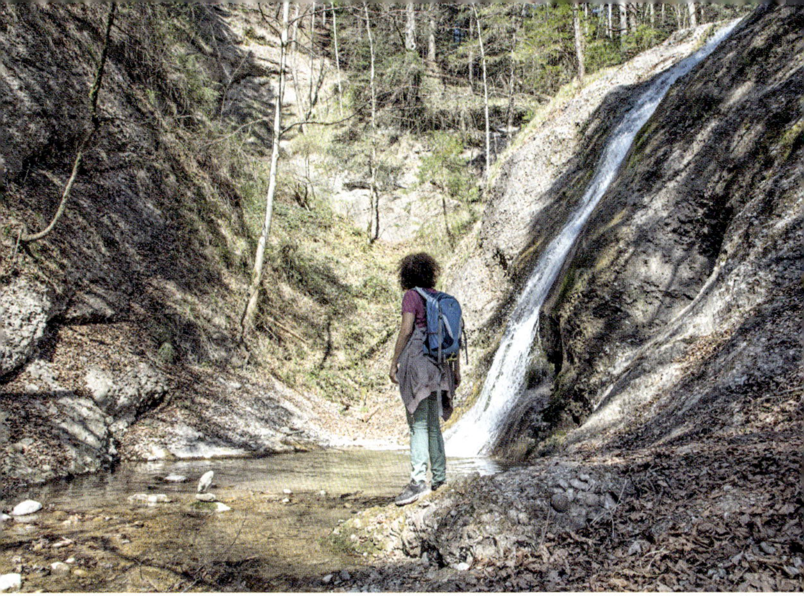

Tolle Natur stadtnah: in der Cholerenschlucht.

Vom **Bahnhofsplatz Thun** ❶ nordostwärts durch die Aarefeldstrasse und über die gedeckte Obere Holzschleuse (Scherzligschleuse genannt) und den Göttibachsteg hinüber auf den Aarequai. Auf dieser beliebten Flaniermeile von Thun seewärts bis zur Schiffsanlegestelle Hünibach. Nun links des Spielplatzes weg vom Thunersee und auf der Charteusestrasse bis zum Kreisverkehr in **Hünibach** ❷. Den Hünibach überqueren und nach links abbiegen, wo wir bald in die malerische **Cholerenschlucht** hineinkommen. Durch die Schlucht

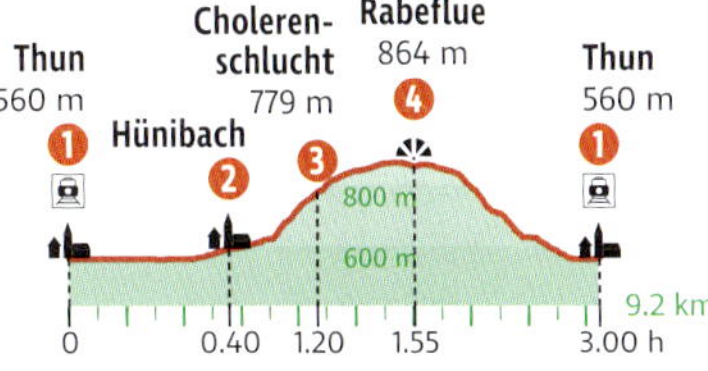

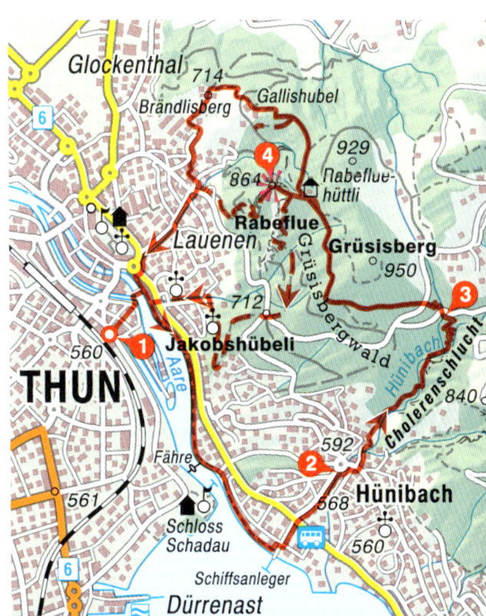

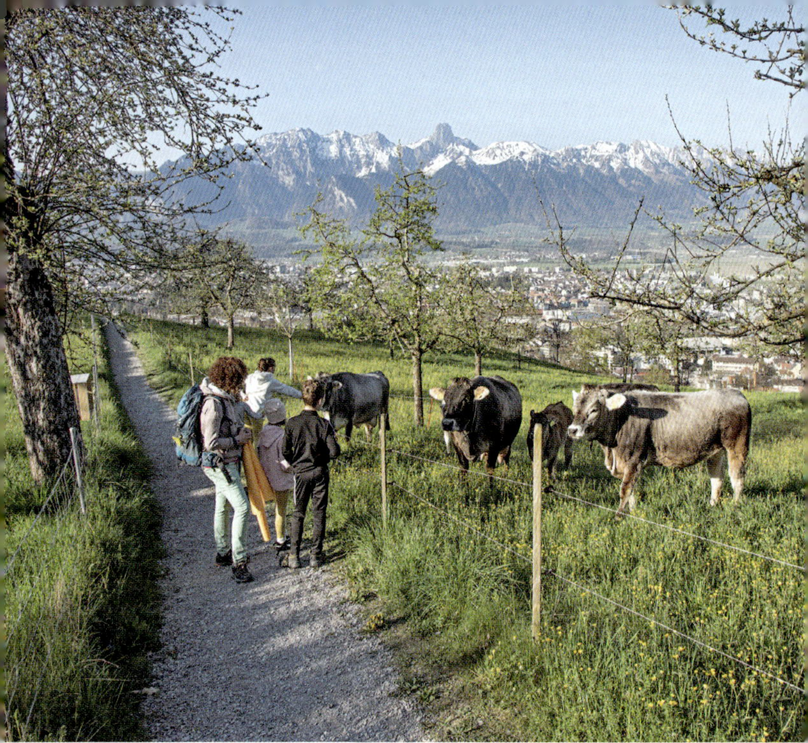

Begegnungen am Brändlisberg.

entlang von Wasserfällen und einer Grillstelle mit Bänken und Tisch bis hinauf zum Ausgang der **Cholerenschlucht** 3 bei der Scheidwegstrasse. Nach links und gleich nach der Brücke auf der anderen Straßenseite rechter Hand auf einen Weg, der zur Goldiwilstrasse hinaufführt. Diese überqueren und auf der Forststraße (dem »Prügelweg«) durch den Grüsisbergwald bis zum beschilderten Abzweig, von dem man linker Hand in 3 Min. beim Aussichtspunkt **Rabeflue** 4 ist (Grillstelle mit Tisch und Bänken).
Bis zur Abzweigung zurück und links der Forststraße folgen, bis diese in einen Wanderweg übergeht, welcher entlang eines Mountainbike-Trails zum Hof Gallishubel führt (Verkauf von Alpprodukten). Weiter entlang des Biketrails hinab zum Hof **Brändlisberg** (P. 714; viele Bioprodukte direkt ab Hof, www.braendlisberg.ch). Dem Wanderweg abwärts durch die Siedlungen Brändlisberg und Lauenen bis hinab an die Aare folgen. Links kurz an der Promenade entlang und dann über Göttibachsteg und Scherzligschleuse zurück zum Bahnhof **Thun** 1.

↗ 350 m | ↘ 350 m | 19.1 km

4.45 h

Vom Gerzensee zum Amsoldingersee

27

Berner Seenplatte

Am Nordrand der Berner Voralpen, unweit der Stadt Thun, hat der Aaregletscher Moränenhügel zurückgelassen, und in den Mulden dazwischen sind Seen entstanden. Auch wenn nur im Gerzen- und Uebeschisee die Füße (oder mehr) gebadet werden können, so erfreuen die blauen Flächen in grüner Landschaft immer das Auge.

Ausgangspunkt: Gerzensee, Haltestelle Bären, 638 m; an der Postautolinie Münsingen–Wichtrach–Gerzensee–Toffen.
Endpunkt: Amsoldingen, Haltestelle Kirche, 636 m; Bus nach Thun.
Anforderungen: Lange Hügelwanderung auf markierten und unmarkierten Wegen und Straßen. T1, kurzer Abschnitt am Riedhubel T2.
Einkehr: In Gerzensee, Kirchdorf, Seftigen, Gurzelen, Hattingen am Dittligsee, Uebeschi (allerdings kommt man nicht direkt daran vorbei), Amsoldingen. Ein paar Käsereien und immer wieder Bauerngüter mit Direktverkauf ab Hof.
Variante: Die Wanderung kann dank des dichten Bahn- und vor allem Busnetzes vielerorts unterbrochen oder wieder-aufgenommen werden, z.B. in Kirchdorf, Seftigen oder Hattingen.
Tipps: 1. Am schönsten im Frühling, wenn die Obstbäume blühen, oder an einem milden Herbsttag, wenn noch ein Bad im Gerzen- oder Uebeschisee gewagt werden kann.
2. Nicht nur Seen liegen am Weg, sondern auch prächtige Häuser, Landsitze

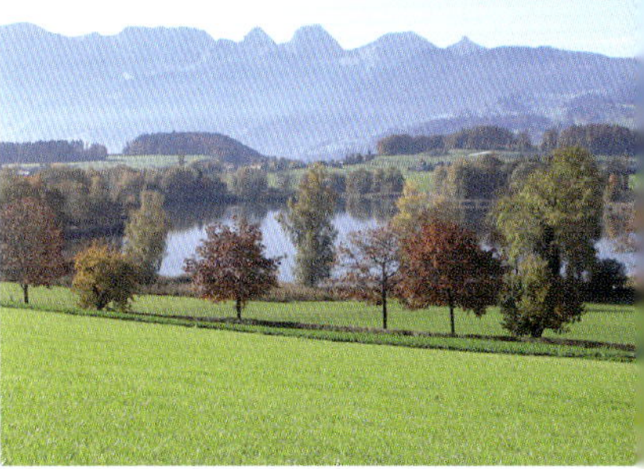

Baden erlaubt: Gerzensee, im Hintergrund die Gantrisch-Kette.

und Schlösser, wie Gerzensee, Schlingmoos bei Gurzelen, Amsoldingen – leider alle nicht zu besichtigen (www.swisscastles.ch ermöglicht wenigstens An- und Einblicke).
3. In Seftigen werden seit 2007 wieder Trauben gelesen – gemacht wird der Wein in Bern; www.weinmanufaktur.ch.
Karte: 243 T Bern, 253 T Gantrisch; 1187 Münsingen, 1207 Thun.

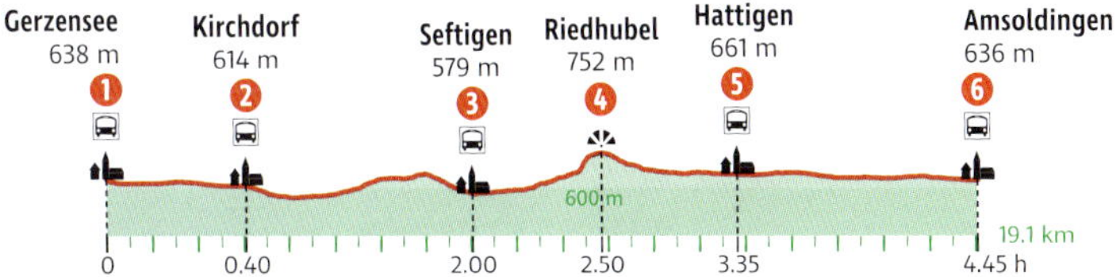

In **Gerzensee** ❶ ostwärts und rechts in die Straße nach Kirchdorf. Schon bald zweigt links die Wanderroute ab, die über einen Hügel nach Kirchdorf führt; um zum Badeplatz (und öffentlichen Zugang zum See) an der Südbucht des Gerzensees (25 ha groß) zu gelangen, gehen wir auf Feldwegen zur Straße hinab und weiter zum Badehäuschen. Von **Kirchdorf** ❷ südwärts hinab in die Limpach-Ebene (P. 561) und wieder hinauf ins Unterdörfli von Noflen (P. 611). Weiter auf der Wanderroute über eine Straße und auf einem Waldweg zum Hof Blattacher (P. 666); von hier wäre ein Abstecher auf Pfaden zum höchsten Punkt (P. 697) des Hügels mit dem Namen »Berg« möglich. Durch das Räbzälg-Quartier hinab nach **Seftigen** ❸.

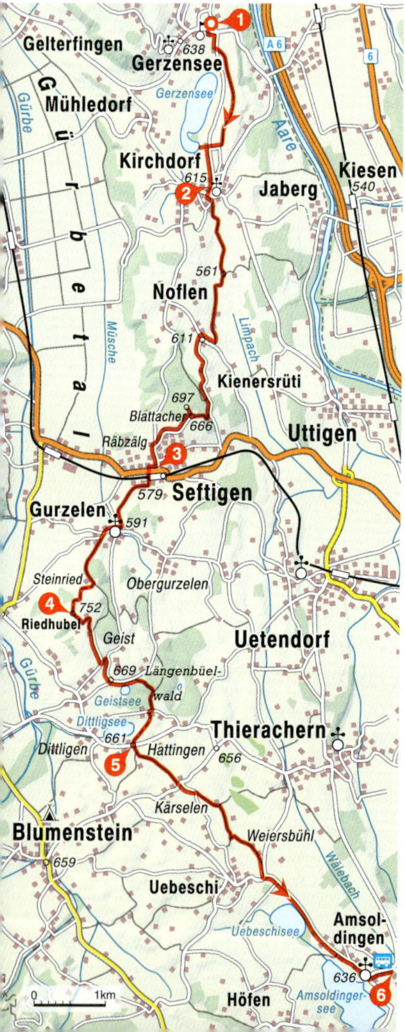

Westlich am Bahnhof durch und auf der Wanderroute Richtung Wattenwil nach Gurzelen (P. 591), an Friedhof, Kirche und Schule vorbei. Kurz danach zieht die Wanderroute auf einem Teersträßchen westwärts. Wir folgen jedoch unmarkiert einem Sträßchen südwärts nach Steinried, zuerst übers Feld, dann steiler im

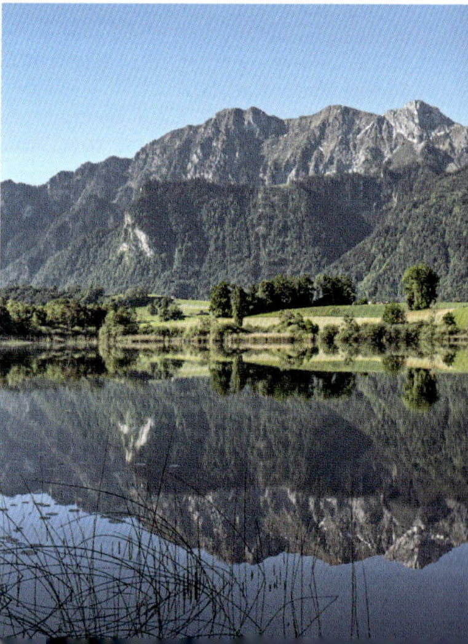

Wald. Beim Bauerngut zweigen wir rechts ab, am Miststock vorbei, und nehmen einen Feldweg, dessen Spurrinnen betoniert sind. Er führt gegen den Riedhubel hinauf und verliert sich in seinem Nordhang. Über Gras hinauf zu einer Waldhecke, nach rechts und ein paar Meter durch den dichten Wald bergauf. Auf einem Feldweg, vorbei an einer Bank, hinauf auf den flachen **Riedhubel** ❹: schöne Aussicht auf die Stockhorn-Kette und auf das Hügelland zwischen ihr und Thun, durch das wir wandern werden.
Auf dem Weg, dann auf dem Sträßchen nach Fischacher und in eine Talmulde hinab. Nach 500 m hinauf aufs Sträßchen des Weilers Geist; hier kommen wir auf die Wanderroute von Gurzelen nach Amsoldingen. Hinab zu einer Straßenkreuzung (P. 669); nach links und oberhalb des Geistsees (knapp 1 ha) vorbei – viel näher kommt man gar nicht richtig heran (Sumpf, Bäume und Zäune), wir begnügen uns also mit ein paar Blicken. Die Wanderroute quert den Längenbüelwald und einen Hügel zum Gasthof Grizzlybär in **Hattingen** ❺ oberhalb des Dittligsees (6 ha); von der Restaurantterrasse lässt er sich gut überblicken.
Weiter auf der Wanderroute südostwärts auf Sträßchen und Wegen in leichtem Auf und Ab über Kärselen, Subel und Weiersbühl bei Uebeschi bis auf den Moränenhügel (P. 647) am Nordostufer des **Uebeschisees** (14 ha); Bademöglichkeit bei einem Holzsteg. Dann ist es nicht mehr weit bis **Amsoldingen** ❻; der Amsoldingersee (38 ha) kann nicht besucht werden (Privatgelände bzw. Naturschutzgebiet), wohl aber die Kirche, eine um das Jahr 1000 erbaute romanische, querschifflose Pfeilerbasilika. Die **Bushaltestelle** befindet sich bei der Kirche.

Die Stockhorn-Kette doppelt: Frühsommer am Uebeschisee.

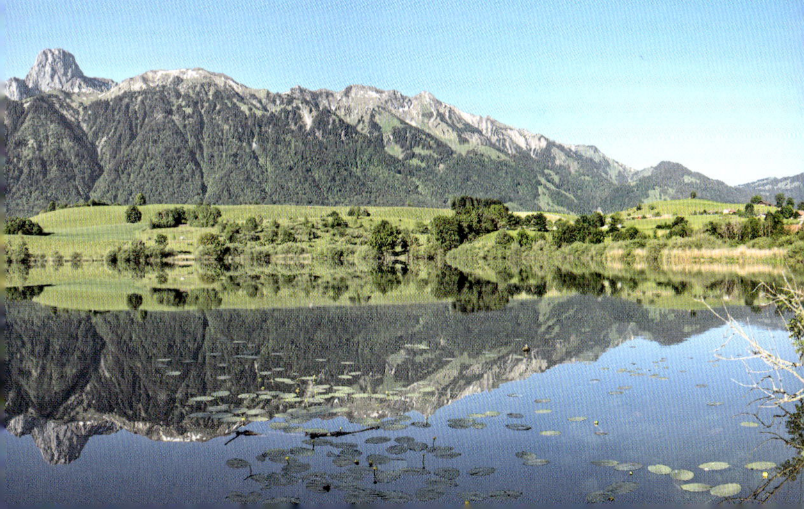

↗ 130 m | ↘ 1120 m | 12.4 km

28 Von der Gürbequelle nach Wattenwil

4.00 h

Ein wilder Bach

Eben war die Gürbe noch ein Bächlein, das einer bescheidenen Quelle im Talkessel zwischen Gantrisch und Nünenen entspringt. Und nun bildet sie schon einen eindrücklichen Wasserfall, um kurz darauf wieder ganz im Untergrund zu versickern. Kurz nach der Einmündung des obersten Seitenbaches treffen wir auf die erste massige Sperre. 60 weitere folgen bis hinunter zum großen Schwemmfächer, wo ein Geschiebesammler steht, gut 1000 Höhenmeter und sieben Kilometer unterhalb der Quelle. Die Gürbe muss auf ihrem Oberlauf ungeheure Kräfte entwickelt haben, dass sie dermaßen verbaut werden musste. Wer einen Wildbach hautnah kennenlernen will, sollte diese Wanderung machen.

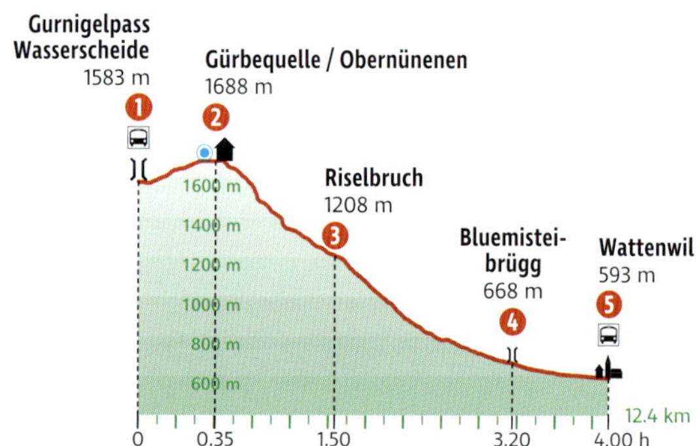

Ausgangspunkt: Gurnigelpass, Wasserscheide, 1583 m; Postauto Thurnen–Riggisberg–Gurnigel–Schwefelbergbad–Sangernboden–Plaffeien–Schwarzenburg. Thurnen liegt an der S-Bahn Bern–Belp–Seftigen–Thun.
Endpunkt: Wattenwil, 593 m; Busverbindung nach Seftigen, Thun und Riggisberg.
Anforderungen: Gute Trittsicherheit und Orientierungssinn nötig. Wege, wenn vorhanden, nur teilweise markiert. Lange Hosen und Stöcke empfehlenswert. Nicht bei Hochwasser oder Gewitter. T4.

Einkehr: Alphütte Obernünenen (geöffnet, solange die Kühe weiden).
Variante: Den markierten Wanderwegen folgen: Von der Wasserscheide hinüber zum Gürbefall und auf breiten Wegen abseits der Gürbe zu P. 1208 m 3, wo unsere Hauptroute einmündet; Schwierigkeit »rot«.
Hinweis: Bei militärischen Schießübungen ist der erste Abschnitt zwischen Gürbequelle und -fall nicht begehbar.
Karte: 253 T Gantrisch; 1206 Guggisberg, 1207 Thun.
Kombinationsmöglichkeit: Mit den Touren 29, 35.

Von der Postautohaltestelle **Wasserscheide** ❶ auf der Passstraße 150 m nach Südosten, dann links auf der Straße hinauf zum oberen Parkplatz. Auf dem Fahrweg (und der Wanderroute) entlang des Nünenenbergs bis zur Dammbrücke über die Gürbe. Hier folgt man dem Bächlein aufwärts bis zur **Gürbequelle** ❷; sie liegt am Südostrand eines Tümpels, etwa 10 Höhenmeter und gut 100 m westlich unterhalb der **Alp Obernünenen** (P. 1688). Hinauf zur Alp und auf dem Fahrweg zurück zur Dammbrücke. Nun weglos entlang des Gürbebächleins

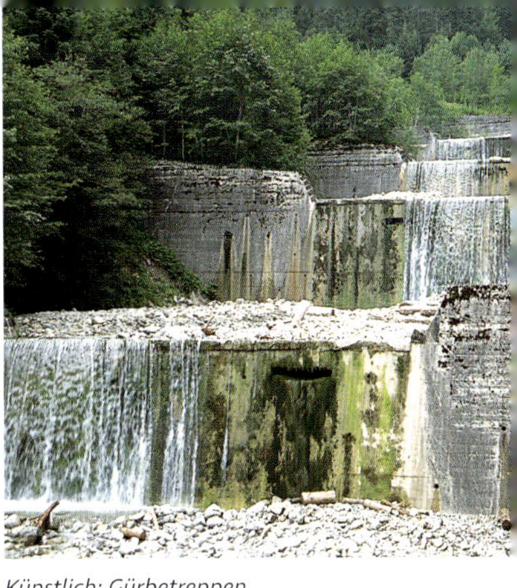

Künstlich: Gürbetreppen.

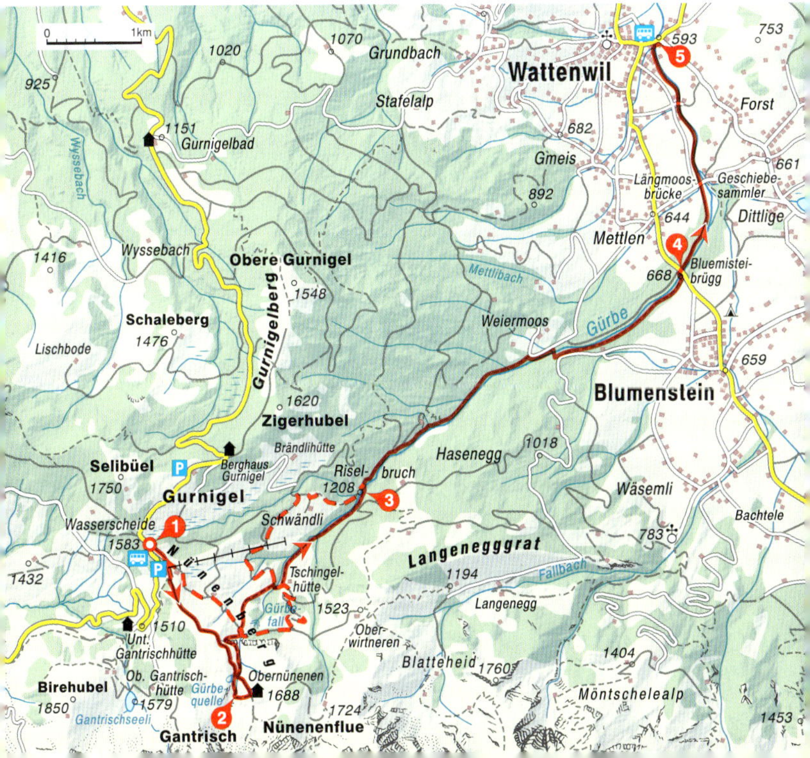

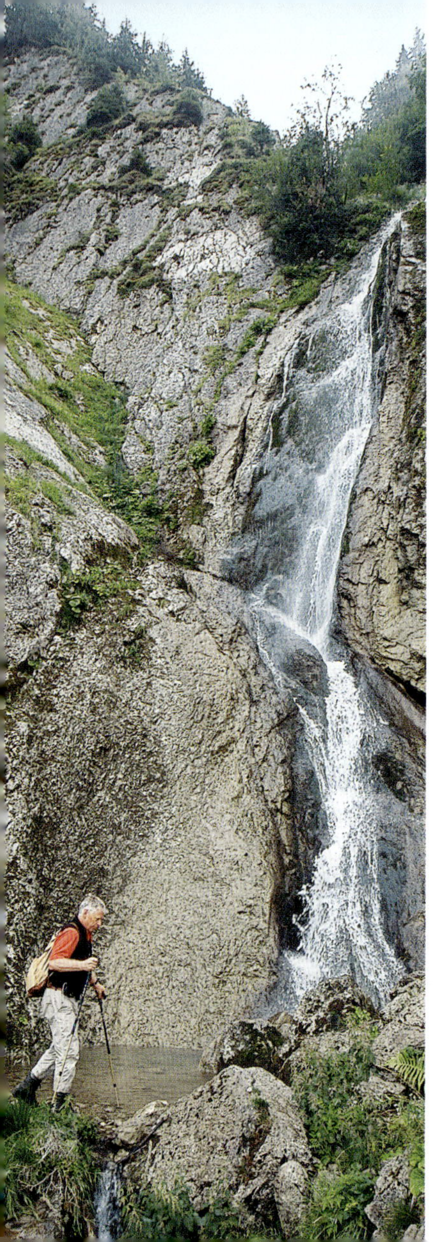

auf dem linken Ufer bis zur Steilstufe der Tschingelflue. Hier nach links am Weidezaun entlang zuerst aufwärts und schließlich steil hinab, immer auf der Weide. Nach rechts zum erstaunlich eindrucksvollen **Gürbefall**.

Links vom Wasser zu einem Fahrweg beim Bös Tritt. Links oberhalb des tief eingeschnittenen Gürbegrabens über Weideland, am Waldrand entlang. In der Tiefe, in ziemlich unwegsamem und dicht bewaldetem Gelände, versickert die Gürbe im Tuffgestein, gurgelt aber schon bald wieder an der Oberfläche. Am bequemsten ist es, wenn man immer über das Weidegelände abwärtsgeht, durch einen Seitengraben hindurch (unterhalb P. 1435), bis hinab auf einen Fahrweg, wo man sich rechts hält, die Gürbe überschreitet und zur **Tschingelhütte**, ca. 1370 m, kommt.

Nordwärts über Weideland abwärts, dann durch Wald zum Zusammenfluss (P. 1277) der Gürbe mit dem mindestens ebenso großen Bach, der vom Gustiberg-Kessel herkommt. Wenig unterhalb davon befinden sich die Überreste der obersten Verbauung. Man folgt dem flachen Bachbett mal am linken, mal am rechten Ufer, meistens über Steine, dann auch wieder ins Gebüsch ausweichend, bei einer niedergegangenen Mure über umgestürzte Tannen kletternd. Nach rund 600 m erreicht man am linken Ufer bei **Riselbruch** 3 den Wanderweg (bei

Natürlich: Gürbefall.

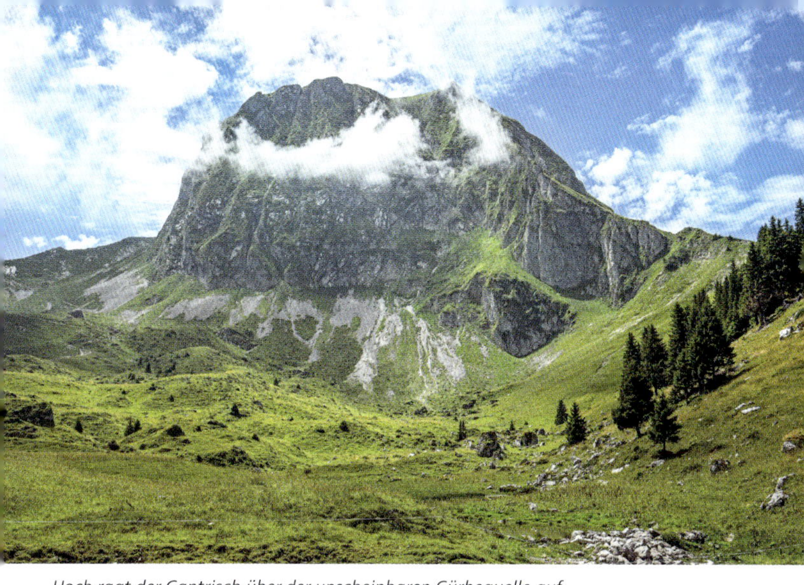

Hoch ragt der Gantrisch über der unscheinbaren Gürbequelle auf.

P. 1208, wo ein weiterer Seitenbach einmündet; vgl. Variante). Nun folgt man dem schmalen Weg, der zu Beginn mit ein paar Serpentinen ansteigt, während rechter Hand die Gürbe über Betonsperren fällt. Man gelangt zu einer Stelle, wo 2006 die Betonsperren ausgebessert wurden. Hier nimmt der Wanderweg die Zufahrtsstraße, aber viel schöner und spannender ist es, dem **Uferpfad** zu folgen, der überwachsen ist, doch begehbar bleibt. Auch dort, wo ein Schild »gesperrter Weg« sichtbar ist, bleiben wir auf dem nicht mehr unterhaltenen Uferpfad; ebenfalls weiter unten, wo ihn die Wanderroute erneut nicht mehr benutzt. Unterhalb von im Jahr 2006 erstellten Sperren folgt die Wanderroute wiederum dem Zufahrtssträßchen; wir steigen jedoch rechter Hand bei einem **Grillplatz** vorbei zur Gürbe ab, überqueren sie und gelangen am anderen Ufer nach kurzem Aufstieg auf einen Waldpfad. Auf ihm abwärts. Wo wir ein Teersträßchen erreichen, bleiben wir auf dem Dammweg, wechseln aber schon bald nach links auf den Weg unterhalb davon, um näher beim Wildbach und seinen Sperren zu wandern. Bei der **Bluemisteibrügg** 4 wechseln wir wieder ans andere Ufer. Auf dem Wanderweg durch Auenwald, ziemlich abseits der Gürbe; wer will, stolpert über den breiten Schwemmfächer (beliebt als Picknickplätze) und kommt so zum modernen Geschiebesammler (eingerammte Stahlrohre); auch vom Wanderweg lohnt sich der Abstecher zu dieser beeindruckenden Wildbachverbauung. Man gelangt zur gedeckten Längmoosbrücke und spaziert auf dem Gürbeweg (und Naturlehrpfad) nach **Wattenwil** 5.

TOP

29 Gantrisch-Panoramaweg, 1750 m

↗ 930 m | ↘ 420 m | 14.0 km

5.00 h

Auf Graten am Rande der Voralpen

Der Bergkamm, über welchen der Gantrisch-Panoramaweg verläuft, bietet – wie der Name schon verrät – fast nonstop ein Panorama auf die über 2000 m hohe Kaiseregg-Gantrisch-Kette im Süden sowie das hügelige Schwarzenburgerland und das Berner Mittelland im Norden. Der vollständige Gantrisch-Panoramaweg startet eigentlich in Zollhaus und geht vom Berghaus Gurnigel noch weiter bis Gurnigel Bad. Da das mit rund 7.30 Stunden ein ordentliches Tagesprogramm bedeutet, stellen wir eine etwas kürzere Variante ausgehend von Riffenmatt bis zum Berghaus Gurnigel vor. Wer möchte, kann natürlich das Wanderpensum immer noch beliebig erhöhen. 2011 wurde übrigens der Naturpark Gantrisch realisiert, in dessen Perimeter die Touren 28–31 und 34–38 liegen. Die Berner nennen den eindrucksvollen Klotz des Gantrisch sowie das Gebiet liebevoll »Gäntu«.

Leider aktuell geschlossen: das Gasthaus Panoramabeizli bei Süftenen.

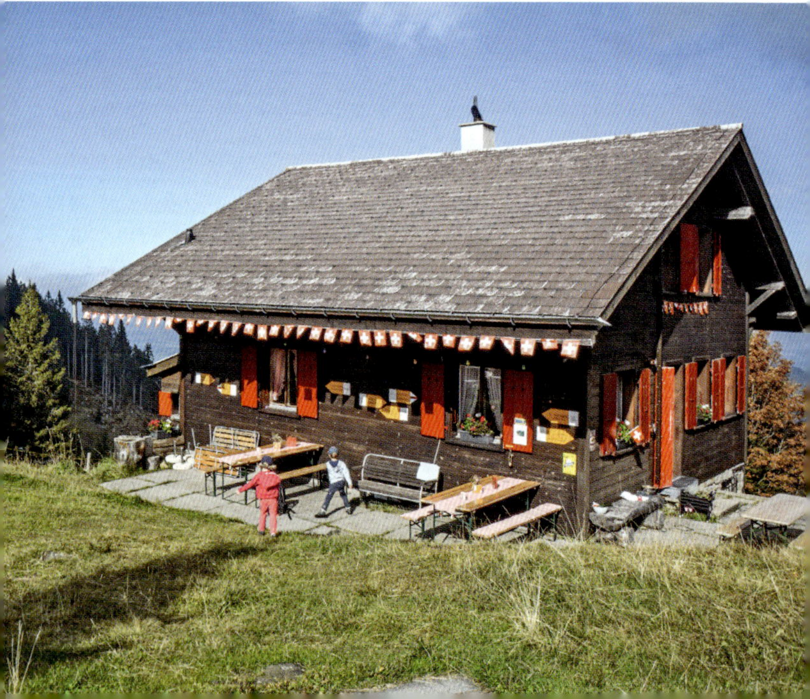

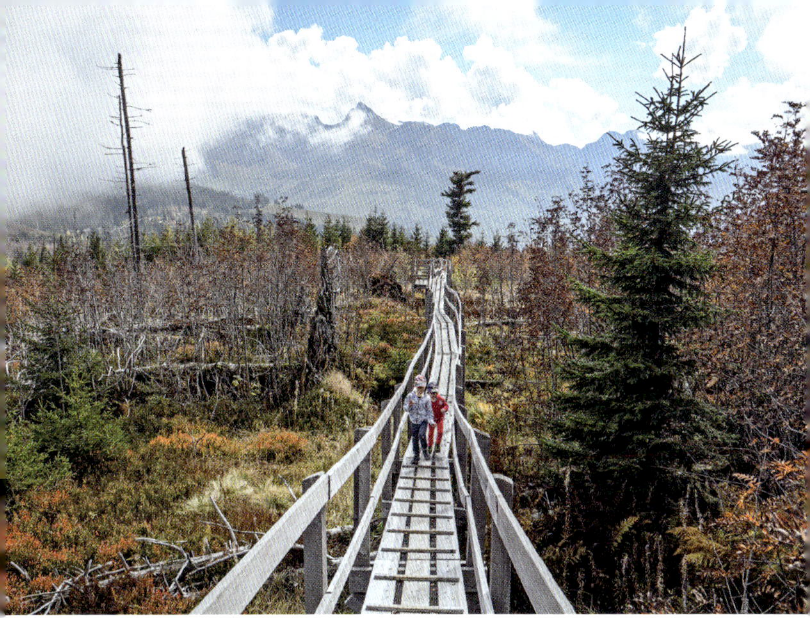

Durch Lothars Totholz: der Gäggersteg.

Ausgangspunkt: Riffenmatt, Haltestelle Kreuzung, 1083 m; Postauto von Schwarzenburg.
Endpunkt: Berghaus Gurnigel, 1594 m; Postauto über Riggisberg nach Thurnen; nur wenige Verbindungen.
Anforderungen: Lange Bergwanderung mit anfänglich viel Aufstieg, dann Höhenwanderung über mehrere Gipfel; T2. Gut markiert.
Einkehr/Unterkunft: In Riffenmatt: Gasthöfe Hirschen und Löwen. Berghütte Selital Schwarzenbüel, +41 31 735 57 70. Berghaus Selibühl, +41 79 120 40 16. Berghaus Gurnigel, +41 31 809 04 30. Mit Variante: Restaurant in Zollhaus. Hotel Gurnigelbad, +41 31 809 00 77 (montags geschlossen). Hotels in Ottenleuebad.
Variante: Kompletter Gantrisch-Panoramaweg: Statt von Riffenmatt steigt man ausgehend von Zollhaus, 871 m, über die Alphütte Underi Hällstett zum Horbüelpass auf (1 Std. extra). Vom Berghaus Gurnigel 7 lässt sich die Tour noch über den Oberen Gurnigel, 1547 m, bis zur Bushaltestelle Gurnigel Bad, 1150 m, fortsetzen (1.30 Std. extra). Die Karte unter www.gantrisch.ch/panoramaweg/ gibt einen guten Überblick über Verlauf, Einkehrpunkte und Bushaltestellen.
Tipps: 1. Am schönsten im Frühling, wenn die Obstbäume blühen, oder an einem milden Herbsttag, wenn noch ein Bad im Gerzen- oder Uebeschisee gewagt werden kann. Wird im Winter mit Schneeschuhen gemacht.
2. Internetseite www.gantrisch.ch: alle Informationen zum Gantrisch-Gebiet und zum Naturpark Gantrisch, der die ganze Region mit 28 Gemeinden zwischen Aaretal und Sensegraben, Ulmizberg bei Bern und Kaiseregg, 2185 m, umfasst.
Karte: 253 T Gantrisch; 1206 Guggisberg.
Kombinationsmöglichkeit: Mit den Touren 28, 37.

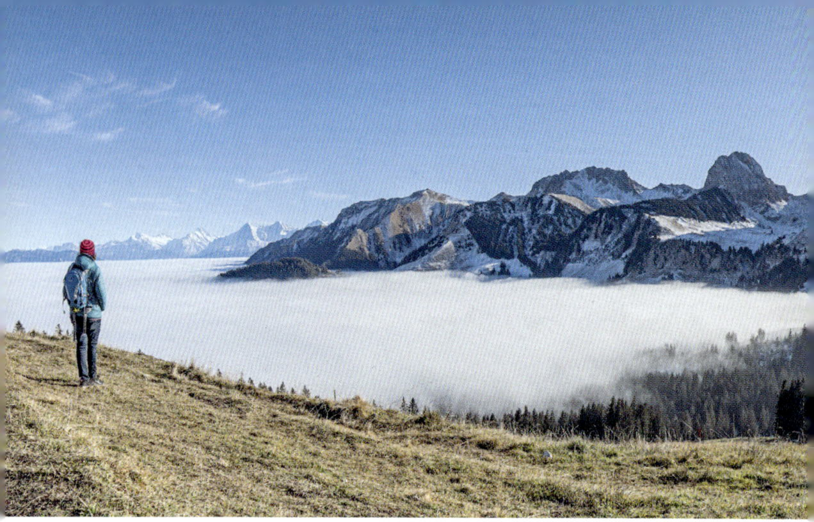

Bei Hochnebel besonders schön: Blick vom Gurnigel auf die Gantrischkette.

In **Riffenmatt** ❶ über den zentralen Dorfplatz und auf dem gelb markierten Wanderweg nach Südosten. Nach Schwandtenbuch trifft der Weg auf die Straße nach Schwarzenbühl. Entlang dieser bis zur zweiten Spitzkehre (P. 1205) und auf einem Pfad am Waldrand entlang bis Schwandtenbuchallmend. Rechts auf die Alpstraße bis Horbüel (P. 1324) und links haltend auf dem Wanderweg aufsteigen bis zum **Horbüelpass** ❷ und – an der Bergstation eines Skiliftes vorbei – auf die **Pfyffe** ❸, früher »Pfeife«. Der Sturm »Lothar« (1999) hat hier und noch mehr am benachbarten Gägger (P. 1635), zu dem wir mit einem Zwischenabstieg gelangen, arg gewütet. Gestützt auf den Regionalen Waldplan Gantrisch wurde im Frühling 2000 die Fläche am Gägger als Waldreservat von 12 ha ausgewiesen. Quer hindurch führt der hölzerne Gäggersteg, auf dem wir absteigen und beobachten, was rund um und mit den umgestürzten und liegen gelassenen Bäumen passiert.

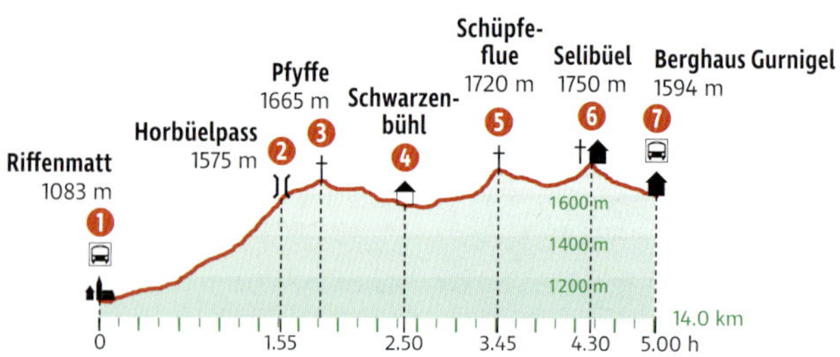

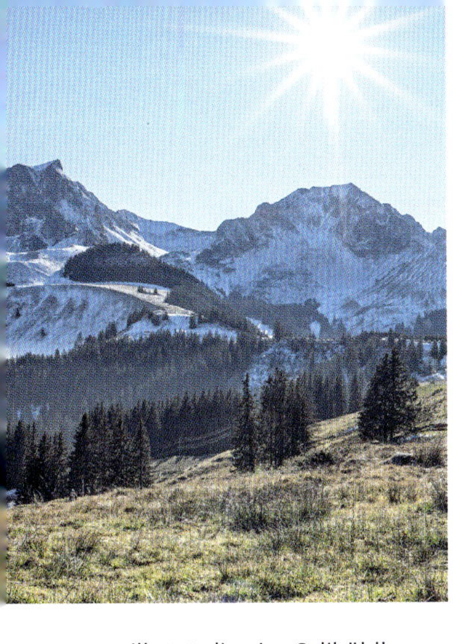

Wer will, kann vom Gägger auch auf dem Wanderweg absteigen. Nachdem sich beide Routen vereint haben, folgen wir dem Kamm hinab zur Schutzhütte bei der Süftenen-Kreuzung **Schwarzenbühl** 4. Nach einem kurzen Stück auf der Straße überschreiten wir die Süftenenegg und steigen steil auf die **Schüpfeflue** 5 hinauf, die auf der Nordseite mit steilen Wänden abbricht.

Auf- und absteigend zum Ostgipfel (P. 1683), hinab in den Selibüelsattel (P. 1634) und gleich wieder hinauf auf den **Selibüel** 6, den höchsten Punkt dieser der Hauptkette mit Gantrisch vorgelagerten Kette; freie Sicht aufs Mittelland und die Alpen.

Wer die Brotzeit im Gasthaus tätigen will, tut dies im Selibühlhaus, ca. 1700 m, am Südhang, wo man im Abstieg direkt vorbeikommt. Gestärkt ziehen wir von dannen und schreiten oberhalb an einem Parkplatz vorbei über eine bewaldete Kuppe zum **Berghaus Gurnigel** 7, wo wir auf die höchste Wanderung dieses Führers anstoßen können!

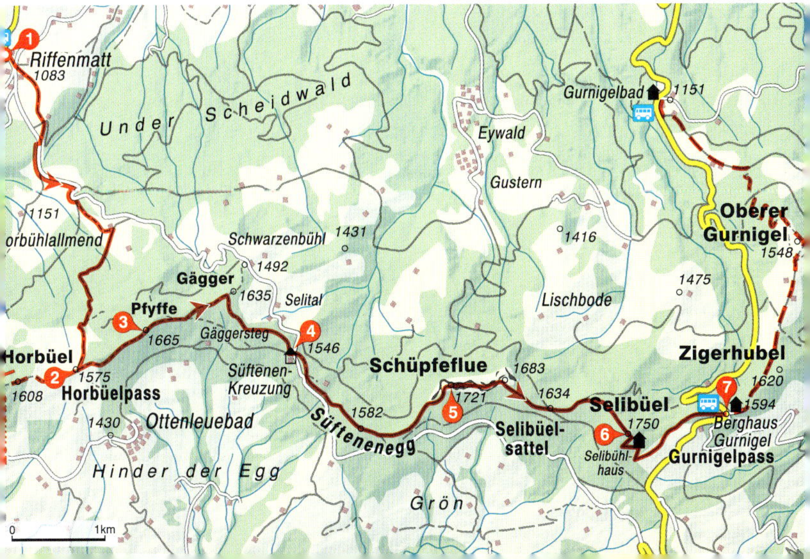

1 Riffenmatt 1083
Under Scheidwald
Gurnigelbad 1151
Eywald
Gustern
1151
orbühlallmend
Schwarzenbühl 1431
1492
1416
Oberer Gurnigel 1548
Gägger 1635
Selital
1475
Lischbode
Pfyffe 3
1665
Gäggersteg
4 1546
Horbüel
2 1575
1608
Horbüelpass
Süftenen-Kreuzung
Schüpfeflue
1683
5 1721
1634
Zigerhubel
1620
7 1594
Selibüel
1750
6
1582
Süftenenegg
1430
Ottenleuebad
Selibüel-sattel
Selibühl-haus
Berghaus Gurnigel
Gurnigelpass
Hinder der Egg
Grön
0 1km

↗ 480 m | ↘ 470 m | 10.6 km

30 Überschreitung Belpberg, 892 m

3.30 h

Eine Nordwand und prächtige Aussichten aufs Oberland

Der Belpberg, das ist der Hügel zwischen Gürbe und Aare südlich von Bern, gletschergeformt, oben eher flach, mit ziemlich steilen, von ein paar Sandstein- und Nagelfluhbänken verzierten Flanken fast ringsum. Die gut 1 km breite und 200 m hohe Nordwestflanke dominiert das Dorf Belp – fast so, wie die Eigernordwand Grindelwald ... Natürlich nicht. Aber immerhin scheint der Name »Belp« aus dem galloromanischen »Balbia« zu stammen, was Steilhang bedeutet. Start- und Endpunkt liegen im zwischen Längenberg und Belpberg eingebetteten Gürbetal. Dieses ist bekannt als Anbaugebiet für Weisskabis, aus dem Sauerkraut gemacht wird, und wird im Volksmund auch »Chabisland« genannt. Wir lassen den Kabis weit unter uns und überschreiten den Belpberg in Richtung Süden, sodass wir das Panorama der Berner Alpen stets vor uns liegen haben.

Ausgangspunkt: Belp, 523 m; an der S-Bahn Bern–Thun.
Endpunkt: Kaufdorf, 533 m; an der S-Bahn Bern–Thun.
Anforderungen: Gelb markierte Wege. T2.
Einkehr: In Belp und Kaufdorf, unterwegs am Belpberg.
Variante: Wo der Wanderweg nach links zur Ruine Hohburg abbiegt, kann man sich auch rechts halten, auf einem Forststräßchen um die nächste Rippe herum, ca. 660 m, und etwas südlich der Rippe auf einer kaum sichtbaren Pfadspur aufsteigen. Über eine »Erdwand« und weiter der Rippe folgen bis auf den Waldrandweg, der vom Hof Hohburg 2 kommt. T4.
Tipp: Ortsmuseum Belp im Käfigturm, offen von Mitte Mai bis Ende Oktober am Samstag von 10–16 Uhr. Besonders sehenswert: Sammlung Erwin Blank mit Versteinerungen vom Belpberg aus der Molassezeit: 72 Muschel-, 50 Schneckenarten sowie zahlreiche Haifischzähne.
Karte: 243 T Bern; 2502 Bern und Umgebung.
Kombinationsmöglichkeit: Mit Tour 31.

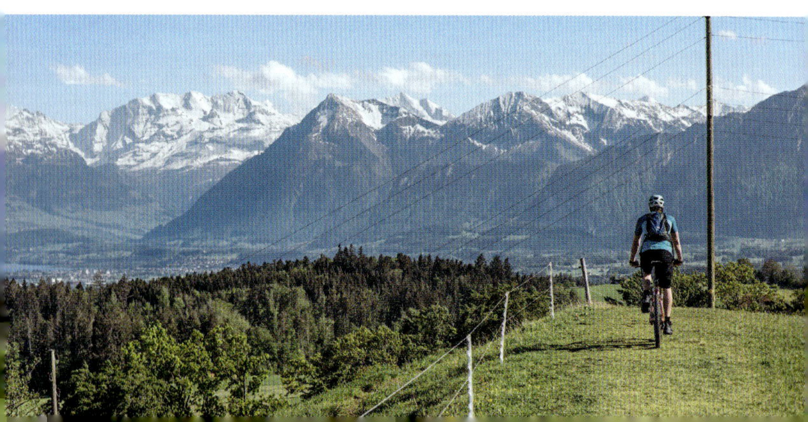

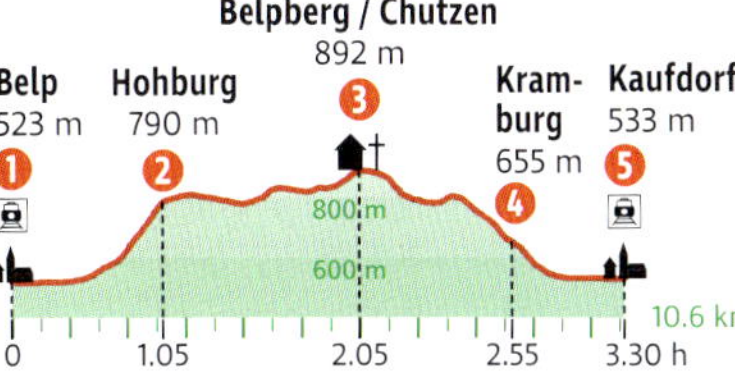

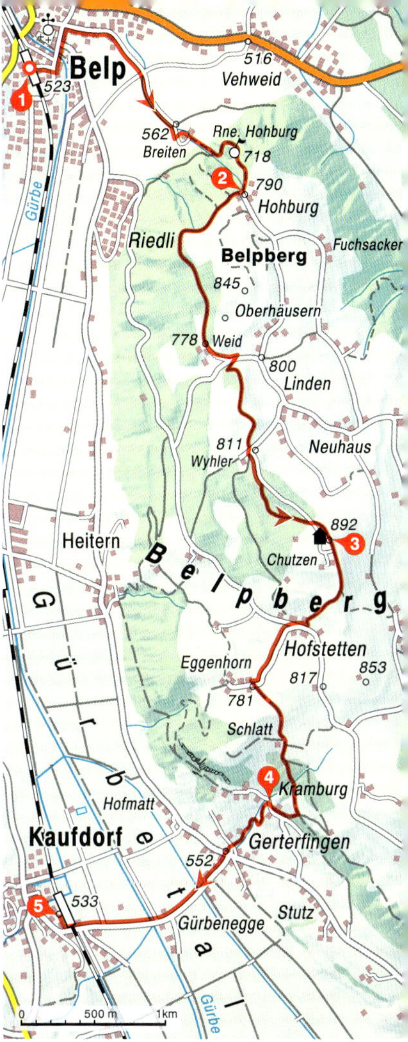

Vom Bahnhof **Belp** ❶ auf der Wanderroute durchs Dorf hindurch und hinauf zum Bauernhof Breite, ca. 580 m, am Fuß der bewaldeten Nordwestflanke. Auf dem Wanderweg hinein in den Wald – anfangs durch einem von Bärlauch bedeckten Waldboden – und steil über viele Holzstufen vorbei an der **Burgruine Hohburg** (P. 718), bis der Wald beim Hof **Hohburg** ❷ verlassen wird. Beim Hof direkt rechts am Waldrand entlang bis nach Weid (P. 778). Die Wanderroute führt weiter südwärts meist über den Gratrücken, an Weidli (P. 811) vorbei, bis zum höchsten Punkt des **Belpbergs**, dem **Chutzen** ❸.

Auf dem Kammweg weiter und hinab zum Weiler Hofstetten. Auf der Fahrstraße nach Eggenhorn (P. 781), wo man scharf links abzweigt in Richtung Kaufdorf. Über Schlatt geht es auf einer Forststraße abwärts. Nach Verlassen des Waldes nicht den Abzweig nach rechts verpassen, der nach **Kramburg** ❹ führt. Vor dem namenlosen Bach links abzweigen und entlang des Baches auf einem schönen Wanderweg – so wie auch zu Beginn der Wanderung gesäumt von viel Bärlauch – bis nach Gelterfingen (P. 552). Geradeaus, bei Gürbenegge über die Gürbe und weiter bis zum Bahnhof **Kaufdorf** ❺.

Zu Fuß oder mit 2 Rädern: Schön ist der Abstieg vom Chutzen.

↗ 700 m | ↘ 720 m | 18.2 km

31 Gürbetaler Höhenweg

5.30 h

Der sonnige Weg am langen Berg

Der im Jahre 2005 eröffnete Gürbetaler Höhenweg erfreut sich großer Beliebtheit. Über die vom Gletscher abgehobelten Terrassen des Längenbergs geht es durch Feld, Wald und Hecken, vorbei an gepflegten Bauerngütern und Landsitzen, hoch über dem Gürbetal den Berner Hochalpen entgegen, die im Herbst weiß hinter den rot-gelben Blättern leuchten. Das einzige, was noch fehlt, sind ein paar sonnige Wirtshäuser. Man kann sich aber auch aus dem Rucksack verpflegen, denn überall verlocken Holzbänke zum Rasten – und Schauen.

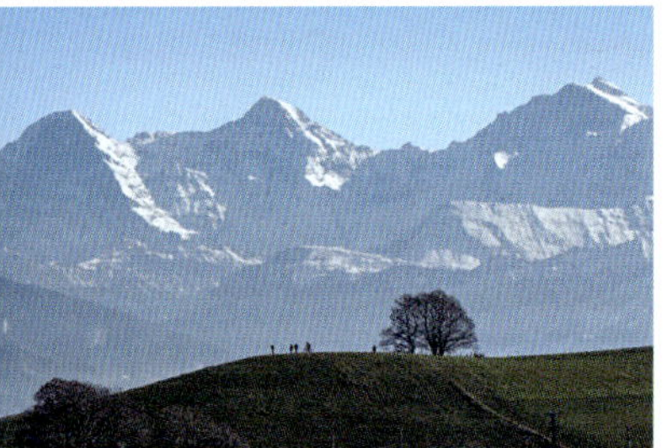

Ausgangspunkt: Kehrsatz, 569 m; an der S-Bahn Bern–Belp–Thun.
Endpunkt: Mühlethurnen, 549 m; an der gleichen S-Bahn.
Anforderungen: Lang und leicht. Gut und gelb markiert. T1, kurze Passagen T2.
Einkehr: In Mühlethurnen. In der Variante: Gschneit Restaurant Sternen und Restaurant Bütschelegg; vgl. Tour 34.
Varianten: 1. Der gesamte Gürbetaler Höhenweg geht noch weiter bis nach Wattenwil, dann müssen aber insgesamt rund 27 km unter die Füße genommen werden. Der zweite, südliche Abschnitt beginnt beim Aussichtspunkt, 791 m, zwischen Unterholz und Abegg-Stiftung und geht über Riggisberg, Weier, Burgistein und Grundbach nach Wattenwil; 9 km und 2.45 Std. – ein Großteil davon deckt sich mit einem Abschnitt des Jakobsweges in Tour 35.
2. Bei Oberfeld kann man den Gürbetaler Höhenweg verlassen und zur Bütschelegg (vgl. Tour 34) aufsteigen und von dort nach Bütschel (Bushaltestelle, ca. 1.15 Std. kürzer) oder noch nach Mühleturnen absteigen (ca. 40 Min. länger).
Tipps: 1. Am schönsten im Frühling und Herbst. – 2. Abegg-Stiftung mit einzigartiger Textilsammlung, Ende April bis Anfang Nov.; www.abegg-stiftung.ch.
Karte: 243 T Bern; 1187 Münsingen. Auf der Internetseite www.guerbetaler-hoehenweg.com ist ein guter Flyer inkl. Kartenausschnitt erhältlich.
Kombinationsmöglichkeit: Mit den Touren 30, 32, 34.

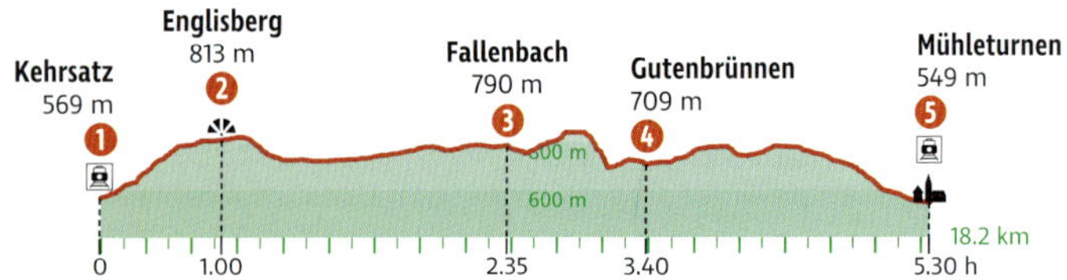

Vom Bahnhof **Kehrsatz** ❶ südwestwärts über Gleise und Umfahrungsstraße. Südwärts ansteigen, auf der Zimmerwaldstraße, durch Wohngebiet, wieder auf der Straße und dann schön im Wald. Hinauf zum Altersheim Kühlewil, hinüber nach **Englisberg** ❷. Bergauf zu einer Anhöhe, ca. 830 m, und hinab auf die Geländeterrasse auf der Gürbetalseite des Längenbergs, auf welcher der Höhenweg größtenteils verläuft. Eine Landstraße queren und mehrheitlich im Wald zum **Teufelsstein**, einem mächtigen erratischen Block, auch **Tüfelsburdi** genannt. Ohne großes Auf und Ab geht es über Hofmatt, Gruebe und Rossweid bis zum schön erhaltenen Weiler **Fallenbach** ❸.
Hinab gegen Obertoffen und wieder hinauf gegen Oberfeld (P. 850). Nun geht es bald steil abwärts auf dem 2019 (nach einem Felssturz im Bereich der Sandsteinflühe) neu angelegten Wanderweg durch den Wald – gesäumt von viel Bärlauch – nach **Gutenbrünnen** ❹. Weiter südwärts nach Weid, rechts abzweigen und hinauf zur Wegkreuzung Weiermatt (P. 782). Auf der Straße oberhalb des Schlosses Rümligen weiter, das künstliche Bächlein für den Schlossgarten queren und bei der dritten Gabelung rechts, ca. 744 m.
Der letzte sanfte Aufstieg führt zu einem Aussichtspunkt (P. 791) bei Unterholz. In einer Wegschleife hinab zu Stiftung und **Villa Abegg** (P. 762). Rechts daran vorbei, hinab zur Straße nach Riggisberg, durchs Areal einer Sägerei und zum Mülibach. An ihm entlang, an einer Mühle und lauschigen Plätzen vorbei und durchs Dorf zum Bahnhof **Mühlethurnen** ❺.

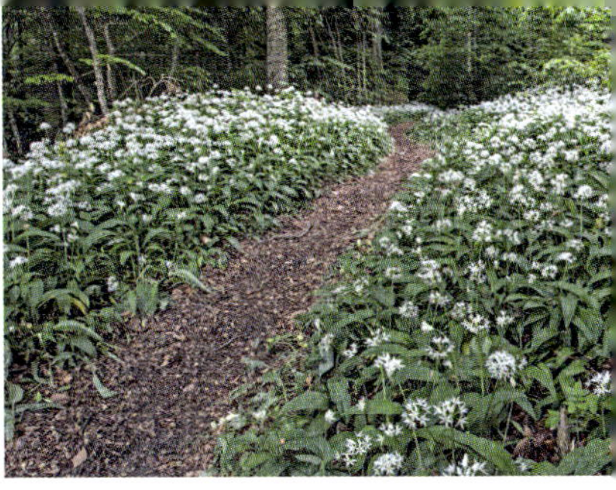

Im Mai am Wegesrand: viel Bärlauch.

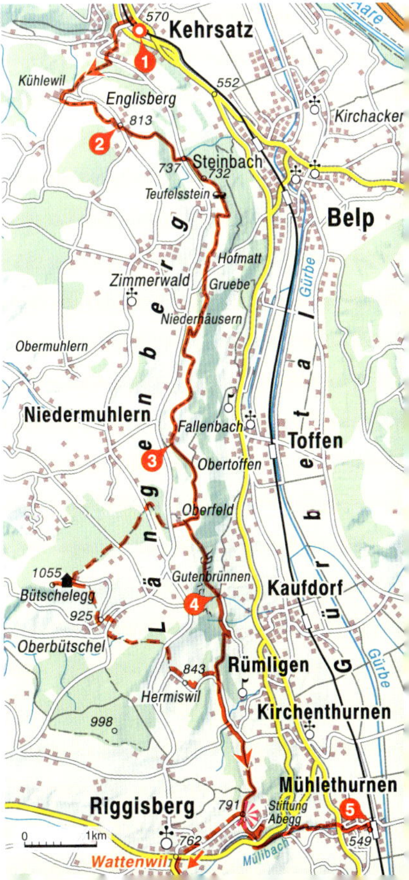

↗ 570 m | ↘ 850 m | 16.1 km

32 Lisiberg, 973 m – Ulmizberg, 937 m – Gurten, 858 m

4.30 h

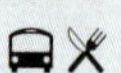

Mit der Welt verbunden

Die Wanderung über drei Berge südlich von Bern, von der Kirche Zimmerwald zur Kirche Köniz, bietet nicht nur beste Aussichten auf Stadt und Land – wie zum Beispiel das Panorama vom Aussichtsturm auf dem Westgipfel des Gurten, das sich bis nach Frankreich erstreckt – sondern wartet auch mit anderen interessanten Gegebenheiten auf: In Zimmerwald liegt seit 1992 der Fundamentalpunkt der schweizerischen Landesvermessung, der gleichzeitig mit den globalen Bezugssystemen verknüpft ist. Zimmerwald hat aber auch sonst eine weltweite Ausstrahlung: Vom 5. bis 8. September 1915 fand im Hotel »Beau Séjour« im verschlafenen Bauerndorf eine geheime internationale sozialistische Konferenz statt – ein Denkmal oder auch nur eine Inschrift zur Erinnerung an die Zimmerwalder Konferenz mit den berühmten Teilnehmern Lenin und Trotzki findet man allerdings nicht. Für viele Leute ist der Gurten aus musikalischen Gründen ein wichtiger Punkt im Leben: Im Juli findet jeweils das internationale Gurtenfestival statt.

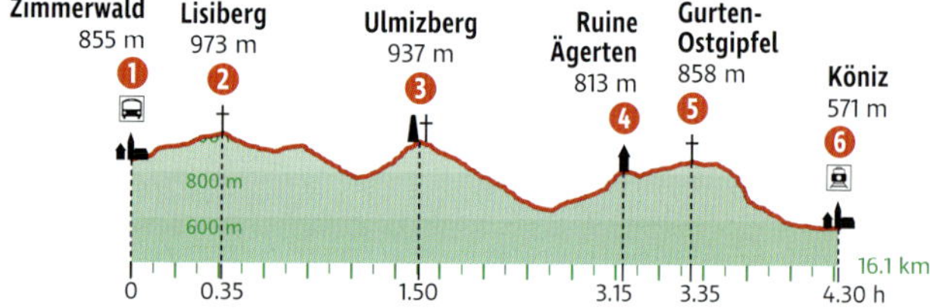

Ausgangspunkt: Zimmerwald, Haltestelle Kirche, 855 m; Bahn und Bus von Bern, umsteigen in Kehrsatz.
Endpunkt: Bahnhof Köniz, 571 m.
Anforderungen: Etwas Kondition und Orientierungssinn. Nur teilweise markierte Wege (zwischen Ulmizberg und Gurten gibt es erstaunlicherweise keinen direkten markierten Wanderweg). T1, mit Abschnitten T2 (Ruine Ägerten und vor allem der Westrücken des Gurten).
Einkehr: In Zimmerwald: Löwen, +41 31 819 19 72. In Köniz: Sternen, +41 31 978 14 14. Auf dem Gurten: vgl. Tour 1.
Variante: Vom Gurten mit der Bahn hinab (ca. 40 Min. weniger Wanderzeit).
Tipp: Im Winter tummeln sich Schlittler und Skifahrer, auch dank eines Mini-Skiliftes, auf dem Gurten. Die Strecke Hubel–Gurten ist die zweite Hälfte der Skiüberschreitung des Längenbergs, ohne Abstecher zur Ruine Ägerten allerdings. Zum Hubel gelangt man so: Oberbütschel–Bütschelegg–Bungerten–Riedhubel–Hinders Ried–Tschuggen– Gassershus–Dürsgraben. Und vom Ostgipfel des Gurten kurvt man nach Wabern hinunter; insg. gut 1100 m Aufstieg, knapp 1500 m Abfahrt. Wer die Tour verlängern will, traversiert noch die Rüeggisberg Egg von Rüeggisberg nach Niederbütschel.
Karte: 243 T Bern; 2502 Bern und Umgebung.
Kombinationsmöglichkeit: Touren 1, 31.

Von der **Haltestelle Kirche** südlich von **Zimmerwald** ❶ kurz nordwärts auf der Straße Richtung Dorf Zimmerwald, dann westwärts auf der Wanderroute an Observatorium/Geostation Zimmerwald, 897 m, im Waldhof vorbei. Auf Wegen und Sträßchen, durch Feld und Wald, auf den **Lisiberg** ❷, die letzten Meter abseits des Wanderweges zu den beiden Gipfelbänken und zur Feuerstelle. Der Blick auf die Alpen ist etwas eingeschränkt.
Zurück auf den Wanderweg durch den Chüliwilwald und nordwärts zu einer Kreuzung von Sträßchen (P. 887). Hinauf in den Weiler Egg und flach in den weiten Moosgraben-Sattel (P. 917) zwischen Hubel und Zingghöch. Gipfelstürmer gelangen von hier noch auf dem Wanderweg auf die **Zingghöch** (P. 921) oder weglos ostwärts auf den **Hubel** (P. 945), was allerdings nur möglich ist, wenn die Felder abgeerntet sind.
Vom weiten Sattel auf dem Wanderweg über Wiesen nordwärts hinab zum Einzelhof Witscheren. Hier verlässt man den Wanderweg und geht rechts vom Stall auf einem Feldweg bergab. Er kurvt, teilweise im Wald, hinab zum Weiler **Niederulmiz** (P. 775). Durch die Siedlung hindurch und nach links. Auf einem Fahrweg in den Wald hinein; bei den beiden folgenden Verzweigungen jeweils rechts. Am Ende des Fahrweges nach links durch einen Hohlweg bergauf zu einer Wegspinne, wo man wieder auf den Wanderweg stößt. Weiter in der gleichen Richtung empor auf den Südwestgrat

Nur Laufen ist schöner als Wandern: herbstlich unterwegs beim Gurten-Ostgipfel.

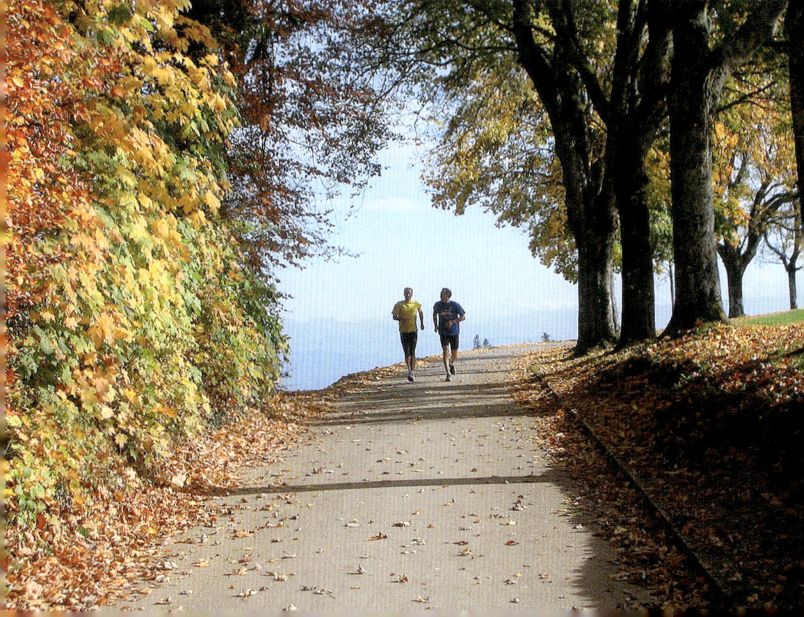

des **Ulmizbergs** ❸ und hinauf zum Turm; Besucherplattform in der unteren Hälfte des Richtstrahlturms.

Kurz über den Grat zurück, dann auf dem Wanderweg nach rechts und über den Nordgrat, mit zwei Treppen, auf einen Fahrweg, ca. 780 m, absteigen. Hier verlässt man die gelb markierte Wanderroute; rechts ostwärts bis vor den Bachgraben, scharf nach links und weiter auf dem Fahrweg hinab ins Köniztal, am Hof Tal vorbei und auf das Sträßchen (P. 628). Kurz dem Sträßchen ostwärts folgen, dann nach links an den Waldrand, geradeaus in den Wald hinein auf einen Wanderweg; nach rechts zur Forststraße. Diese überqueren und weiter zu einer zweiten Forststraße. Der Wanderweg

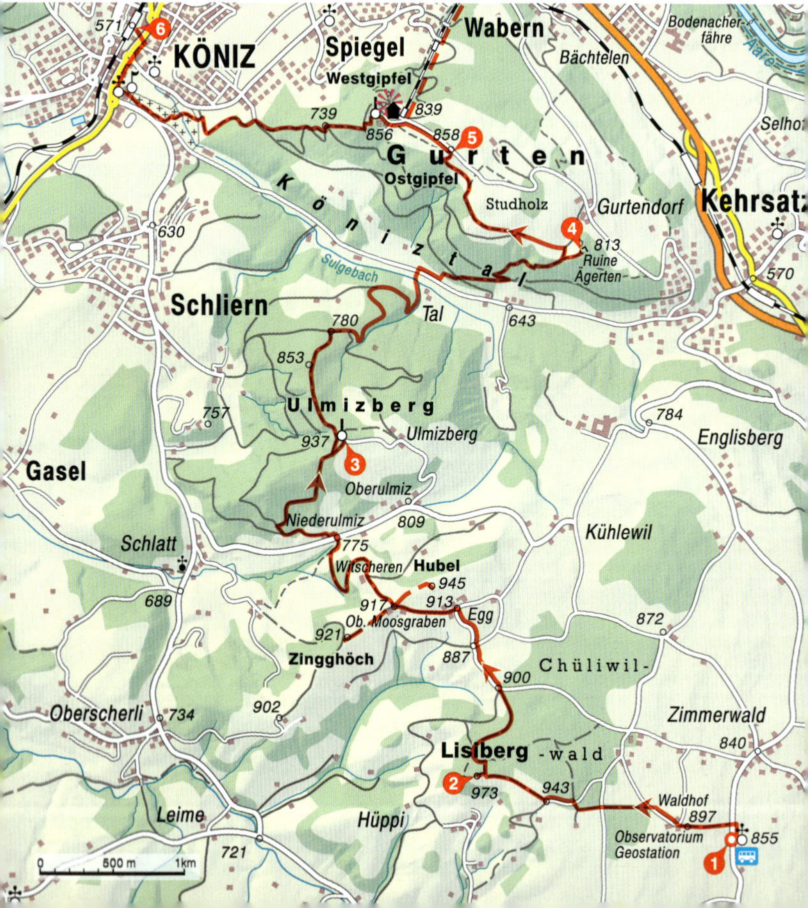

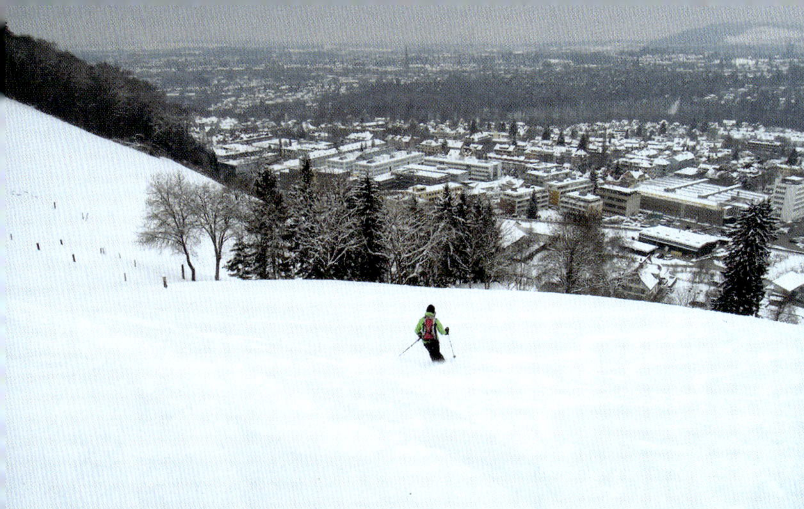

Oder Skifahren: Abfahrt von Gurten Ost nach Wabern, am Valentinstag 2013.

geht rechts, wir halten uns aber links und gleich wieder rechts und folgen einem Hangweg; kurz nach dem zweiten Bachgraben links die schmale Abzweigung nehmen und durch den ziemlich steilen Bergwald aufwärts an den Waldrand. An ihm entlang ostwärts auf den Hügel mit der **Ruine Ägerten** 4; Mauerreste sieht man nicht mehr, dafür aber die Erdwälle.
Entlang des Waldrands zurück, dann auf einem Feldweg rechts zur Wanderroute. Auf ihr schön über Felder und zuletzt über einen gepflasterten Weg zum Gipfelkreuz und Panoramatafel auf dem **Ostgipfel** des **Gurten** 5. Über die berühmte Gurtenmatte zum Spielplatz und hinauf zum **Westgipfel** des **Gurten** (P. 856) mit dem 25 m hohen Aussichtsturm und dem Restaurant bzw. Hotel.
Etwas südlich des Turms auf einem Treppenweg auf den Höhenweg hinab und nach links. Gleich wieder nach rechts auf einen Pfad, der in einen Schotterweg mündet. Nach links und bald wieder nach rechts in einen schmalen, in der Landeskarte nicht eingezeichneten Pfad, der über den Westrücken des Gurten führt, zuerst wenig geneigt, dann steil und in erdig-wurzeligem Zickzack. Rechts an einem Wasserreservoir vorbei und weiter auf schmalen Pfaden, die auch von Bikern benutzt werden. Einfach immer westwärts absteigen und schließlich auf einem auch auf der Landeskarte vorhandenen Weg im nördlichen **Chüeschatten-Wald** bis zu einem Schrebergarten. Auf einem Sträßchen an seiner oberen Begrenzung entlang, dann links durch einen schmalen Weg zum Friedhof hinab. Durch den ganzen Friedhof zum **Schlossareal** und zur Kirche von Köniz. Von der Nordseite der Kirche auf Treppen hinab zur Dorfstraße und auf ihr abwärts zum Bahnhof **Köniz** 6.

↗ 390 m | ↘ 300 m | 12.8 km

33 Liebefeld – Herzwil – Liebewil – Scherligraben

3.30 h

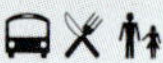

Könizer Waldrandtour

Diese Namen! Liebefeld, Liebewil, Herzwil, und dann Grabmatt. Dazwischen der Bursthoger – Hoger ist im Berndeutschen ein Hügel, ein (abgerundeter) Berg. Darauf könnte doch auch Burst hinweisen, wenn man die Buchstaben »u« und »r« vertauscht … Was ja dann bestens zu Liebe und Herz passt. Letzteres erfreut sich ganz bestimmt an den wunderbar sonnigen Waldrändern, an denen wir immer wieder entlangschlendern, und an den typischen Berner Bauernhöfen, die unter Denkmalschutz stehen. Ein trendiges Radgeschäft und eine schmucke Kirche liegen weiter an unserem Weg durch das hügelige Land zwischen zwei Bahnlinien in der großen Gemeinde Köniz.

Ausgangspunkt: Liebefeld, 563 m; an der S-Bahn Bern–Köniz–Niederscherli–Schwarzenburg. Oder mit dem Bus von Bern Richtung Köniz Weiermatt bis Haltestelle Neuhausplatz.
Endpunkt: Niederscherli, 657 m.
Anforderungen: Etwas Orientierungssinn nötig; Wege, wenn vorhanden, nur teilweise markiert. T1/T2.
Einkehr: In Liebefeld und Niederscherli. In Liebewil: Burrens Burehofmärit, www.burehofmaerit.ch; Käserei von Mo bis Sa 18–18.30 Uhr, Sa 8–14 Uhr geöffnet.
Varianten: 1. Auf dem Wanderweg südostwärts hinauf auf den Mängistorfberg, 753 m, und westwärts hinab nach Liebewil ❸. – 2. Der höchste Punkt des Bursthoger, 739 m, früher soll er Lusthügel geheißen haben, ist eine Kuhweide; in seine Nähe gelangt man, wenn man dem Waldrand folgt. – 3. Bei nassem Wetter oder Untergrund ist der Abstieg von Oberried ❸ auf der gleichnamigen Straße Richtung Scherligraben der Route über den Hubel vorzuziehen.– 4. Von der Wegspinne P. 596 m weiter durch den Scherligraben bis zu einem recht eindrücklichen Wasserfall; der Direktaufstieg von dort nach Niederscherli ist nicht mehr möglich.
Tipps: 1. Am schönsten an einem sonnigen Tag im Winterhalbjahr, wenn die Wärme der südorientierten Waldränder so richtig gespürt werden kann. – 2. Veloshop Thömus in Oberried, www.thoemus.ch. – 3. Die Gemeinde Köniz erhielt 2012 den begehrten Wakkerpreis des Schweizer Heimatschutzes; dazu gibt es eine schön gemachte Publikation.
Karte: 243 T Bern; 2502 Bern und Umgebung.
Kombinationsmöglichkeit: Mit Tour 34.

Bei der Station **Liebefeld** ❶ über die Gleise, durch die Stationsstrasse zur Könizstrasse, nach links zum Neuhausplatz und rechts in die Könizbergstrasse. Sie führt aufwärts durch die sonnige Gartenstadt mit ihren Chalets und Villen. Am Ende der Straße geradeaus auf dem Fußweg weiter, am Könizbergwald entlang, ca. 625 m. Hinab nach Landorf, über die gleichnamige Autostraße, hinunter in eine grasige Senke, ca. 585 m, und auf dem Wanderweg hinauf zum Bauerngut **Bindenhus**; nach rechts zu einer Straßenverzweigung, geradeaus, aber bei der nächsten Wegverzweigung nach links zum Hilfligwald. Nicht hinein in den Wald, sondern links dem grasi-

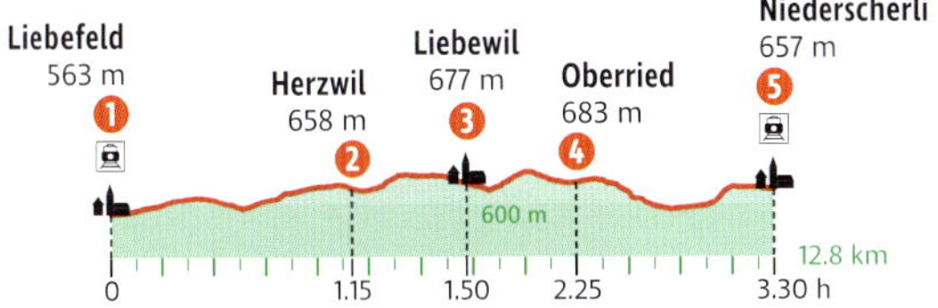

gen, auf der Landeskarte nicht eingezeichneten Weglein folgen, das am Waldrand entlang aufsteigt und an Bänken vorbeikommt.
Schließlich auf einem Feldweg zum Sträßchen, das links nach **Herzwil** ❷ absinkt. Südwärts durch den Weiler mit den prächtigen Bauernhäusern, bis links der Allmendweg abzweigt, 655 m. Am Bauerngut Allmit vorbei hinein in den Wald des Mängistorfbergs. Bei der ersten Wegverzweigung, ca. 715 m, nach rechts. Der Weg zieht westwärts zum Waldrand und folgt ihm. Bei der Einmündung in das Sträßchen von Ziegelacher

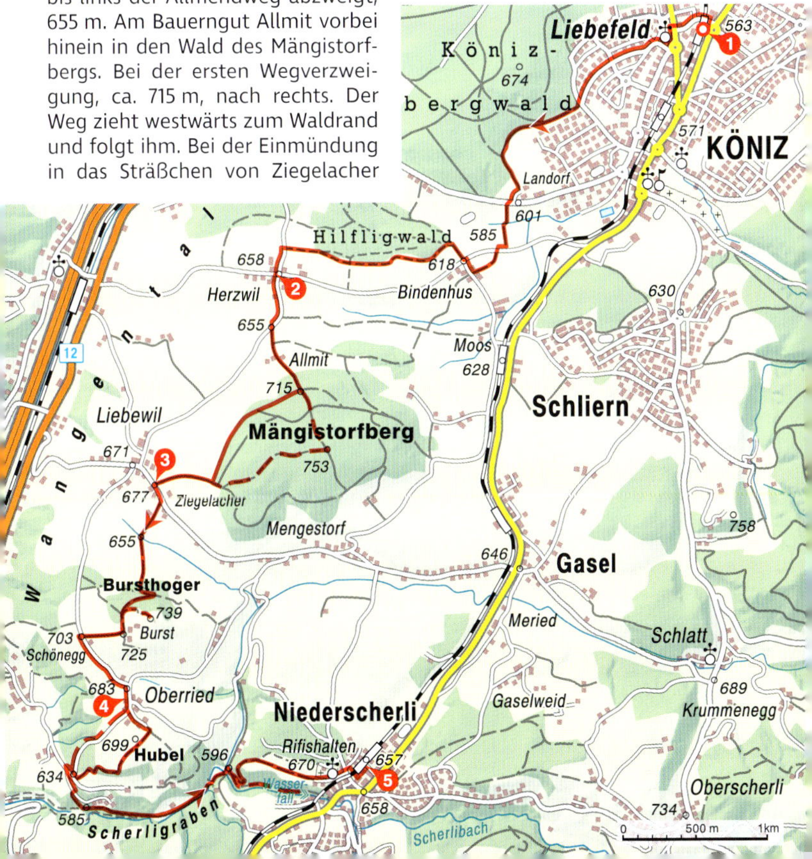

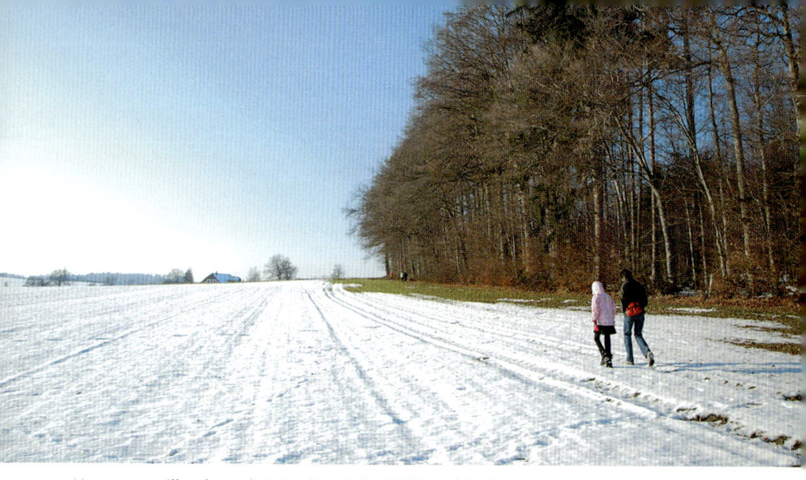

Herz, was willst du mehr? Am Rand des Hilfligwaldes bei Herzwil.

nach rechts und hinab nach **Liebewil** ❸ auf die Dorfstraße; hier evtl. kurzer Abstecher nach rechts zu **Burrens Burehofmärit**. Auf der Straße Richtung Mengestorf, bis rechts der Bachmattweg abzweigt. Auf ihm hinab in eine Senke, ca. 655 m, hinauf zum Wald des Bursthoger und leicht ansteigend zum Bauerngut Burst, ca. 725 m. Auf dem Zufahrtssträßchen hinab zur Schönegg und weiter nach **Oberried** ❹.

Durch den Weiler und am Hightech-Velo- und Outdoor-Geschäft Thömus vorbei aufs Feld hinaus. Den nach rechts abzweigenden Feldweg einschlagen, zum Hubel mit der frei stehenden Linde (P. 699) hinüber und hinab zum Wald, wo der Feldweg aufhört. Am schattigen Waldrand entlang (welch ein Unterschied zum Hilfligwald!) bis zum Swiss Bike Park von **Thömus**. Hier kurz weglos durch Wald, rechts oder links einer Sandsteingrube, zum Zugangsweg zur Grube. Er führt hinab auf einen breiteren Weg; nach links, aber kurz darauf rechter Hand am Waldrand entlang hinab auf den Stäffisweg, 634 m. Auf der geteerten Oberriedstrasse nach rechts. Auf diesem Sträßchen bis zum Wald, dann rechts auf einem Fußweg hinab zum Wanderweg, der in den **Scherligraben**, ca. 585 m, hinabzieht.

Ostwärts durch diesen Graben; kurz vor der Brücke über den Scherlibach sieht man linker Hand in der Sandsteinfluh einen Stollen, durch den man gehen kann (ca. 10 m, Taschenlampe nicht nötig). Bei der folgenden Wegspinne (P. 596 m) steigen wir durch Wald gegen Niederscherli hinauf; oben bleibt der Wanderweg vorerst noch im Wald, wir gehen jedoch rechts an den Waldrand und folgen ihm, den Wanderweg über Rifishalten kreuzend, bis zum Friedhof, ca. 670 m. Durch den Friedhof absteigend zur der im Heimatstil erbauten Kirche von **Niederscherli** ❺. Zuletzt zur Brücke über die Bahnlinie und gleich links den Zugangsweg zur Station einschlagen.

↗ 380 m | ↘ 640 m | 13.6 km

3.30 h

Bütschelegg, 1055 m – Imihubel, 980 m – Tschuggen, 987 m

34

Ein Dreigestirn am Sonnenberg

Die Bütschelegg ist der am nächsten von Bern gelegene Eintausender – zwischen der Bundeshauskuppel und dem Triangulationsdreieck liegen bloß 11,5 km Luftlinie und eine Stunde per Zug, Postauto und zu Fuß. Kein Wunder also, dass sich dort oben zahlreiche Sonnenanbeter treffen, wenn über der Bundeshauptstadt Nebel liegt. Wer eine schöne Aussicht abseits von Menschen und Fahrzeugen vorzieht, wird auf dem Imihubel Brotzeit machen.

Ausgangspunkt: Oberbütschel, 915 m; Postauto vom Bahnhof Köniz.
Endpunkt: Niederscherli, 657 m; an der S-Bahn Schwarzenburg–Köniz–Bern.
Anforderungen: Meist markierte Wege. T1; Tschuggen T2.
Einkehr: Restaurant Bütschelegg, +41 31 809 03 24, www.buetschelegg.ch. Oberbalm (Bären, Di und Mi geschlossen); in Niederscherli.
Varianten: 1. Bis zur Bütschelegg ❷ kann man auch vom Bahnhof Kaufdorf aufsteigen. Hierfür bis Gutenbrünnen, 709 m, links und nach den kleinen Weiern rechts auf einer undeutlichen Wegspur auf einer mehr oder weniger ausgeprägten Rippe (welche die Sandsteinflühe von Gutenbrünnen im Süden begrenzt) durch den Wald aufsteigen. Aus dem Wald heraus zum südlichen Bauerngut Leueberg (kurzer Abstecher zur Von-Tavel-Gedenkstätte möglich) und über Gschneit und Oberbütschel auf die Bütschelegg (2 Std. zusätzlich; T4).
2. Auf halbem Weg zwischen Ratzenberg und Bumishus Abstieg nach Bachmühle, 775 m, mit empfehlenswertem Restaurant und Postautohaltestelle.
Tipp: Sternwarte Uecht östlich des Imihubel, ein Ausbau des Observatoriums ist geplant, www.s3o.org.
Tipp: Immer machbar, wenn nicht zu viel Schnee liegt. Am schönsten im Spätherbst, mit sehr viel Sonne bis Borisried.
Karte: 243 T Bern; 1186 Schwarzenburg.
Kombinationsmöglichkeit: Mit den Touren 30, 31, 33.

Von der Postautohaltestelle **Oberbütschel** ❶ ins gleichnamige Dorf und über den grasigen Südhang hinauf auf das Sträßchen, das zum Restaurant Bütschelegg, 1031 m, führt. Über den Weidekamm zum flachen Gipfel der **Bütschelegg** ❷ mit dem Triangulationssignal. Zurück zum Restaurant.

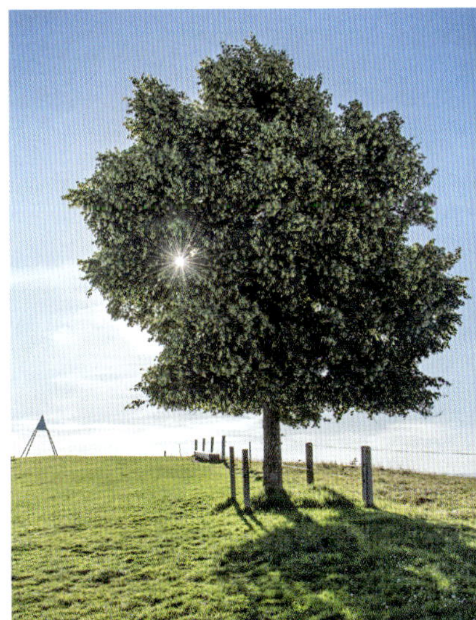

Auf dem Gipfel der Bütschelegg.

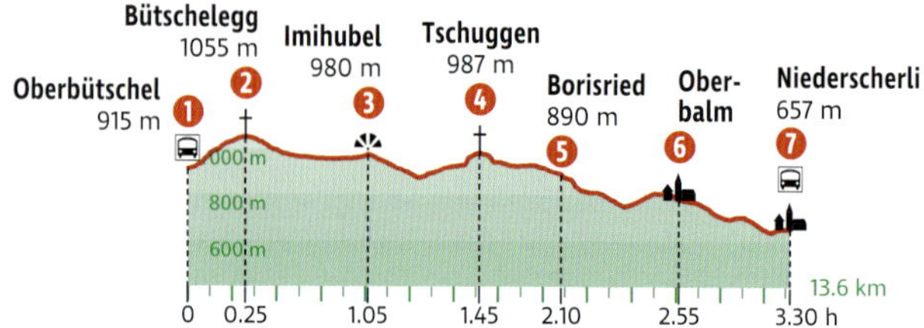

Nordwärts überwiegend im Wald nach Sidenberg und über den flachen Kamm in den Weiler **Uecht** mit privater Sternwarte und Beobachtungsturm für Sonnenforschung des Institutes für angewandte Physik der Uni Bern. Wir halten uns rechts und folgen der Straße gut 300 m, bis wir scharf links abbiegen zum Allmend-Gut. Der gelb markierte Wanderweg führt uns direkt zum **Imihubel** ❸, dessen aussichtsreiche Kuppe vom Wegweiser mit ein paar Schritten erklommen ist.

Dem Wanderweg schräg hinab auf einem Sträßchen bis nach Ratzenberg (P. 870) folgen. Aufsteigend geht es zum Weiler **Bumishus** und auf dem Kammsträßchen zum rundum bewaldeten Hügel des Tschuggen. Das Sträßchen mit der Wanderroute umrundet ihn auf der Schattseite, wir verlassen die markierte Route jedoch nach links, folgen dem Waldrand auf-

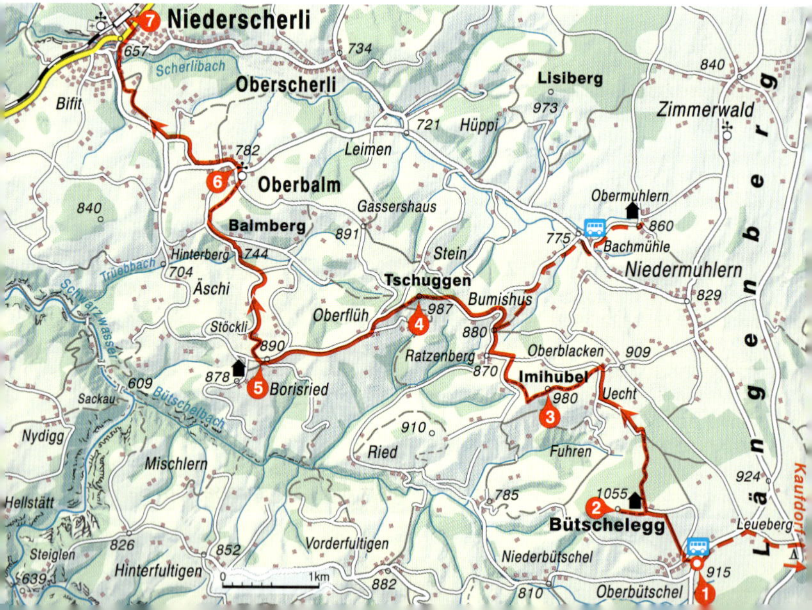

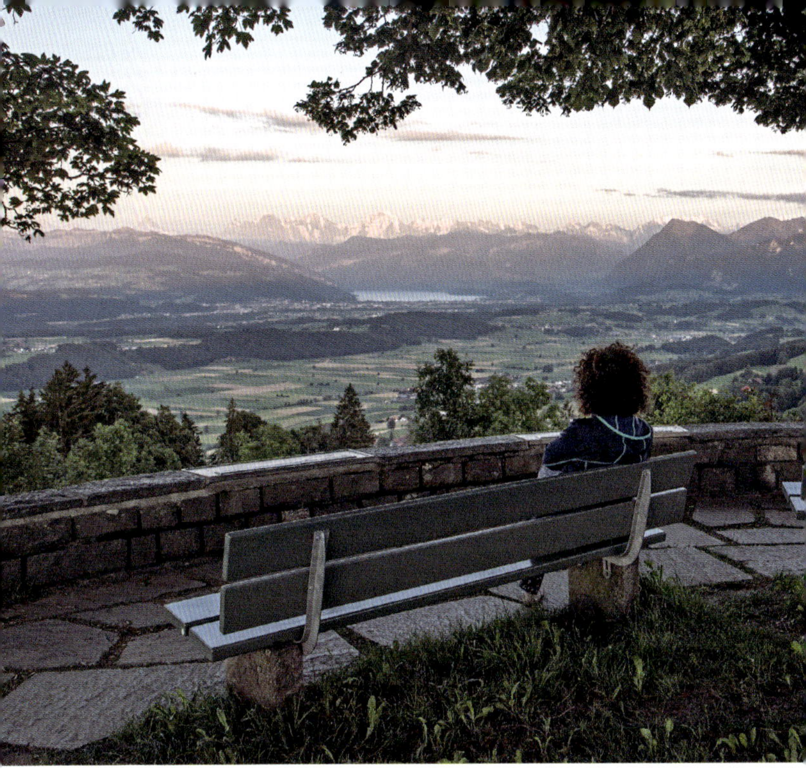

Alpenglühen: an der Von-Tavel-Gedenkstätte.

wärts und gelangen durch einen Waldweg zur Erdburg, die den Gipfel des **Tschuggen** 4 bildet.
Der Abstieg erfolgt auf einem etwas überwachsenen, steilen Pfad über den Südwestgrat und dann durch eine Wiese zu einer Verzweigung, 937 m. In südwestlicher Richtung schließt sich nun eine sehr schöne Höhenwanderung auf dem Kammsträßchen via Oberflüe nach **Borisried** 5 an. Der Wanderweg sinkt nordwärts durch Feld, Flur und zuletzt Forst, am Stöcklihof vorbei, zum Steg (P. 744) über den Trüebbach. Hinauf zum Hof Hinderem Berg, um den Balmberg herum zu einer Bank (P. 818) in einem Feld und hinab nach **Oberbalm** 6 mit der sehenswerten Kirche. Die Wanderroute nach Niederscherli folgt zum Teil der Autostraße und wenn möglich Landwirtschaftssträßchen, geht im Dorf unten über die gedeckte Holzbrücke, ca. 640 m, über den Scherlibach und quert die Hauptstraße zum Bahnhof **Niederscherli** 7.

↗ 850 m | ↘ 650 m | 22.7 km

35 Jakobsweg 1: Wattenwil – Rüeggisberg – Schwarzenburg

6.30 h

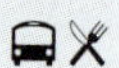

Mit Jakob nach Hinterfultigen

In Rüeggisberg mit seiner malerischen, frühromanischen Klosterruine aus dem 10. Jahrhundert, einem Wahrzeichen des Schweizer Jakobsweges, teilt sich der berühmteste Weitwanderweg Europas. Wir wählen den nördlichen Ast über Hinterfultigen, obwohl uns relativ viel Hartbelag erwartet. Aber erstens ist die Aussicht vom Geländesporn, auf dem Hinterfultigen liegt, sehr freundlich. Zweitens sollte man dieses Dorf besuchen, das angeblich hinter dem Mond liegt (das ist gemeint, wenn man jemanden fragt, ob er aus Hinterfultigen komme). Drittens ist der Schwarzwassergraben ziemlich geheimnisvoll. Und viertens kommt man bald darauf zur Kirche von Wahlern, die einen weiten Blick Richtung Westen, Richtung Spanien, gewährleistet.

Ausgangspunkt: Wattenwil, Haltestelle Postgasse, 595 m; Bus von Seftigen (an der Bahnlinie Bern–Belp–Thun), von Thun und Riggisberg.
Endpunkt: Schwarzenburg, 792 m; S-Bahn nach Bern.
Anforderungen: Lang und leicht, außer der kurze, steile Abstieg in den Schwarzwassergraben. Markiert. T1, kurz T2.
Einkehr: In Wattenwil, Burgistein, Riggisberg, Rüeggisberg, Hinterfultigen (Mo, Di geschlossen) und Schwarzenburg.
Unterkunft: In Wattenwil: BnB, +41 79

Weitläufig: Blick oberhalb Wattenwils Richtung Thunersee und Oberland.

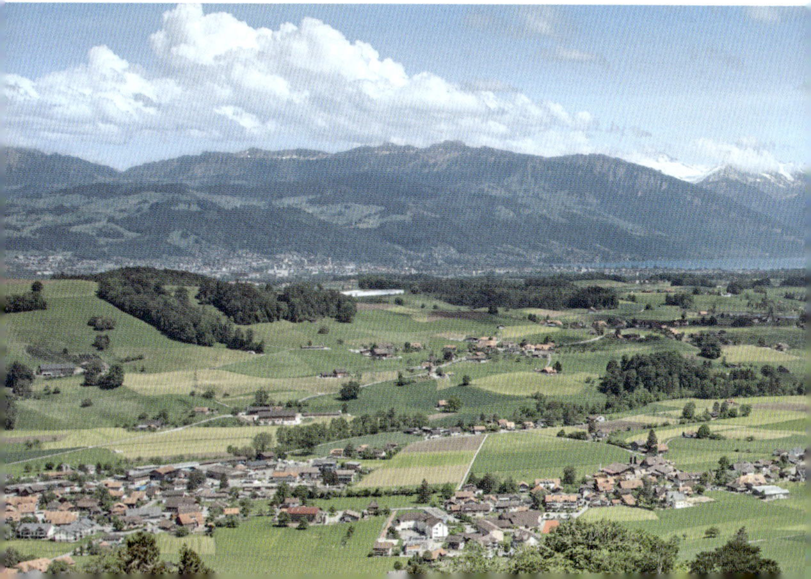

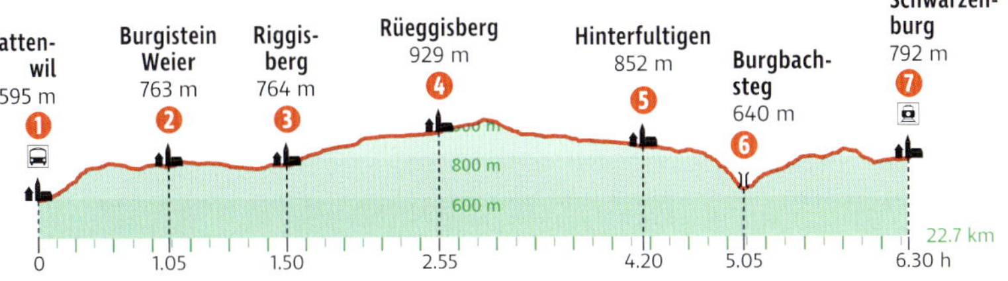

734 58 60. Im Schloss Riggisberg: BnB, +41 31 808 81 11. In Rüeggisberg: Gasthof Bären, Mo geschlossen, +41 31 809 03 05; BnB Gantrisch, +41 31 809 40 80. In Schwarzenburg: Gasthof Bühl, +41 31 731 01 38; BnB Nydegger, +41 31 731 15 77. Weitere Unterkünfte unter www.jakobsweg.ch.

Varianten: 1. Jakobsweg von Rüeggisberg ❹ über Wislisau, 714 m, nach Schwarzenburg ❼; 2.30 Std.

2. Von Rüeggisberg ❹ nordostwärts auf einem Fahrweg, an Einfamilienhäusern vorbei, schräg hinauf. Bei der ersten Abzweigung links, bei der folgenden rechts hinauf zum Stall auf der Rüeggisberg Egg, dem zweithöchsten Gipfel des Längenbergs; die Gipfelweide, ca. 1046 m, liegt westlich davon. Weglos südwestwärts hinab auf einen Weg, nordwärts am Ziel des Schießstandes vorbei und hinab auf die Fultigenstrasse; diese in der folgenden Haarnadelkurve links gegen den Wander- und Jakobsweg verlassen.

Karten: 243 T Bern, 253 T Gantrisch; 1186 Schwarzenburg, 1187 Münsingen, 1207 Thun.

Kombinationsmöglichkeit: Mit den Touren 28, 36, 38, 40.

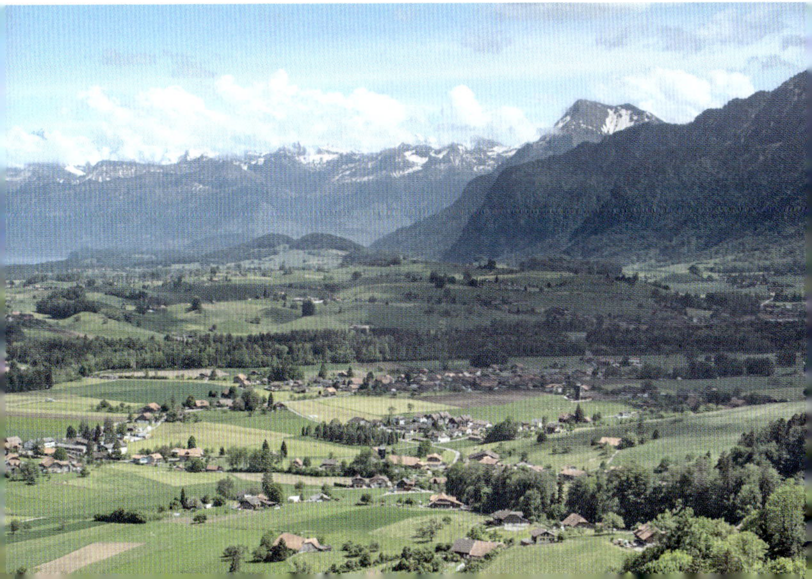

In **Wattenwil** ❶ westwärts zur Kirche und ziemlich steil ein Sträßchen entlang. Dann auf den Weg nach Lörtscherei, wobei man dort, wo der Wanderweg linker Hand zu einer Hecke hinaufzieht, einfach auf dem Zufahrtssträßchen bleibt und schon bald ein breiteres Sträßchen erreicht, auf dem der Wanderweg zu P. 776 herunterkommt. Nordwärts auf dem Sträßchen zur Straße (P. 750) von Wattenwil nach Riggisberg, in der Streusiedlung Burgistein.

Der Straße nur kurz folgen, dann rechter Hand den Fahrweg einschlagen, der über P. 776, wo die Allee

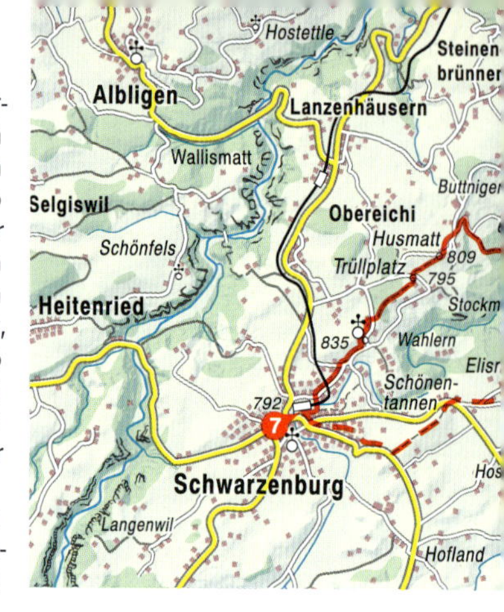

Uraltes Pilgerziel: Kloster Rüeggisberg.

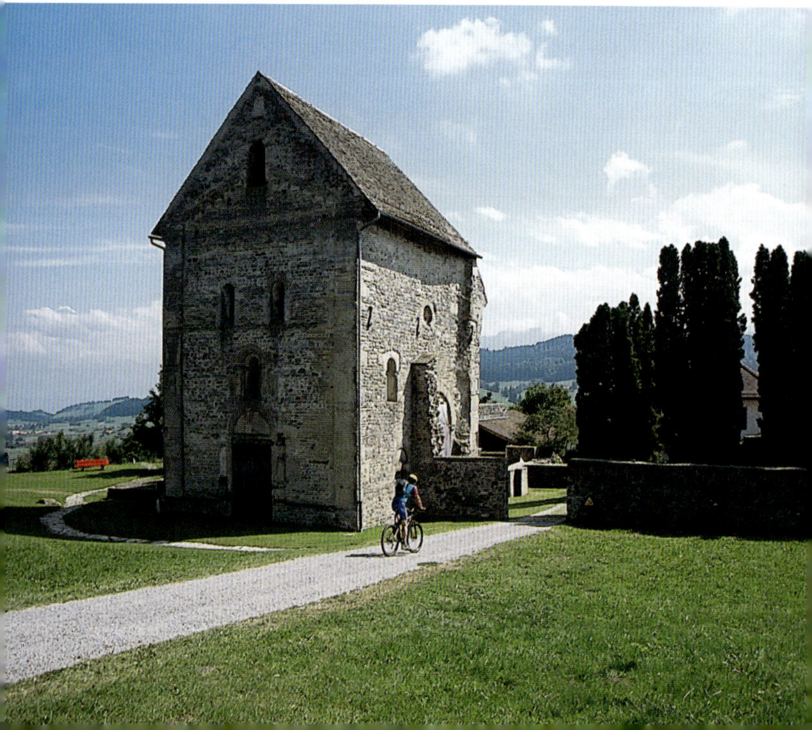

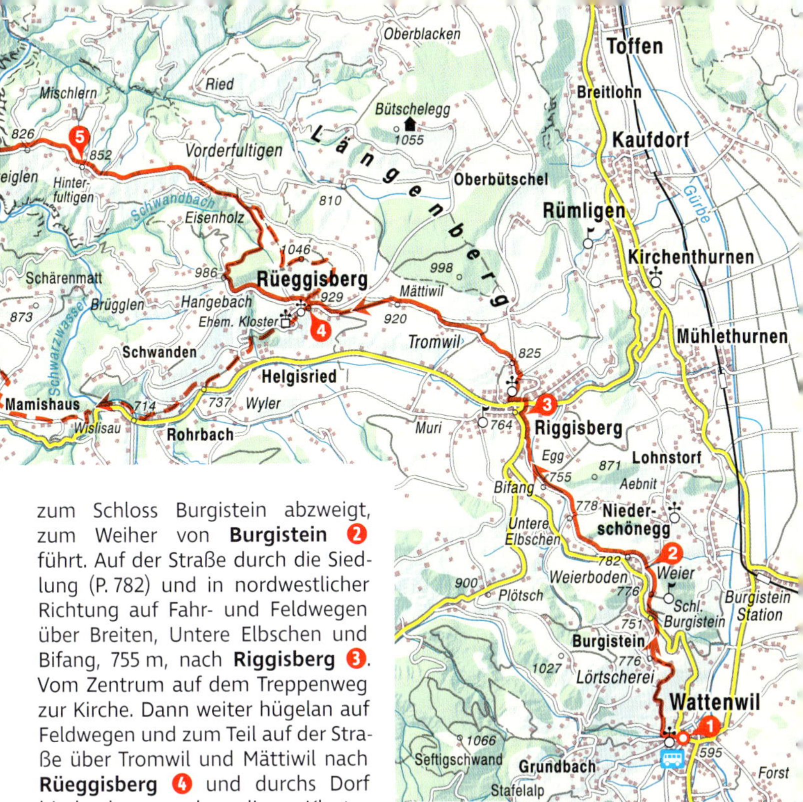

zum Schloss Burgistein abzweigt, zum Weiher von **Burgistein** ❷ führt. Auf der Straße durch die Siedlung (P. 782) und in nordwestlicher Richtung auf Fahr- und Feldwegen über Breiten, Untere Elbschen und Bifang, 755 m, nach **Riggisberg** ❸. Vom Zentrum auf dem Treppenweg zur Kirche. Dann weiter hügelan auf Feldwegen und zum Teil auf der Straße über Tromwil und Mättiwil nach **Rüeggisberg** ❹ und durchs Dorf hindurch zum ehemaligen Kloster, ca. 910 m.

Von diesem 200-m-Abstecher zurück ins Dorf und weiter auf dem nördlichen Jakobsweg über Hangebach, 986 m, westlich um die Rüeggisberg Egg herum, südlich an Vorderfultigen vorbei und auf der aussichtsreichen Straße nach **Hinterfultigen** ❺. Weiter westwärts auf Teersträßchen in leichtem Auf und Ab, dann steil absinkend, nach Steiglen und auf schmalem, etwas exponiertem, teilweise aus dem Sandstein herausgehauenem Weg hinunter in den Schwarzwassergraben zum **Burgbachsteg** ❻.

Über den Fluss und einen Seitenbach, auf einem Fahrweg steil hinauf und in angenehmer Steigung oder leicht abfallend über Buttnigen, Husmatt (P. 809), Trüllplatz (P. 795) und Stockmatt zur Kirche **Wahlern** (P. 835), die prächtig auf einem Hügel thront. In südlicher Richtung auf Weg und Straßen, bei P. 770 vorbei, zum Bahnhof **Schwarzenburg** ❼.

TOP

↗ 140 m | ↘ 80 m | 12.0 km

36 Schwarzwassergraben

4.00 h

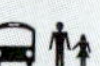

Into the Wild

Eine Stunde hinter Bern wartet die Wildnis im Schwarzwassergraben auf abenteuerlustige, wasserfeste Wanderer. Das Schwarzwasser entspringt im Gantrischgebiet und hat sich tief ins grünhügelige Schwarzenburgerland eingegraben. Die Badeplätze bei seiner Mündung in die Sense werden allsommerlich von Schulklassen, Familien und Clans überschwemmt, aber flussaufwärts nimmt unberührte Natur Schritt für Schritt überhand. Der Graben des glasklaren Wassers (schwarz ist es nur bei Gewittern!) ist denn auch ein Naturschutzgebiet. Lautlos und nassfüßig darf man sich durch die Sandsteinschlucht vorwagen. Und man staunt über die Kraft des Wassers, über die Millionen flach gescheuerter Kieselsteine, über den saftig-knorrigen Urwald, über Sonnenstrahlen, die sich in den tiefen Grund des »Black Water Canyon« stehlen. Manchmal hat der Fluss ein Badebecken ausgewaschen, und man wird sich hineinlegen und von Alaska träumen.

Ausgangspunkt: Schwarzwasserbrücke, 649 m; an der S-Bahn Bern–Schwarzenburg.
Endpunkt: Wislisau, 713 m; Postauto nach Schwarzenburg oder Riggisberg.
Anforderungen: 5 km Wanderweg und Pfad, 7 km weglos durch Gebüsch, Gras, Geschiebe und Gebirgsfluss. Sandalen bzw. Turnschuhe, mit denen man durchs Wasser waten kann. Stöcke, Badekleider, Insektenschutz. Achtung, bei Gewittern in den Bergen kann das Schwarzwasser gefährlich hoch werden. T1 bis max. T3.
Einkehr: Schwarzwasserbrücke, Wislisau.
Variante: Sechs Fluchtmöglichkeiten aus dem Schwarzwassergraben: gegen Nydegg, vor der Sackau, bei Bütschelbach, Steiglenau, Rossgrabenbrücke 4 und Schwandmattgraben.
Tipp: In der Kirche Rüschegg hängt der 2,5 x 6 m große Holzschnitt »Schwarzwasser II« des Künstlers und Rüschegg-Ehrenbürgers Franz Gertsch.
Karten: 243 T Bern; 1186 Schwarzenburg.
Kombinationsmöglichkeit: Mit den Touren 35, 38.

Im Sommer ein großer Spaß: Flusswandern im Schwarzwassergraben.

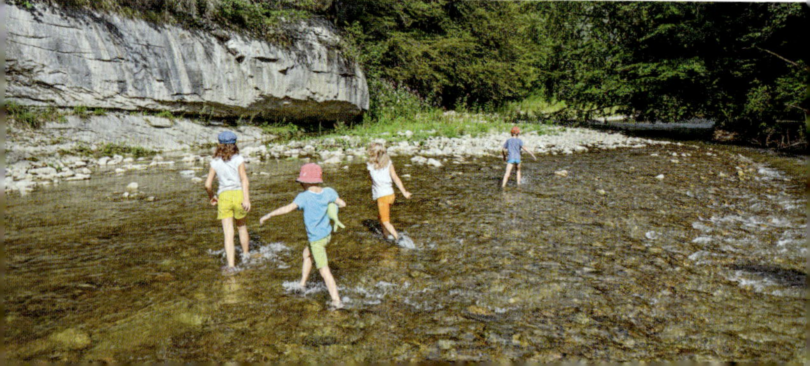

Von der Haltestelle **Schwarzwasserbrücke** ❶ hinüber zum gleichnamigen Restaurant; vom Parkplatz links auf einem steilen, guten und unmarkierten Weg hinab zum Schwarzwasser, ca. 580 m, und fast zu dessen Mündung in die Sense. Flussaufwärts zu einer Brücke und zum Wanderweg. Auf ihm mal rechts, mal links des Schwarzwassers bis kurz nach der ersten Abzweigung nach Borisried – bei der nächsten Brücke (P. 609), also noch vor der Einmündung des **Bütschelbaches** (dem der Wanderweg folgt), auf das (in Marschrichtung) rechte Ufer. An den Wochenendhäusern von Sackau vorbei, bis der Pfad bei einem am Waldrand liegenden Häuschen endet. Hier ist der Einstieg in das **Schwarzwasser** ❷, wo das Abenteuer mit dem Gehen durch Wasser, Wald, Wiesen, Steine beginnt: Eine genaue Routenbeschreibung kann nicht geliefert werden, da der Fluss zwischen den unzugänglichen Schluchtwänden hin und her mäandriert; trockenen Fußes jedenfalls ist der Gang nicht möglich, weshalb es bequemer und schneller geht, das Wasser immer wieder zu queren.

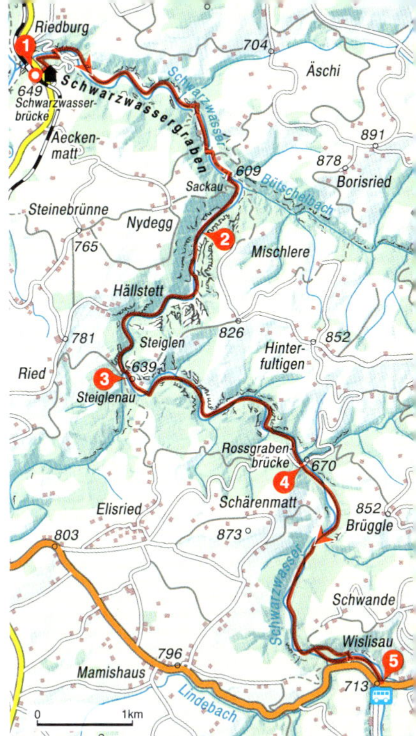

Zwei Tipps: Beim **Burgbachsteg** ❸ nicht bis zuhinterst am Ufer linker Hand vordringen, sondern schon am Ende der Wiese über den Fluss; bei der **Rossgrabenbrücke** ❹ dem Ufer rechts folgen.

1 km vor **Wislisau** ❺ kann man linker Hand an den Felsen entlanggehen und dann einen Steg benützen, oder direkt dem Wasser folgen und dann das Schwarzwasser ein allerletztes Mal zum Wanderweg hin durchschreiten.

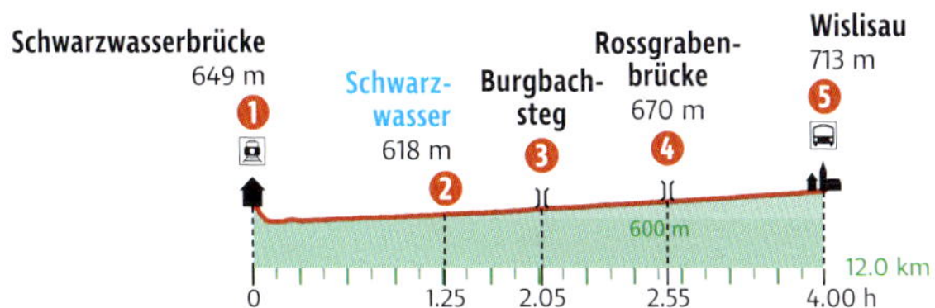

↗ 250 m | ↘ 280 m | 2.9 km

37 Guggershorn, 1283 m – Schwendelberg, 1295 m

1.15 h

Romeo und Julia ob dem Dorfe

Vom Dorf Guggisberg stammt eines der bekanntesten Liebeslieder der Schweiz. »S isch äben e Mönsch uf Ärde – Simelibärg!/– Und ds Vreneli ab em Guggisbärg und ds Simes Hans-Joggeli änet em Bärg –/s isch äben e Mönsch uf Ärde,/won i möcht by–n ihm sy.« So lautet die erste Strophe im Guggisberglied, das erstmals 1812 schriftlich festgehalten wurde. Wenn wir mit dem Schatz übers Guggershorn wandern, singen oder pfeifen wir das Lied vom unglücklichen Vreneli, das mit dem armen Hans-Joggeli jenseits des Berges nicht zusammensein konnte. Vielleicht kommen aber auch die Früchte einer solchen Liebe mit! Dann sollte der Papa nicht das Grillgut vergessen, das man auf dem Grillplatz zuoberst auf dem Schwendelberg brutzeln kann.

Ausgangspunkt: Guggisberg, 1115 m; Postauto von Schwarzenburg; mit der S-Bahn von Bern.
Endpunkt: Riffenmatt, Haltestelle Kreuzung, 1083 m; Postauto nach Schwarzenburg.
Anforderungen: Etwas Trittsicherheit für die 67 Treppenstufen auf das Guggershorn; allerdings hat es ein doppeltes Geländer. Auf der Nordseite des Guggershorns hat der schattige Weg auch ein Geländer. Markiert. T1.
Einkehr: In Guggisberg: Hotel Sternen. In Riffenmatt: Gasthof Löwen.
Variante: Vom Schwendelberg ❸ kann man auch wieder zurück in den Sattel zwischen Guggershorn und Schwendelberg, auf unmarkiertem Weg links zur ersten Hütte hinab und von da nach rechts wieder zurück nach Guggisberg ❶ wandern (30 Min.).
Tipps: 1. Vrenelimuseum am Dorfplatz von Guggisberg, neben dem Vrenelibrunnen; Besichtigung und Führung nach Voranmeldung bei Lydia Bucher, +41 31 735 50 68; www.guggisberg.ch. 2. Vrenelilieder: »Anderi Lieder« von Urs Hostettler (Zytglogge Verlag, auch auf CD); »Z'underscht und z'oberscht« Hans Peter Treichler (Orte Verlag); »Guggisberglied« zum Beispiel auf den CD »Hotel S« von Stephan Eicher (www.stephan-eicher.com) und »Liebi und anderi Verbräche« der Kummerbuben (www.kummerbuben.com).
Kombinationsmöglichkeit: Mit Tour 29.

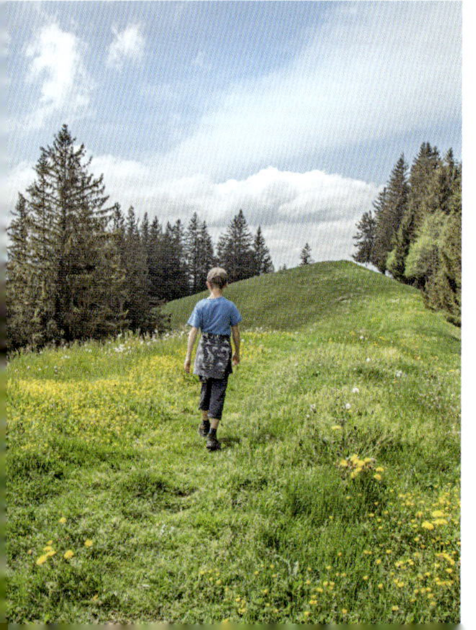

Auf dem breiten Grat des Schwendelbergs.

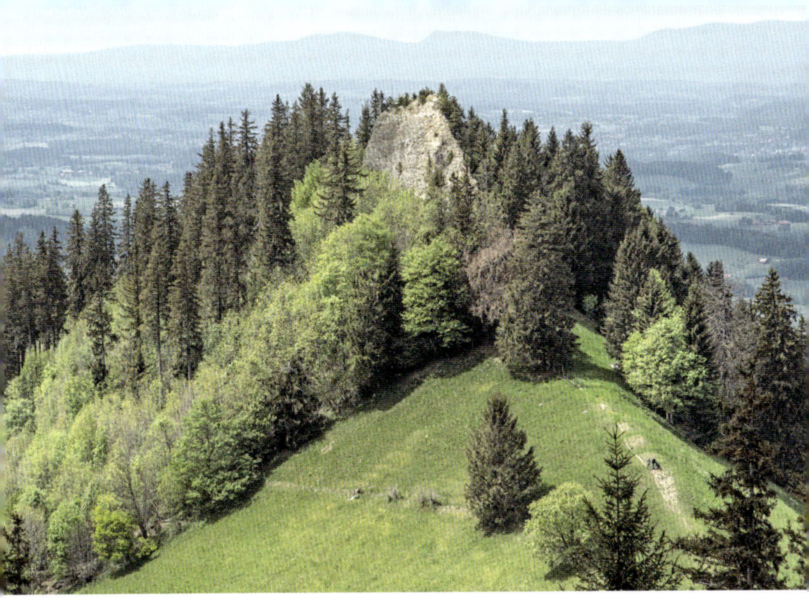

Blick vom Schwendelberg zum Felsturm des Guggershorns.

Von **Guggisberg** ❶ auf dem Wanderweg durch den Südhang des Guggershorns bergauf und im Wald an mehreren Holzbänken vorbei zu den Holztreppen (1828 erstmals erbaut), die von Westen auf den Nagelfluh-Zahn des **Guggershorns** ❷ führen; die Plattform mit Sitzbänken und zwei Panoramatafeln befindet sich fast auf dem höchsten Punkt des Gipfels.

Vom Fuß der Treppen auf der Nordseite den Felsturm queren und hinab in einen Sattel, 1215 m. Über den Westgrat zum Vorgipfel (P. 1294) und mit einem kurzen Zwischenabstieg auf den Hauptgipfel des **Schwendelbergs** ❸; Holztisch mit Feuerstelle. Im Wald über den Osthang hinab und südostwärts nach **Riffenmatt** ❹.

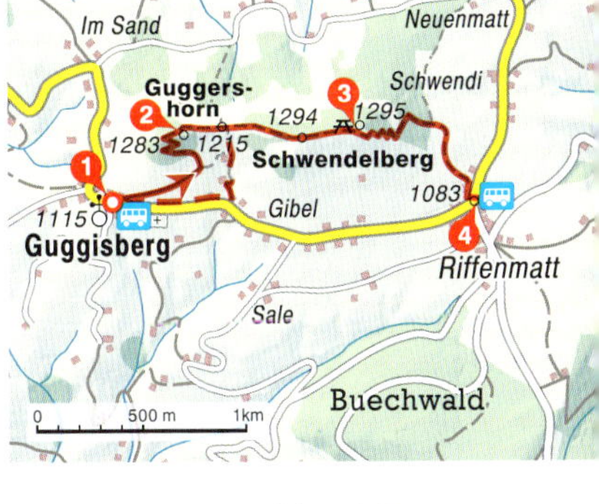

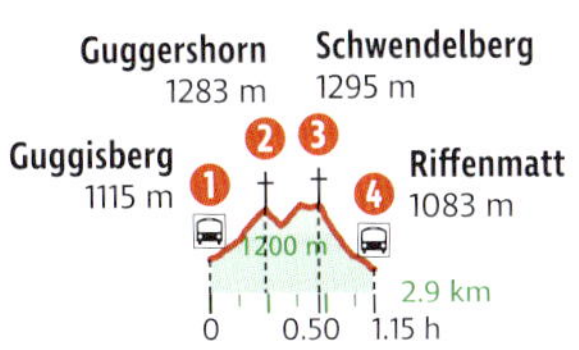

↗ 60 m | ↘ 280 m | 11.4 km

38 Ruine Grasburg – Sensegraben

3.30 h

Zu Schildknappen und Badenixen

Die größte Burgruine des Kantons Bern mit einladenden Picknickplätzen, der Zusammenfluss zweier badwarmer, im Normalfall nicht zu wilder Flüsse mit noch mehr Feuerstellen, und beide Attraktionen unweit von Haltestellen der Vorortsbahn – gibt es attraktivere Ziele in der Nähe von Bern mit so viel Nichtstun- und Action-Potenzial für sportliche und marschfaule Schüler? Wohl kaum, und entsprechend besucht sind die Grasburg, diese lang gestreckte, von den Staufern zwischen 1220 und 1240 erbaute Anlage hoch oben über einer Schleife der Sense, und dieser Fluss selbst – und zwar dort, wo das Schwarzwasser einmündet. Verbindet man beide Ausflugsziele zu Fuß miteinander, so erlebt man noch mehr Abenteuer, nasse Füße inklusive.

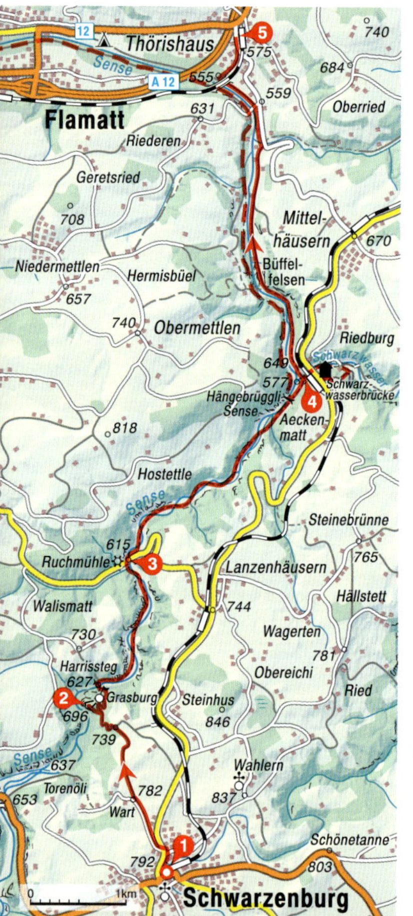

Ausgangspunkt: Schwarzenburg, 792 m; Endstation der S-Bahn von Bern.
Endpunkt: S-Bahn-Station Thörishaus Dorf, 575 m; an der Bahnlinie Bern–Fribourg.
Anforderungen: Wanderwege sowie 3,5 km weglos durch ein breites Flussbett mit flachen Steinen, Sandsteinbänken und rund 10 Querungen durch normalerweise nicht mal knietiefes Wasser (man kann natürlich auch am falschen Ort durchwaten ...). Nur bei stabilem Wetter gehen; wenn sich Gewitter in den Bergen entladen, können Sense und Schwarzwasser plötzlich gefährlich hoch daherkommen. Orientierungsmäßig eigentlich nicht schwierig: einfach durch den breiten Sensegraben. Badekleider und Stöcke. T1 bis T2.
Einkehr: In Schwarzenburg, Thörishaus und oben bei der Schwarzwasserbrücke.
Varianten: 1. Vom Harrissteg auf dem Wanderweg über Albligen und Obermettlen nach Thörishaus 5, 2.40 Std;

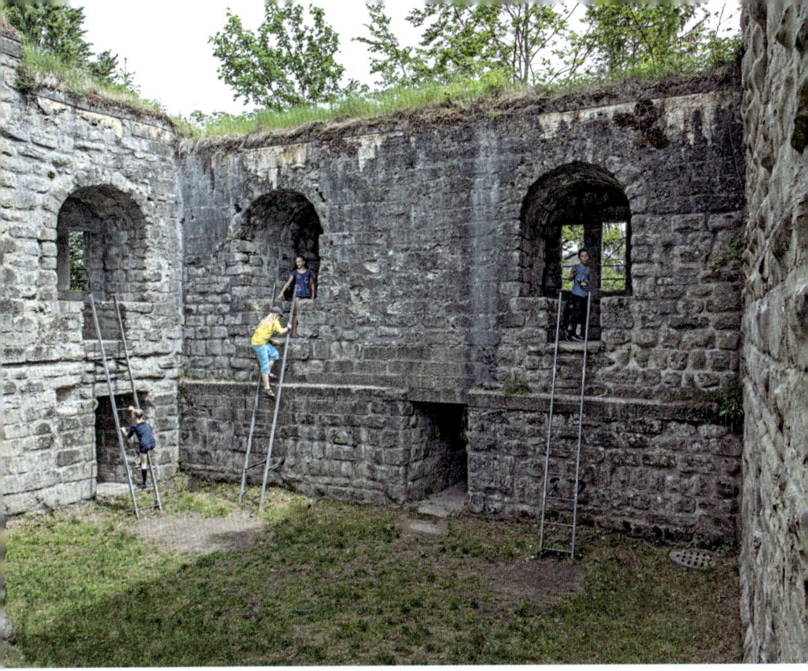

Auf Entdeckung: in den Ruinen der Grasburg.

der Sensegraben bietet aber viel mehr!
2. Über die Hängebrücke vor dem Zusammenfluss Sense und Schwarzwasser, dann am linken Ufer bis zur gedeckten Holzbrücke vor Thörishaus 5.
3. Vom Zusammenfluss 4 in 15 Min. Aufstieg zur Haltestelle Schwarzwasserbrücke, 649 m; Wanderung damit rund 1 Std. kürzer.
4. Auf dem linken Sense-Uferweg nach Flamatt und hinüber nach Neuenegg.

Hinweise: Im Sommer und Frühherbst In der Nebensaison kann das Militär im Sensegraben schießen; Infotafel am Weg zur Grasburg. Ebenfalls kann es während der Brutzeit der Vögel zu Sperrungen im Sensegraben kommen.

Karte: 243 T Bern; 1186 Schwarzenburg.

Kombinationsmöglichkeit: Mit den Touren 36, 40.

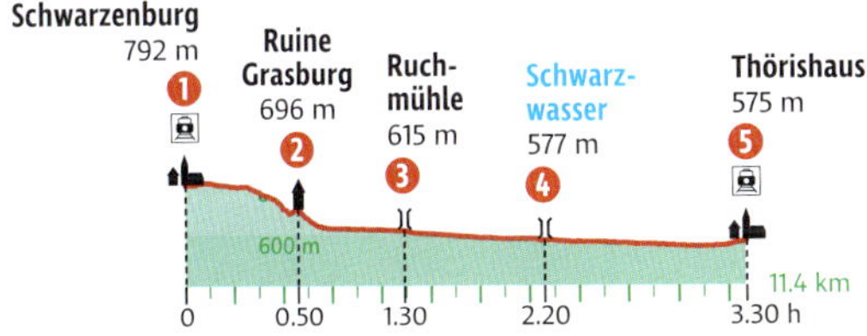

Vom Bahnhof in **Schwarzenburg** 1 nordwärts auf der Hauptstraße, bis links ein Teersträßchen mit der Wanderroute abzweigt. Über eine Anhöhe hinweg. Der Weg zur Grasburg verlässt das Sträßchen, geht als Feldweg über eine weitere Anhöhe und sinkt westlich des Schlössli-Gutes zum Beginn des Geländes der **Grasburg** ab, ca. 670 m (überdachter Picknickplatz).

Auf dem Treppenweg hinauf zur östlichen **Vorburg** (mit einem Turm) und weiter zur **Hauptburg** 2, die zuvorderst auf dem Sandsteinsporn 70 m oberhalb der Sense erbaut wurde. Wieder zurück zur Vorburg, die Treppen absteigen und links auf dem breiten Wanderweg hinab zum **Harrissteg** (P. 627).

Über die Brücke und rechts im Auenwald und entlang des steinigen

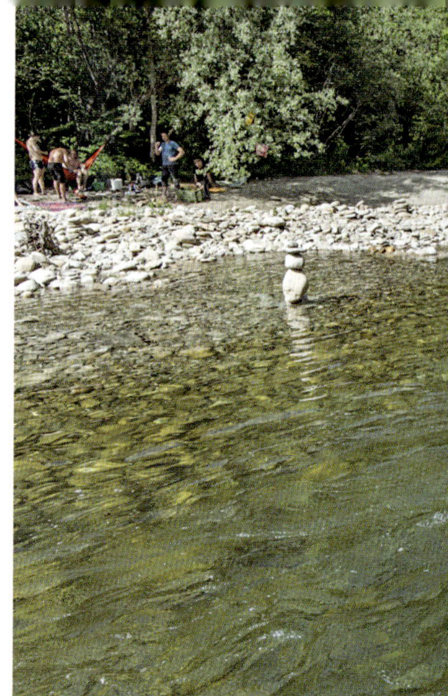

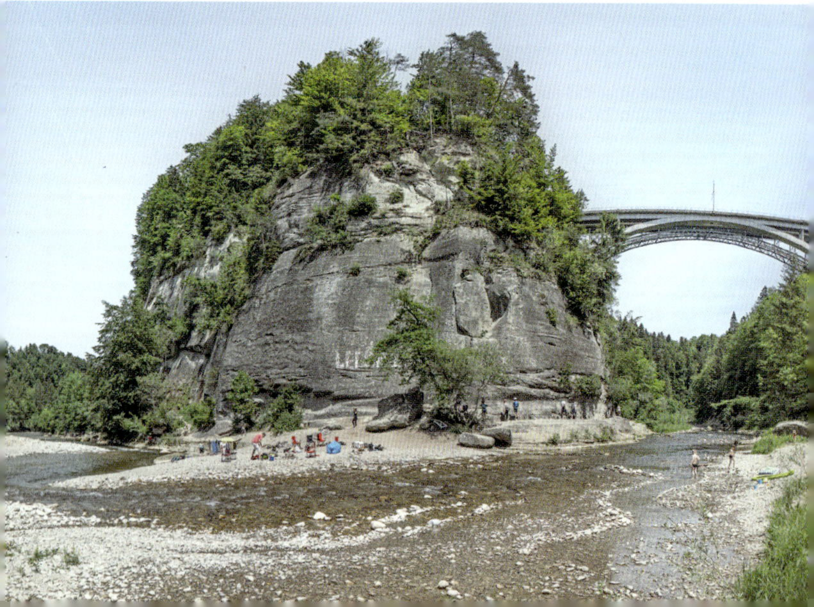

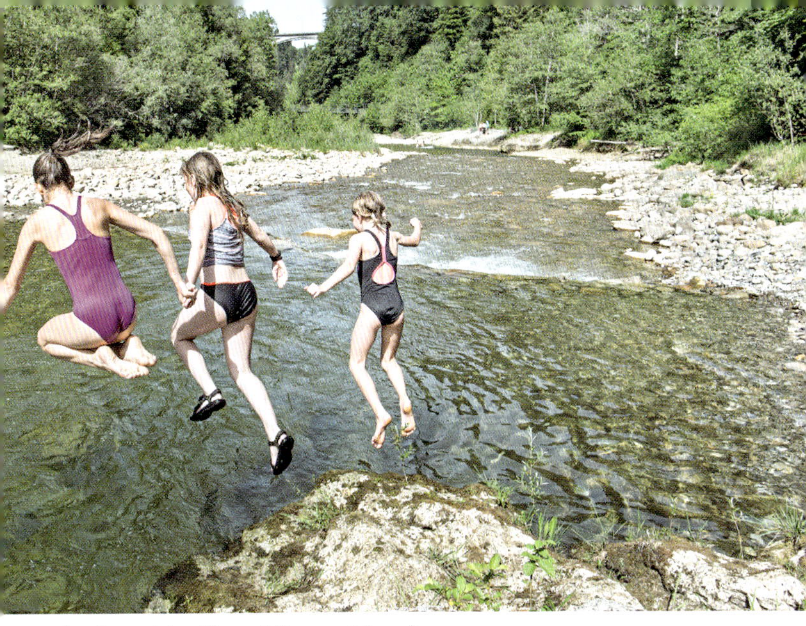

So müssen tiefere Wasserstellen genutzt werden.

Ufers flussabwärts. Schon bald wird man aber gezwungen, die Sense zu durchwaten. Und das noch gleich mehrere Male auf den 1,5 km bis zur Brücke von **Ruchmühle** ❸, die man schließlich am linken Ufer erreicht. Über die Brücke und dann links.

Nun beginnt das Spiel vom Stein- und Wasserwandern von Neuem; eine genaue Route durch die Talsohle kann nicht angegeben werden. Allerdings trifft man nun auf mehr Leute, denn der Sensegraben ist hier beliebt als FKK-Strand. Nach ca. 2 km stößt man am rechten Ufer auf einen Weg, der zum **Zusammenfluss** mit dem **Schwarzwasser** ❹ führt, wobei man unter einer kleinen Fußgänger-Hängebrücke hindurchkommt, die an das linke Ufer führt.

Um sich vom Zusammenfluss den 1 km langen Umweg zur großen Brücke hinten im Schwarzwassergraben zu ersparen, watet man am besten zum letzten Mal durchs Wasser, durchs Schwarzwasser in diesem Fall. Dann weiter am rechten Senseufer flussabwärts, nun auf dem Wanderweg; man kommt an Stellen vorbei, wo man richtig schwimmen kann, sowie am Büffel-Felsen. Danach an der begradigten Sense entlang bis nach der Eisenbahnbrücke (P. 555 m). Nach rechts und hinauf zur Station **Thörishaus** ❺.

Beliebt zum Baden und Klettern: bei der Schwarzwasserbrücke.

TOP

39

Fribourg: Altstadtbummel

↗ 220 m | ↘ 220 m | 6.0 km

2.00 h

Kultur und Natur in der Saanestadt

Fribourg bzw. Freiburg in der Schweiz: ein bisschen Basel mit dem Espace Tinguely, ein bisschen Bern mit der Altstadt und dem Münster, ein bisschen zweisprachig, ein bisschen sehr katholisch. Auf alle Fälle einen Tagesausflug wert: zum Stadtwandern, Museumbesuchen, Treppensteigen, Schlemmen und Beten. Wir spazieren durch eine große mittelalterliche Stadt, die wie Bern von den Zähringern gegründet wurde, nur früher; ebenfalls auf einem Sporn in einer Flussschleife erbaut, nur malerischer, verspielter. Sogar ein paar Lauben hat es, unten in der Reichengasse, pardon: in der Grand-Rue. Und nach der Bernebrücke geht's überraschend steil aufwärts zu einem wunderschönen Aussichtspunkt. En route, mes amis – nach Freiburg im Üechtland.

Mittelalterlich: Stadt und Saane vom Kathedralenturm, oben die Bains de la Motta.

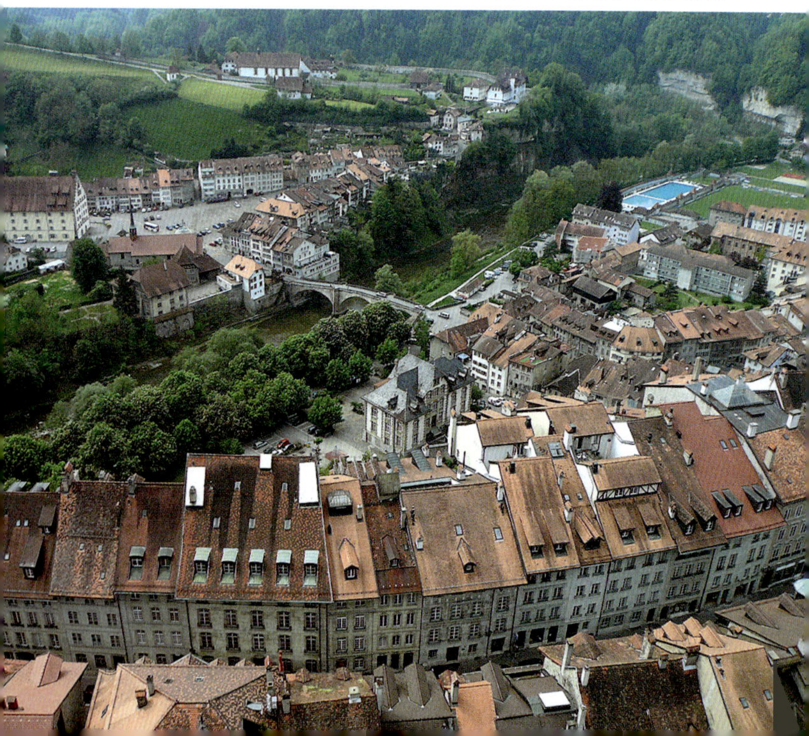

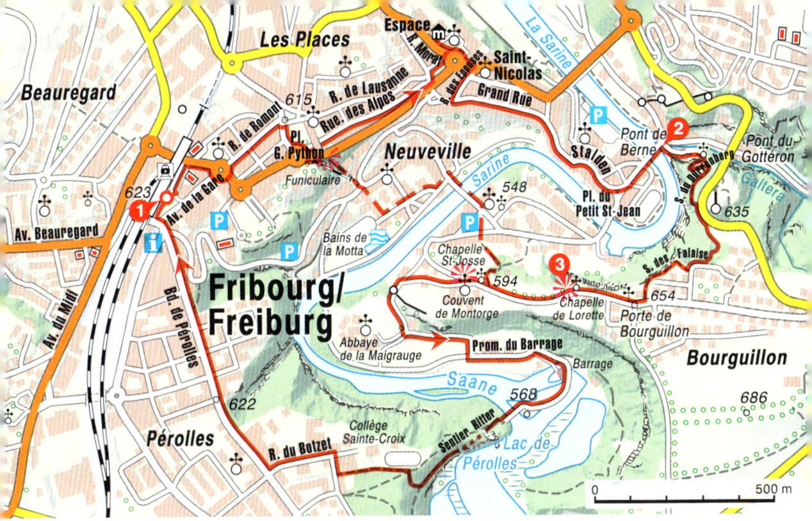

Ausgangs- und Endpunkt: Fribourg/ Freiburg, Bahnhof, 623 m.
Anforderungen: Orientierung nach Stadtplan. T1.
Einkehr: Studentisch im Café Populaire, pittoresk im Restaurant du Gotthard an der Rue du Pont-Murée, vornehm in der Auberge de Zaehringen, gediegen in der Auberge de la Cigogne, rustikal in der Auberge de l'Ange beim Zusammenfluss von Sarine und Gottéron. Wenn das Wetter mitmacht, ist auch ein Picknick im Garten des Museums für Kunst und Geschichte zu empfehlen, mit dem Blick auf »La grande lune« von Niki de Saint Phalle.
Variante: Ein Vorschlag: Von der Chapelle Saint-Josse nordwärts direkt hinab zur Sarine und in die Neustadt mit den Bains de la Motta. Beda Hefti baute sie 1923–24 als sein erstes Schwimmbad: der Grundstein für eine internationale Karriere als Bäderspezialist. Dann mit dem Funiculaire hinauf in die Altstadt.
Tipps: 1. Kathedrale St. Niklaus (Öffnungszeiten des Turms: Mo–Sa 10–17 Uhr, So 13–17 Uhr). Espace Jean Tinguely & Niki de Saint Phalle (Rue de Morat 2; Mo geschlossen, www.fr.ch/mahf).
2. Weitere spannende Museen wie das Schweizerische Nähmaschinen-Museum, das Museum Cardinal oder die Kunsthalle Fri-Art.
3. Das mittelalterliche Fribourg entdecken, von April bis September, siehe www.fribourgtourisme.ch.
Karte: Stadtplan.
Kombinationsmöglichkeit: Mit den Touren 40–42.

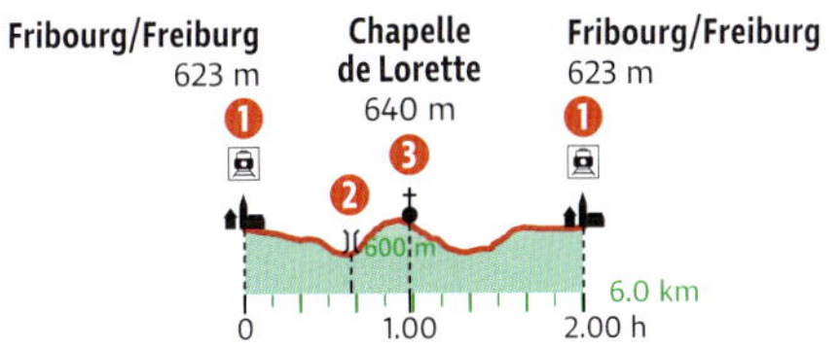

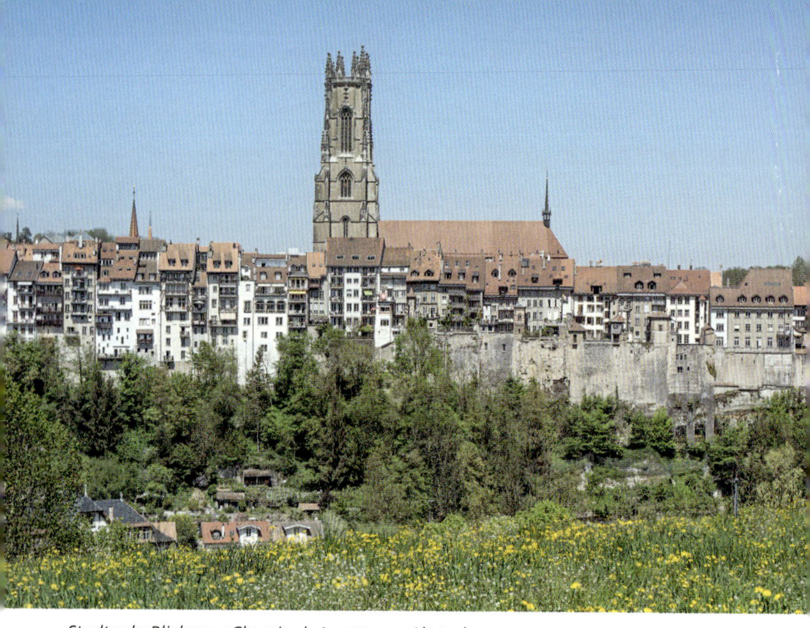

Stadtnah: Blick vom Chemin de Lorette zur Altstadt.

Vom Bahnhof **Fribourg** ❶ gelangen wir durch die Avenue de Tivoli zur Rue de Romont. Wir schlendern durch diese Fußgängerzone und gehen durch die Rue des Alpes weiter, wo sich mit Harteveld Livres Anciens das vielleicht größte Buchantiquariat der Schweiz versteckt. Wir queren hinüber in die Rue de Lausanne mit ihren Läden und Gasthäusern, bevor wir die neue Murtenlinde vor dem spätgotischen Ratshaus bewundern. Und schon stehen wir vor der **Cathédrale Saint-Nicolas**, ca. 590 m, mit ihrem 76 m hohen Turm, der auf denjenigen des Münsters in Freiburg im Breisgau zurückgeht. Der Aufstieg kostet ein paar Fränkli und Schweißtropfen, die sich unbedingt lohnen. Eine einzige Wendeltreppe mit 368 Stufen, die uns keuchend aufs Flachdach des wichtigsten Gotteshauses im Staate Freiburg entlässt. Der Tiefblick auf die Dächerlandschaft und den Saane-Canyon ist einfach spitze.

So ein Aufstieg macht natürlich auch Durst: Wir löschen ihn gleich neben der Cathédrale St-Nicolas in der Rue des Epouses. Während der erste Schluck des kühlen Cardinals die Kehle hinunterrinnt, lesen wir den Spruch oben auf dem Schild der Verlobten, welches über der Gasse hängt: »Voici la rue des Epouses fidèles/Et aussi le coin des Maris modèles.« Die deutsche Übersetzung auf der Schildrückseite ist nicht wörtlich, dafür wirklichkeitsnäher: »Hüt! Freu di Hochzitter, du guete Ma,/Morn het am End d'Frou scho dini Hose a.« Wenn der Liebe aber trotzdem Flügel wachsen: Das vielleicht schönste Werk der Lebens- und Arbeitsgemeinschaft Jean Tinguely & Niki de Saint Phalle befindet sich in einem ausrangierten Tramdepot ein paar Schritte hinter der Kathedrale.

Von der Hochzittergasse (der deutsche Name für die Rue des Epouses) durch die Grand-Rue, dann steil durch den Stalden hinab in die alte Unterstadt und beim Place du Petit St-Jean vorbei zur gedeckten **Pont de Berne** ❷. Auf den Sentiers du Dürrenbühl und des Falaises hinauf auf die Hochebene von Bourguillon (P. 654). Nach vorne zur Porte de Bourguillon, einem dieser stolzen Reste des mittelalterlichen Festungsrings, der in Bern ja fast ganz verschwunden ist, in Fribourg jedoch zum Stadtbild gehört wie die vielen Kirchen, Kapellen, Klöster und Gebäude der Universität. Bei der **Chapelle de Lorette** ❸ grüßt uns die Altstadt mit ihrer eigentlich viel zu großen Kathedrale; das Gebäude soll(te) ja auch demonstrieren, wer im Freiburgischen die Hosen anhat.

Bei der niedlichen **Chapelle Saint-Josse** neben dem Couvent de Montorge gehen wir links und oberhalb der Abtei von Maigrauge vorbei hinab zur Saane (ca. 540 m), über das Pérolles-Stauwehr und dann auf dem Sentier Ritter wieder hinauf. Bei der Verzweigung nach dem Sandstein-Tunnel rechts, hinauf zu einem Tennisplatz, durchs Gelände des Collège Sainte-Croix und durch die Rue du Botzet auf den Boulevard de Pérolles, die Champs Elysées von Fribourg; er führt schnurgerade zurück zum **Bahnhof** ❶.

Naturnah: Blick vom Sentier Ritter auf den Pérolles-See.

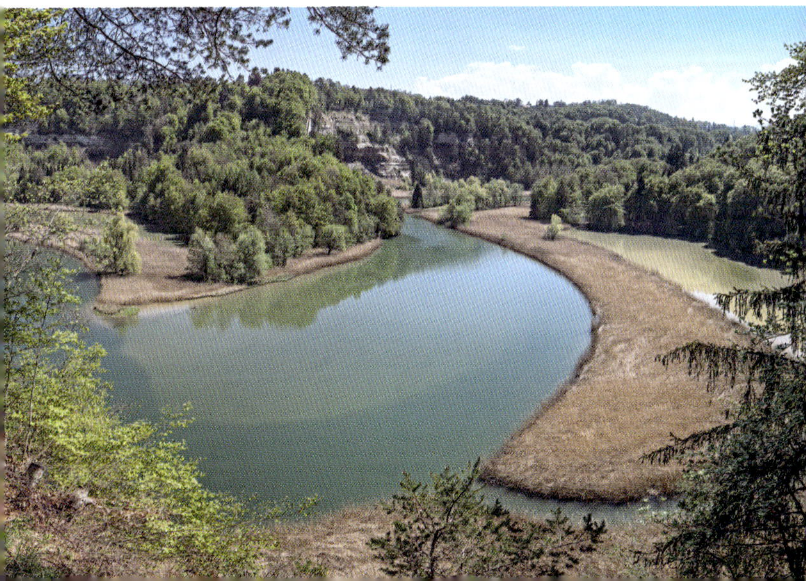

↗ 380 m | ↘ 550 m | 19.9 km

40 Jakobsweg 2: Schwarzenburg – Fribourg

5.15 h

Sakrale Landschaft

Man merkt es, wenn man mit der Bahn oder dem Auto vom Bernbiet ins Freiburgische fährt. Geht man zu Fuß, fällt es einem natürlich noch mehr auf. Plötzlich stehen Kapellen, Bildstöcke und Kreuze fast an jeder Wegkreuzung – sechs Kapellen säumen direkt den Jakobsweg zwischen Heitenried und Uebewil, weitere befinden sich in der Nähe. Große Kirchen dominieren zudem die Bauerndörfer. Warum? Weil der katholische Glaube und die Volksfrömmigkeit im Kanton Fribourg tief verankert sind.

Ausgangspunkt: Schwarzenburg, 792 m; Endstation der S-Bahn von Bern.
Endpunkt: Bahnhof Fribourg, 623 m.
Anforderungen: Markierte Wege, in Fribourg selbst mit einer Jakobsmuschel auf blauem Untergrund. T1.

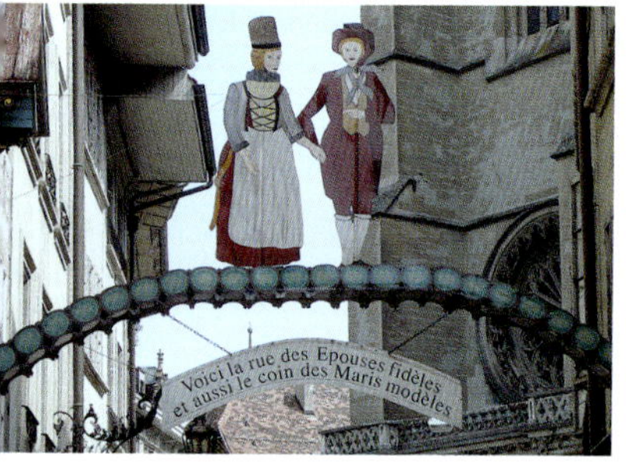

Einkehr: Im Restaurant Sodbachbrücke, im Restaurant Senslerhof in St. Antoni und im Gasthof St. Michael in Heitenried.
Unterkunft: In Schwarzenburg; vgl. Tour Jakobsweg 1. In Tafers: Hotel Taverna, +41 26 494 73 73. Hotels in Fribourg.
Variante: Von Tafers 5 auf der Route von Tour 42 durch den wildromantischen Galterengraben zur Pont de Berne; 1.20 Std.
Tipps: 1. Besonders schön im Frühling mit weiß blühenden Obstbäumen und gelben Löwenzahnwiesen.
2. Sensler Museum in Tafers, www.senslermuseum.ch.
Karte: 242 T Avenches, 243 T Bern; 1185 Fribourg, 1186 Schwarzenburg.
Kombinationsmöglichkeit: Mit den Touren 35, 38, 39, 41, 42.

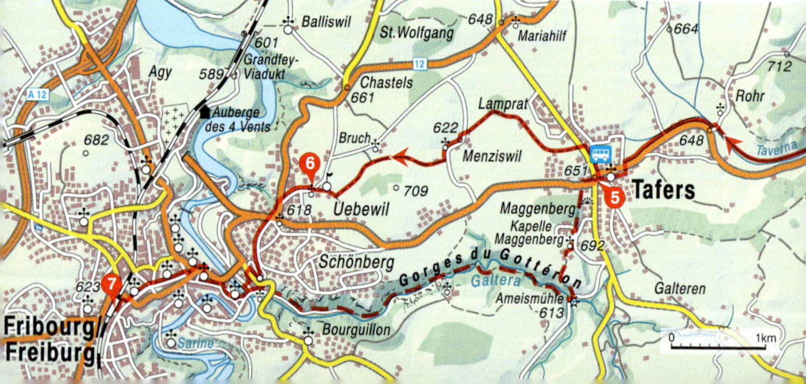

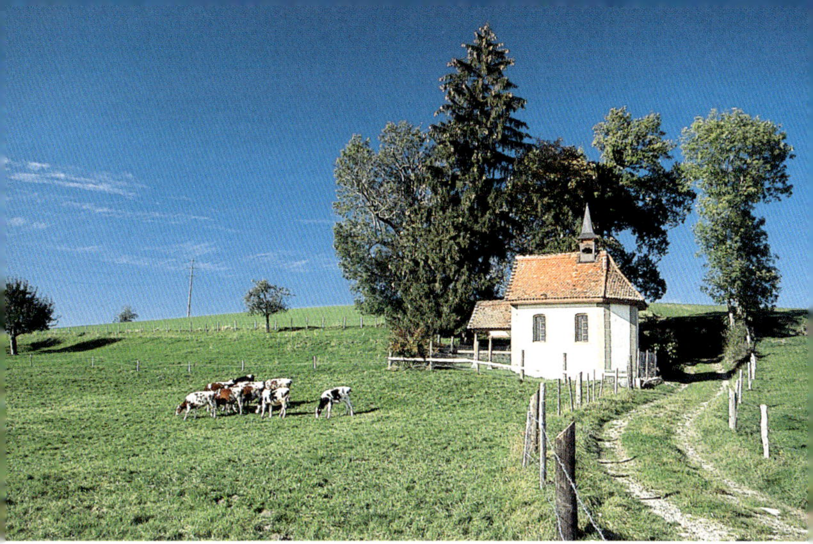

Foto oben: Zwischen Tafers und Uebewil: die Marienkapelle von Menziswil.
Links: Schild in der Hochzeitsgasse.

Vom Bahnhof **Schwarzenburg** ❶ kurz westwärts, dann nordwärts auf der Hauptstraße, bis links ein Teersträßchen mit der Wanderroute abzweigt. Über eine Anhöhe hinweg zum Hof Wart und durch einen Graben hinab nach Torenöli (P. 637), wobei man hier besonders eindrückliche Überreste der mittelalterlichen »Fryburg stras« begeht – ein 2 m breiter, in den Sandstein gehauener Weg, der mit großen Flusskieseln gepflastert ist. Flussaufwärts zur **Sodbachbrücke** ❷; die Sense, die Kantonsgrenze Bern–Freiburg sowie die Konfessionsgrenze überqueren wir auf dieser Holzkonstruktion von 1867. Kurz am Sodbach entlang, die Autostraße queren und auf

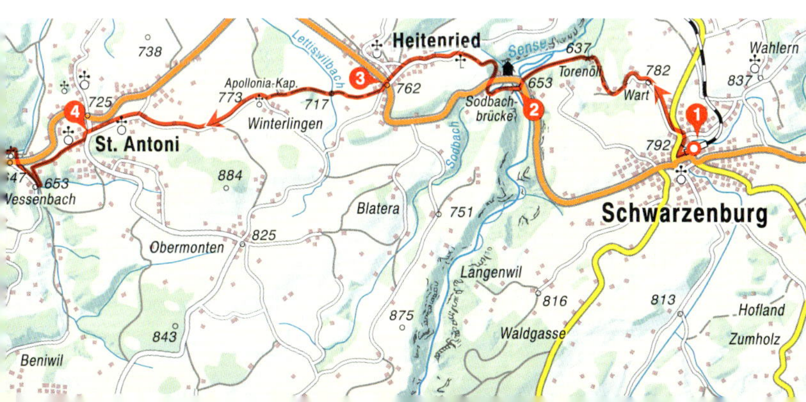

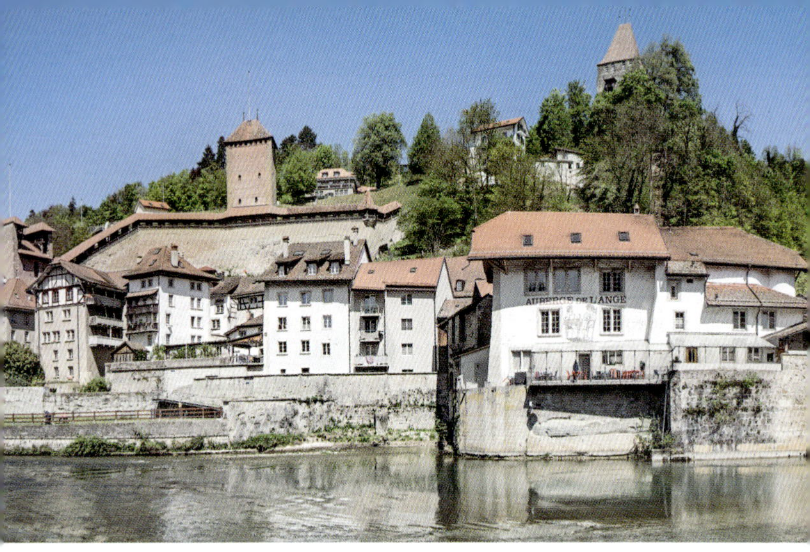

Altehrwürdig: die Pont de Nant in Fribourg.

einem wiederum gepflasterten Weg hinauf zu einem 2006 eingeweihten Jakob-Bildstock. Schließlich auf einem Sträßchen ins Dorf **Heitenried** ❸ mit einer großen neugotischen Kirche.
Westwärts auf Feldwegen und Sträßchen über den Lettiswilbach (P. 717) und bei der Apollonia-Kapelle von Winterlingen, 773 m, vorbei nach **St. Antoni** ❹ mit einer reformierten und einer katholischen Kirche. Ein beeindruckender Hohlweg senkt sich nach Weissenbach, 653 m. Bei der Einmündung in die Kantonsstraße (P. 647) steht eine Kapelle mit der Sebastianstatue. Der Wander- und Jakobsweg geht hinüber zur Taverna und folgt diesem fröhlichen Bach, bevor er sich mit der Kantonsstraße begnügen muss. So gelangen die Pilger nach **Tafers** ❺ mit der sehr sehenswerten Jakobskapelle von 1769 neben der Kirche.
Weiter auf dem Pilgerweg durch die weite Landschaft, auf Sträßchen, Feld- und Flurwegen über Lamprat, Menziswil mit der einsamen Marienkapelle, dann unterhalb von Hinter Bruch mit der St.-Jost-Kapelle hindurch zu P. 683 m und hinab nach **Uebewil** ❻, mit dem Schloss und der 1789 erbauten Kapelle »Unserer lieben Frau von den Sieben Schmerzen«. Auf der Straße hinab zu einem Doppelkreisel am Stadtrand von Fribourg, mit der Bartholomäus-Kapelle und einem bronzenen Jakobspilger.
Und wie gelangt man nun zu Fuß zum Bahnhof (natürlich auch mit dem Bus möglich)? Südwestwärts durch die Route St-Barthélemy und ihre Fortsetzung, die Route François Arsent, bis man links in den Chemin de la Tour Rouge wechseln kann. Am **Roten Turm** vorbei hinab auf die Autostraße

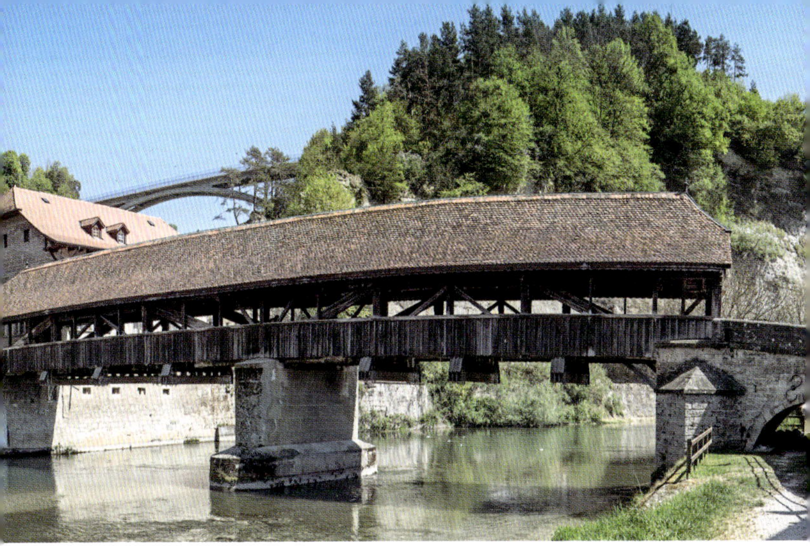

nach Bourguillon und weiter abwärts zum **Tour des Chats**. Auf dem Treppenweg entlang der Stadtmauer zum Berner Turm und hinein in die Unterstadt von Fribourg. Vor der gedeckten Bernbrücke, ca. 540 m, befindet sich rechter Hand die Auberge de l'Ange, wo die Jakobspilger einst übernachteten.

Nach der Brücke geradeaus weiter zum **Place du Petit St-Jean**; auf dem St. Anna-Brunnen sind vier musizierende Engel und ein Jakobspilger dargestellt. Durch die Rue de la Samaritaine zur Nummer 6, wo das ehemalige Jakobsspital stand. Weiter durch den Stalden hinauf in die Reichengasse/Grand-Rue und dann durch die Rue des Epouses/Hochzittergasse zur **Cathédrale Saint-Nicolas**; auf dem Altarbild wird der heilige Jakob mit einer Muschel auf dem Kleid dargestellt. Durch die Rue St-Nicolas auf den Place de Notre-Dame und westwärts zur Fußgängerzone der Rue de Lausanne. Durch diese und durch die Rue de Romont zur Avenue de Tivoli, die uns zum Bahnhof **Fribourg** 7 begleitet.

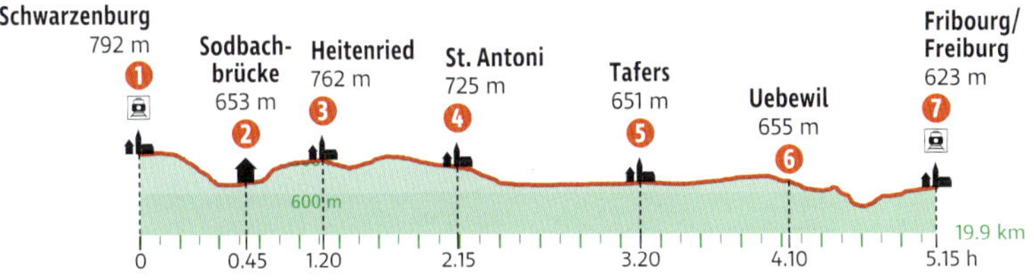

↗ 310 m | ↘ 280 m | 13.6 km

41 Düdingen – Fribourg

4.00 h

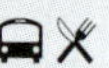

Pilgerorte auf Schritt und Tritt

An vielen Sehenswürdigkeiten religiöser und anderer Art kommen wir auf dieser Wanderung durchs Freiburgerland vorbei. Die Lourdes-Grotte in Düdingen. Die in die Sandsteinwand oberhalb des Schiffenensees gegrabene Magdalena-Einsiedelei aus dem 17. Jahrhundert. Das 334 m lange und bis 79 m hohe Grandfey-Viadukt, das größte Bauwerk der Eisenbahnstrecke Lausanne–Bern. Die Auberge des 4 Vents. Und zwischendrin die kleine grüne Lunge des Naturschutzgebietes Düdinger Moos.

Ausgangspunkt: Düdingen, 594 m; S-Bahn Bern–Fribourg.
Endpunkt: Bahnhof Fribourg, 623 m.
Anforderungen: Nur ein klein wenig Kondition. T1.
Einkehr: Restaurants in Düdingen, beim südlichen Brückenkopf des Grandfey-Viadukts oder in Fribourg.
Variante: Lässt man die Pilgerorte Lourdes-Grotte und Magdalena-Einsiedelei aus und nimmt jeweils die direkten Wege (Dündigen – Düdinger Moos – Grandfey), verkürzt sich die Wanderung um gut 45 Min.
Tipp: Magdalena-Einsiedelei: April und Okt. 9–18 Uhr; Mai bis Sept. 9–20 Uhr; www.fribourgregion.ch.
Karte: 242 T Avenches; 1185 Fribourg.
Kombinationsmöglichkeit: Mit den Touren 39, 40, 42.

Auf trockenen Füßen: im Düdinger Moos.

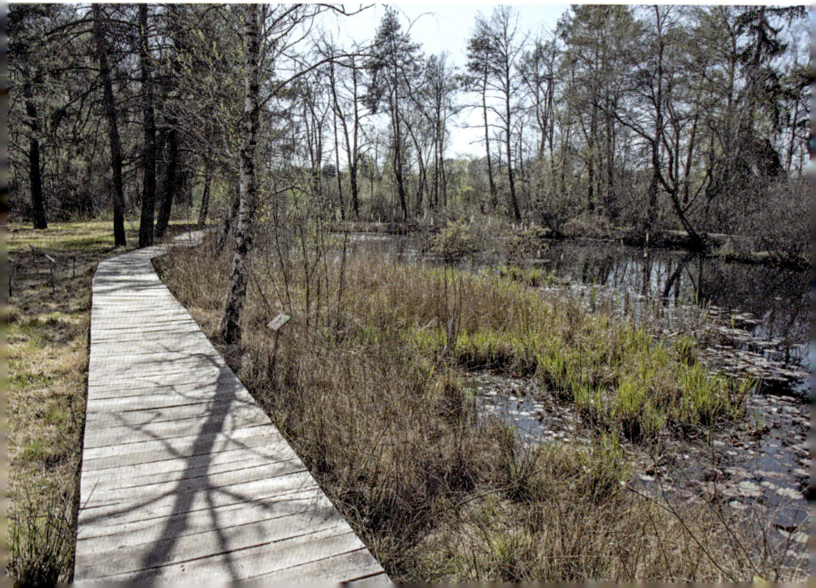

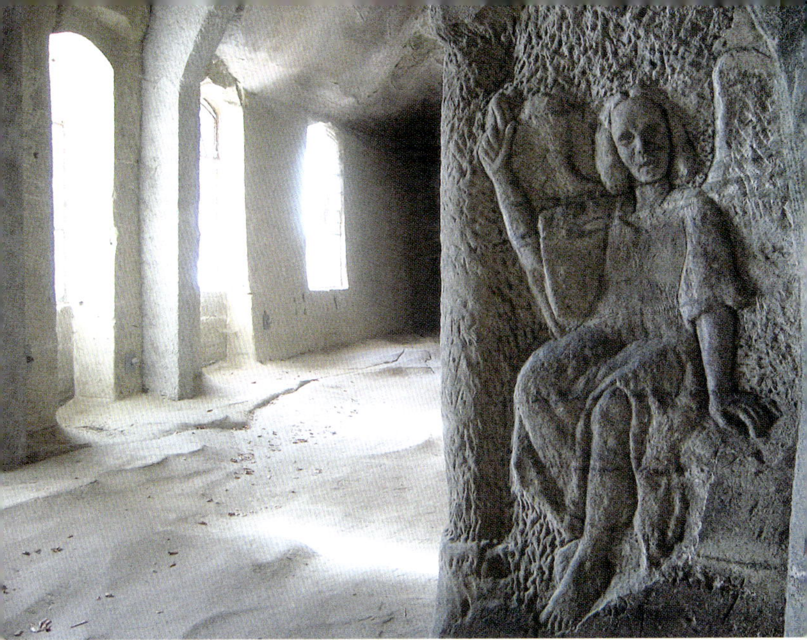

Im Sandstein: Magdalena-Einsiedelei.

Vom Bahnhofplatz in **Düdingen 1** über die Hauptstraße hinweg die Bahnhofstrasse hinab, rechts in die Gänsebergstrasse einschwenken und gleich darauf links in das Stichsträßchen hügelaufwärts zu einem neuen Schulhaus; rechts haltend daran vorbei auf die Alfons-Aeby-Strasse. Nach rechts und schon bald nach links in den Buchenweg einbiegen. Geradeaus auf einem Waldweg weiter bis zu einem Holzzaun, ca. 630 m. Unterhalb davon versteckt sich die **Lourdes-Grotte 2**, zu der man auf einem Treppenweg gelangt.

Anschließend auf dem Hauptzugangsweg hinab an den Waldrand und links am Friedhof vorbei auf die Chänelmattstrasse. Auf ihr ins Zentrum und zur Pfarrkirche. Auf deren Westseite beim Haupteingang erreichen wir über eine Treppe die Kirchstrasse; man folgt ihr nach links, bis rechts die Tunnelstrasse abzweigt (P. 575; Wegweiser »Ottisberg«). Unter der Eisenbahnlinie hindurch, bei der Verzweigung links zum Weiler Zelgmoos (P. 583) und zum Wanderweg durchs **Düdinger Moos 3**.

Wir wandern hindurch, ohne jedoch die Schleife zur Autobahn zu nehmen. Vom Hof Meierisli weiter südwärts durch eine Wald-Wiesen-Weiher-Landschaft zu einem weiteren Hof, von wo man auf der Straße marschieren muss. Bei der T-förmigen Kreuzung (P. 579) nach rechts, durch den Weiler

Räsch und über die Autobahn. Parallel zu ihr nehmen wir den Waldrandweg zur **Magdalena-Einsiedelei**, ca. 570 m.

Nach deren Besuch durch eine Röhre unter der Autobahn hindurch auf einen Feldweg; wir folgen ihm, bis rechts ein Fußweg abzweigt und zum Teersträßchen führt, das zum Schiffenensee, ca. 532 m, absinkt. Am See entlang; wo die Straße ansteigt und in den Wald gelangt, biegt man rechts in einen Fußpfad ein, der zu einem Rücken hinaufsteigt und entlang eines Feldes das **Grandfey-Viadukt** ❹ erreicht. Im Inneren der Brücke führt die Passage für Fußgänger und Fahrräder an das Südufer. Hügelaufwärts auf der Route de Grandfey, an der **Auberge des 4 Vents** vorbei, in die Sied-

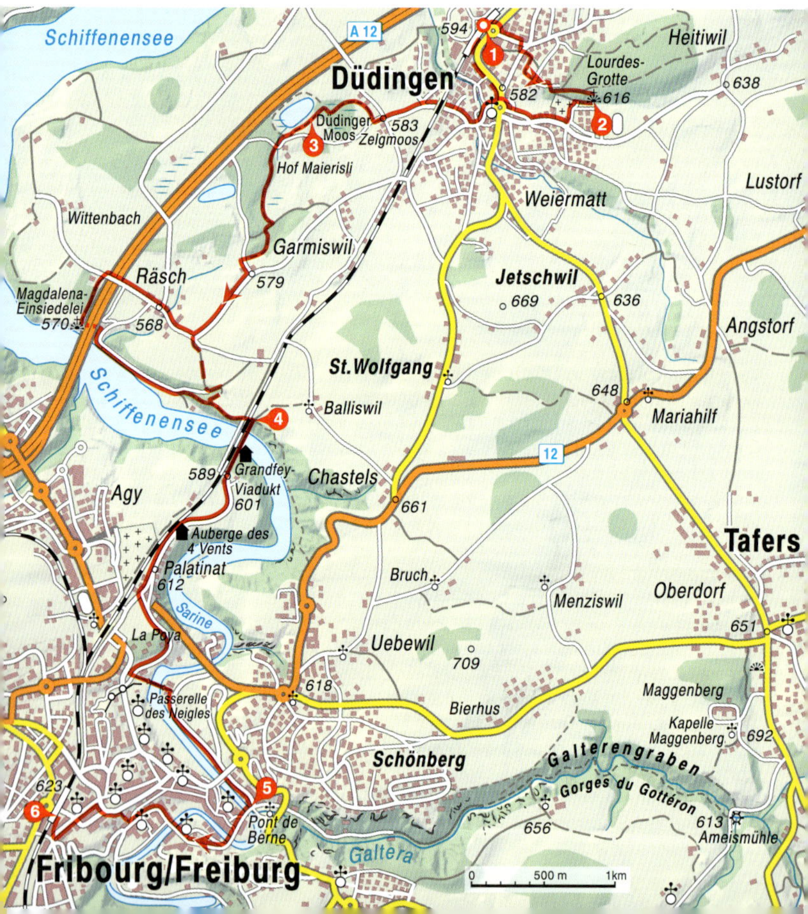

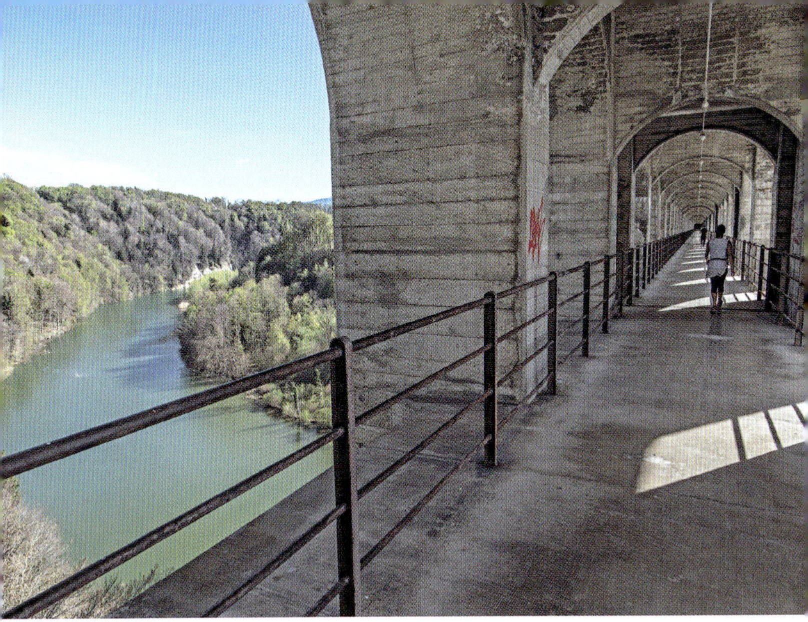

Über der Saane und unter der Bahn: Überquerung des Grandfey-Viadukts.

lung Palatinat (P. 612) und auf dem gleichnamigen Sträßchen unterhalb von Park und **Schloss La Poya** vorbei zur Stadtmauer von Fribourg. Nun geht's durch den Sentier du Stand und über Treppen zur Hängebrücke Passerelle des Neigles und zur Sarine (Saane) (P. 535). Flussaufwärts, unter der Zähringerbrücke hindurch, zur Altstadt von Fribourg, die wir durch den Torturm von Bern betreten. Weiter durch die Schmiedgasse/Rue des Forgerons zum Platz bei der **Pont de Berne** 5. Über die Brücke, geradeaus durch das Stadtviertel Le Petit St-Jean und über die Mittlere Brücke. Durch die Planche Supérieur und auf der Pont de Saint-Jean zum wiederholten Male über die Sarine. Auf der Rue de la Neuveville durch den gleichnamigen Stadtteil, neben (oder mit) der Standseilbahn Neuveville zum Place Georges-Python und links zum Bahnhof **Fribourg** 6.

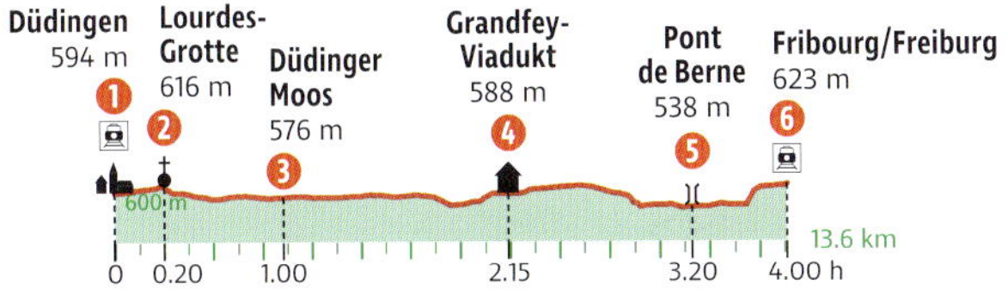

↗ 230 m | ↘ 190 m | 6.3 km

42 Gorges du Gottéron

2.00 h

Eine kleine, aber feine und stadtnahe Schluchtwanderung

Kaum zu glauben, wie schnell man von der Stadt in der Natur ist – kaum hat man die letzten Häuser bei der Pont de Berne hinter sich gelassen, taucht man ein in die Gorges du Gottéron bzw. Galterenschlucht. Sandsteinfelsen türmen sich neben dem beschaulichen Galterenbach, welcher im Lauf der Jahrtausende eine stattliche Schlucht in die Landschaft gearbeitet hat. Neben dem Bach verläuft ein elegant angelegter Weg, welcher sich wunderbar für Familien mit Kindern eignet. Ein Ausflug, welcher bestens noch mit einem Stadtbummel durch Fribourg verlängert werden kann.

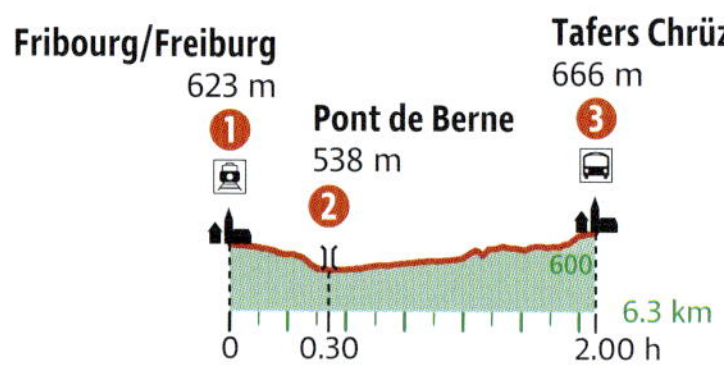

Ausgangspunkt: Bahnhof Fribourg, 623 m.
Endpunkt: Tafers, Haltestelle Chrüz, 666 m; Bus nach Düdingen oder Fribourg.
Anforderungen: Nur ein klein wenig Trittsicherheit. Der Weg durch die Schlucht ist hervorragend ausgebaut. T1.
Einkehr: Restaurants und Hotels in Fribourg oder in Tafers.
Varianten: 1. Vor der Bushaltestelle Am Kreuz links abzweigen und der Straße Richtung Spital folgen, so kommt man noch an der kleinen Kapelle Maggenberg, 679 m, vorbei. Dann rechts von der Spitalzufahrt, wo der Weg zur 1959 erbauten Grotte im Osthang des Maggenbergs beginnt. Weiter nordwärts absteigend durch den Wald und nach rechts ins Zentrum von Tafers (Bushaltestelle Dorf, 20 Min. mehr). Östlich davon das Sensler Museum und die Kirche mit der vorgelagerten Kapelle Sankt Jakob mit der Darstellung des Hühnerwunders.
2. Möchte man einen Stadtbummel in Fribourg anhängen, geht man am besten in entgegengesetzter Richtung.
Hinweis: Im Winter ist die Schlucht geschlossen, Infos zu den Öffnungszeiten im Tourismusbüro Fribourg (+41 26 350 11 11).
Karte: 242 T Avenches; 1185 Fribourg.
Kombinationsmöglichkeit: Mit den Touren 39–41.

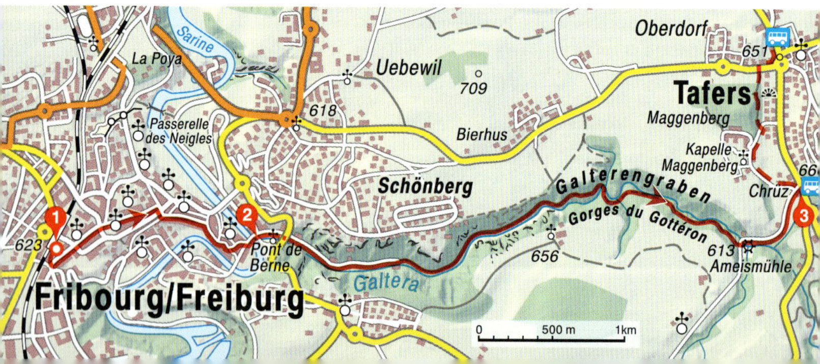

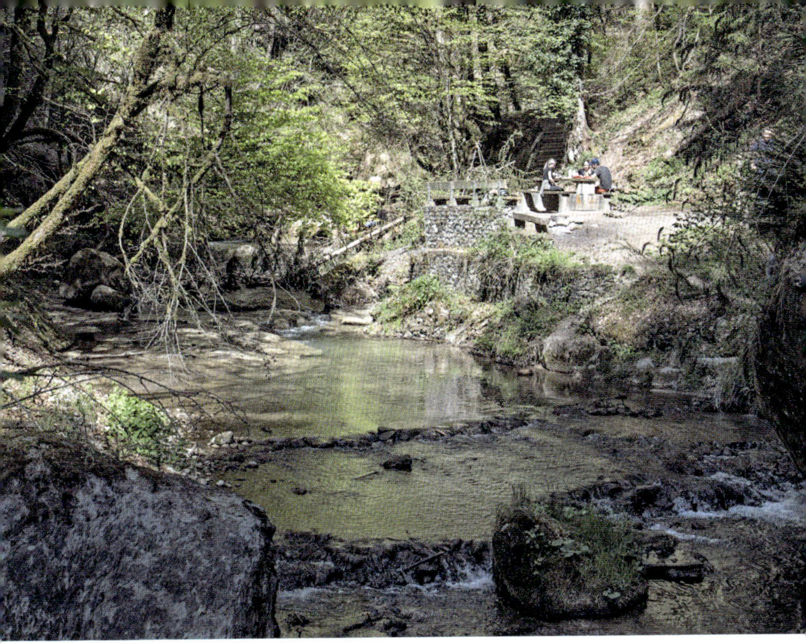

Im Sommer angenehm schattig: in der Gorges du Gottéron.

Vom Bahnhof **Fribourg** ❶ geradewegs auf Rue de Romont, Rue de Lausanne und Grand-Rue durch die Altstadt. Über die Treppen hinab zum Place du Petit-St-Jean und links zur **Pont de Berne** ❷. Auf der anderen Seite zweigen wir nach rechts in den Galterengraben ab. Nach knapp 2 km hört die Straße durch die **Gorges du Gottéron** auf.

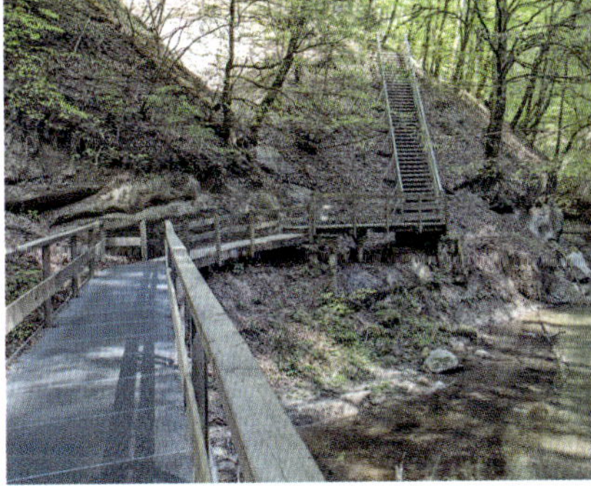

Ein sehr abwechslungsreicher, mit Brücken und Treppen gebauter Schluchtweg steigt mit Zwischenabstiegen – und vorbei an mehreren über die ganze Schlucht verteilten Picknickplätzen – nach **Ameismühle** (P. 613), wo die Schluchtwanderung endet. Auf der Straße über die Galteren und dieser folgen bis zur Bushaltestelle **Chrüz/Am Kreuz** ❸ im Süden von Tafers. In 26 Min. ist man mit dem Bus wieder am Bahnhof **Fribourg**.

↗ 250 m | ↘ 290 m | 10.0 km

43 Von Denkmal zu Denkmal: Neuenegg – Laupen

2.45 h

»Den Kampf gewonnen, das Vaterland verloren«

Dieser Spruch steht auf dem kantigen Obelisken aus Kalkgestein auf der sonnigen Anhöhe oberhalb von Neuenegg, einem Dorf an der Sense 12 km südwestlich von Bern. Das Denkmal erinnert an die Schlacht vom 5. März 1798: »Hier siegten Bern's tapfere Krieger über Frankreichs stolze Schaaren.« Nur nützte der Sieg in der Schlacht von Neuenegg den Herren von Bern nichts, denn gleichentags erlitten ihre Truppen bei Grauholz eine Niederlage gegen die Franzosen. Steht der 5. März 1798 für den Fall des alten Bern, so markiert das Jahr 1339 den Beginn des Aufstiegs zur Großmacht. Am 21. Juni besiegten nämlich die Berner mit den verbündeten Innerschweizern auf den Feldern von Bamberg ob Neuenegg die Habsburger und Burgunder, welche das Schloss Laupen belagert hatten, um Berns Machtstreben zu bremsen. Viel Geschichte also auf dieser Wanderung von Neuenegg nach Laupen, aber auch viel freie Sicht gegen Westen, gegen Frankreich.

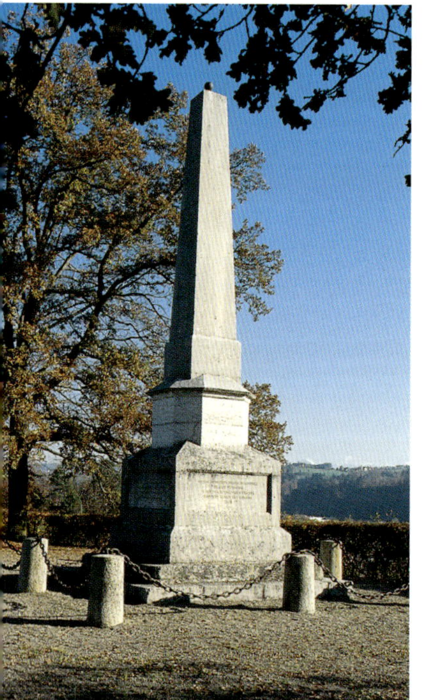

Ausgangspunkt: Neuenegg, 524 m; S-Bahn von Bern.
Endpunkt: Laupen, 486 m; S-Bahn nach Bern.
Anforderungen: Etwas Orientierungsvermögen. Markierte und unmarkierte Wege. T1.
Einkehr: In Neuenegg: Hotel Bären, +41 31 741 31 50. In Bramberg: Restaurant zum Denkmal, bekannt für seine knusprigen Hähnchen (Mi und Do geschlossen). In Laupen: Café am romantischen Kreuzplatz; Restaurant Sensebrücke.
Variante: Von Laupen auf dem südlichen Senseuferweg zurück nach Neuenegg; 1.15 Std.
Tipps: 1. Die schönen Innenräume von Schloss Laupen können besichtigt werden: Öffnung auf Anfrage, +41 31 740 10 60, www.regionlaupen.ch.
2. Am 21. Juni feiert Laupen auf dem Blidenplatz beim Schloss den Jahrestag der Schlacht (ab 19 Uhr).
Karte: 243 T Bern; 1165 Murten, 1166 Bern, 1186 Schwarzenburg.

Denkmal für einen nutzlosen Sieg: Neuenegg.

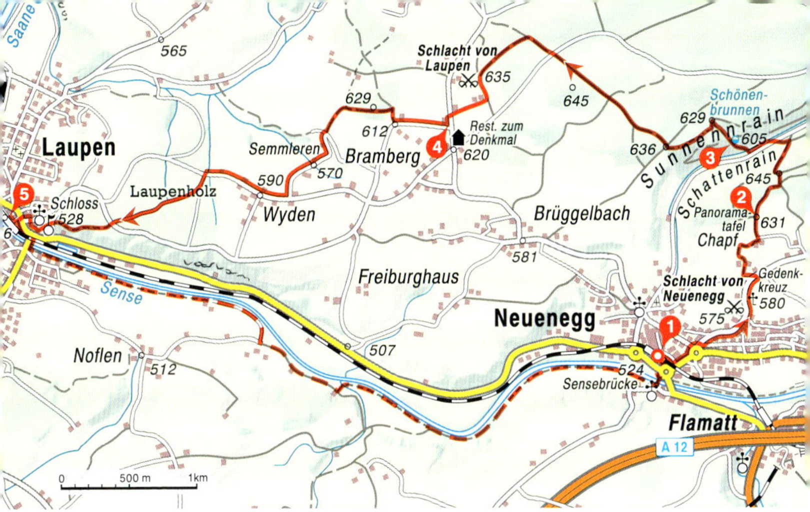

Vom Bahnhof **Neuenegg** ❶ auf der Wanderroute durch die Dorf- und Denkmalstrasse aufwärts. Wo sich die Straße verflacht, geht es rechts, ostwärts, zum Gedenkkreuz an die 135 gefallenen Berner und links, westwärts, zum Denkmal der Schlacht von Neuenegg, ca. 575 m – ein schöner Platz mit dem Obelisken mittendrin. Zurück auf die Straße, aber schon bald auf dem Wanderweg nordwärts durch zwei Bauerngüter nach **Chapf** ❷; von der Waldecke (P. 631) lohnt sich der Abstecher von 100 m westwärts zur Panoramatafel. Zurück zur Waldecke und auf dem Wanderweg Richtung Oberwangen noch bis zur zweiten Wegverzweigung im Wald (eine Vierwegekreuzung). Nun verlässt man den Wanderweg nordwärts zu einem Forststräßchen, geht links zu P. 641 und gleich wieder rechts, um durch den Schattenrain in den **Wileringgraben** hinabzusteigen. Bei der ersten Möglichkeit nach links auf das Sträßchen durch den Graben. Kurz grabenauswärts, bis rechts ein Weg abzweigt. Er überbrückt den Bach, ca. 580 m, und steigt hinauf zum **Schönenbrunnen** ❸ (frisches Quellwasser).
Weiter durch den Sunnenrain aufwärts zur Wegspinne (P. 629). Nun wieder auf der Wanderroute in leichtem Auf und Ab erst süd-, dann nordwest-

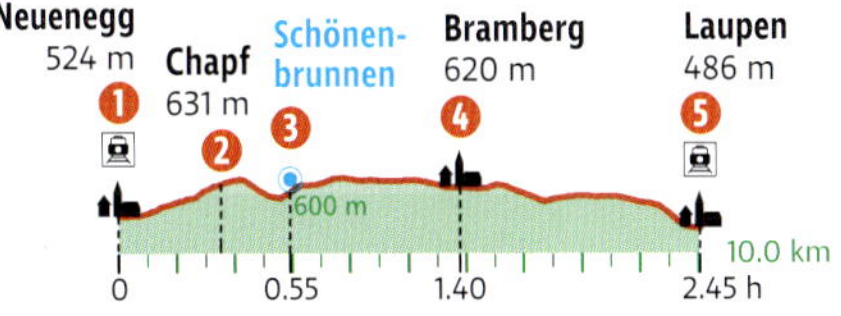

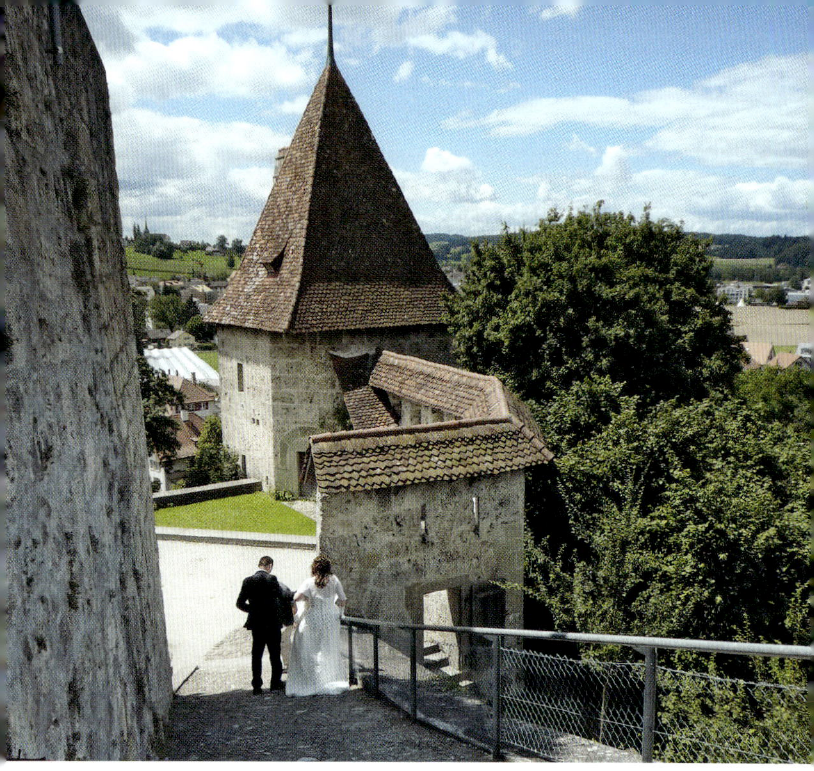

Schloss als Ort für hoffnungsfrohen gemeinsamen Gang: Laupen.

wärts durch den großen Forst und schließlich den Wald verlassend nach vorne zum Denkmal der Schlacht von Laupen, ca. 635 m – ebenfalls ein schöner Platz mit dem gemauerten Turm.
Auf der Wanderroute in die Streusiedlung **Bramberg** 4; wo die Route die Hauptstraße nach rechts verlässt, kann man auf der Straße in wenigen Schritten das Restaurant zum Denkmal (P. 620) erreichen. Die Wanderroute schlängelt sich durch Feld und Wald, im Auf und Ab, über Semmleren und Wyden (P. 590) ins Laupenholz. Nach der Straße gelangen wir zur Hangkante und folgen ihr zum **Schloss Laupen** (P. 528), das mächtig auf einem Felssporn oberhalb der Sense thront. Die Treppen und Wege rund um das Schloss sind immer zugänglich; besonders schön ist der Platz mit der Kastanie oberhalb des Sodbrunnens, des Käfigturms und des Städtchens.
Schließlich durch den Schlossrain hinab ins mittelalterliche Städtchen **Laupen** 5 und später zum Bahnhof.

↗ 200 m | ↘ 290 m | 12.3 km

3.15 h

Lediflue, 707 m – Gäbelbach

Idylle am Westrand der Hauptstadt

Der 10 km lange Gäbelbach entspringt mitten im Forst, dem größten Wald im Westen von Bern, und zwar in der großen Lichtung Heitere. An ihm richtig entlangwandern können wir allerdings nur auf der zweiten Hälfte: eine wunderschöne Strecke, perfekt fürs Spazieren, Spielen und Joggen. Idylle pur gleich neben der großen Überbauung am Gäbelbach und dem im Herbst 2008 eingeweihten Shopping-Freizeit-Tempel Westside des US-Stararchitekten Daniel Libeskind. Ein Gipfel liegt am Rande des wenig auffälligen Tals des Gäbelbachs: Lediflue. Fluh deshalb, weil auf ihrer Ostseite ein Felsband einen alpinen Hauch einbringt. Wen dies wenig beeindruckt, sollte wissen, dass eine der 111 Sektionen des Schweizer Alpen-Clubs Ledifluh heißt.

Ausgangspunkt: Rosshäusern, 579 m; an der S-Bahn Bern–Neuchâtel bzw. Payerne.
Endpunkt: Haltestelle Eymatt-Camping, 489 m, südöstlich von Hinterkappelen am Wohlensee; Postauto zum Bhf. Bern.
Anforderungen: Mehrheitlich markierte Wanderwege. T1.
Einkehr: In Rosshäusern, Juchlishaus, Minigolf Heggidorn, Mühle bei Riedbach und Camping Eymatt.
Varianten: 1. Von der Eymatt durch den Bremgartenwald, am Glasbrunnen vorbei, zur Bushaltestelle Länggasse, 555 m; 1 Std. – 2. Eine Mini-Wanderung von 1 Std. entsteht, wenn man von der Bushaltestelle Heggidorn (auch Parkplatz) auf der Westseite der Lediflue südwärts wandert und auf der Ostseite wieder zurück zum Ausgangspunkt (schön mit Kindern, Grillstelle auf der Lediflue).
Tipp: Ebenfalls im Forst, 2,5 km südöstlich der Gäbelbachquelle bei Landgarben, entspringt der Stadtbach von Bern; gut sichtbar ist er beim Schloss Bümpliz sowie in der Kram- und Gerechtigkeitsgasse in der Berner Altstadt.
Karte: 243 T Bern; 2502 Bern und Umgebung.
Kombinationsmöglichkeit: Mit Tour 45.

Lediflue-Panorama: von links Schreckhorn, Finsteraarhorn, Eiger, Mönch und Jungfrau.

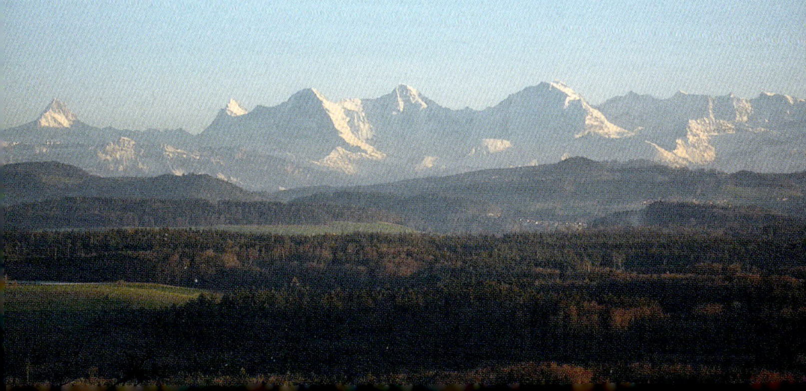

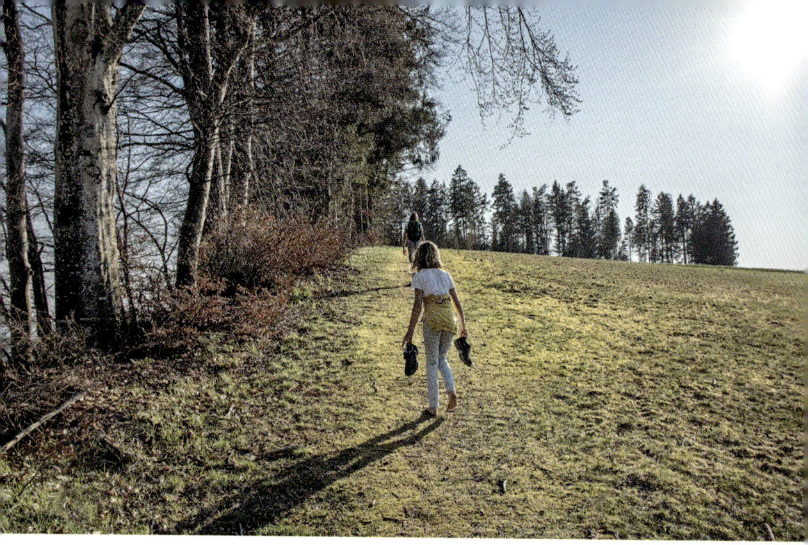

Barfußgeeignet: der Wanderweg über die Lediflue.

Von der Bahnstation **Rosshäusern** ❶ auf dem Wanderweg nordwestwärts querfeldein bergauf nach Juchlishaus (P. 612). Nordwärts auf der Straße durch die Siedlung ansteigen, bis rechter Hand der Wanderweg abzweigt und in den Fluewald hineinzieht. Mit zwei langen Serpentinen erreicht der Weg die Oberkante der **Lediflue** ❷ und geht nordostwärts zu ihrem höchsten Punkt mit zwei Sitzbänken und freiem Blick zu den Berner Alpen.
Abstieg auf dem Weg, schon bald außerhalb des Waldes (und abseits des markierten Wanderweges) am Waldrand entlang nordostwärts zu einer Gärtnerei und weiter zu einer Verzweigung von Sträßchen südöstlich von Heggidorn. Die Wanderroute Richtung Thörishaus bringt uns auf einem Forststräßchen durch den Spilwald hinab ins **Gäbelbachtal** (P. 567). Wir verlassen die Wanderroute und folgen linker Hand dem Schottersträßchen, das am Waldrand entlang (streckenweise kann auch auf einem Weg links vom Waldrand gewandert werden) in die Siedlung **Riedbach** ❸ führt. Dort stoßen wir wieder auf die Wanderroute – sowie zum ersten Mal auf den

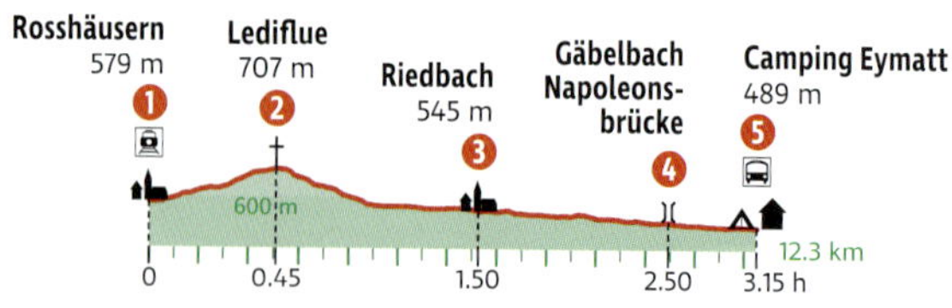

Gäbelbach. Ostwärts zur Straße nach Frauenkappelen, dieser ganz kurz folgen, dann nach rechts und – wieder an einer Gärtnerei vorbei – hinab zum **Gäbelbach**, ca. 535 m.

Nun folgen wir stets diesem idyllischen Bach. Unterhalb der Autobahnbrücke wechseln wir an das rechte Ufer; der Wanderweg steigt zur Autobahn hinauf – und dann wieder hinunter zum Bach. Wir aber folgen auf einem Wiesen-, dann Waldpfad direkt dem Wasser. Weiterhin bleiben wir mehr oder weniger am mäandernden Gäbelbach, mit kleinen Gegensteigungen und vorbei an einem Picknickplatz. Kurz darauf folgt eine Unterführung unterhalb einer Straße hindurch. Und dann ist schon bald der Rand der Siedlung **Gäbelbach** mit der **Napoleonsbrücke** ❹ erreicht. Wir bleiben jedoch am rechten Ufer. Wo der Kanal abzweigt, folgen wir ihm. Nach Verlassen des Waldes kommen wir zu einer Kreuzung. Hier gibt es zwei Möglichkeiten, um zur Bushaltestelle **Eymatt** zu gelangen:

1. Weiter am Kanal entlang durch die Siedlung Eymatt und zur gleichnamigen Bushaltestelle. – 2. Alternativ bei der Kreuzung links, hinab zum Gäbelbach und zwischen Schutzgebiet und Siedlung Eymatt nach vorne zum Wohlensee. Auf dem Uferweg bis nach der Kappelenbrücke, dann gleich rechts hinauf zur Straße, ihr kurz folgen und nach links zum **Campingplatz** mit Restaurant. Die oben erwähnte **Bushaltestelle** ❺ befindet sich südöstlich davon.

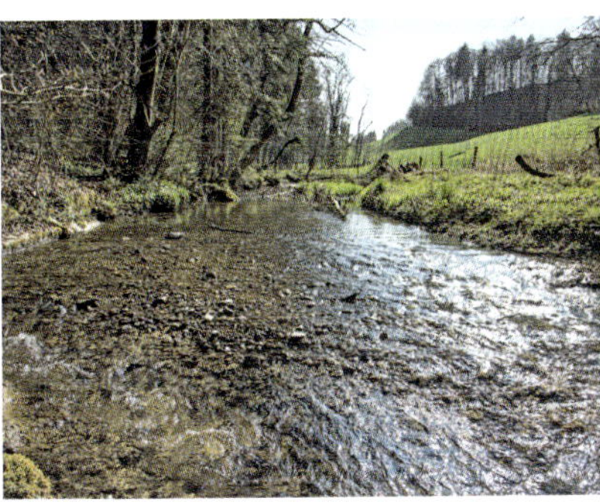

Ganz stadtnah: am Gäbelbach.

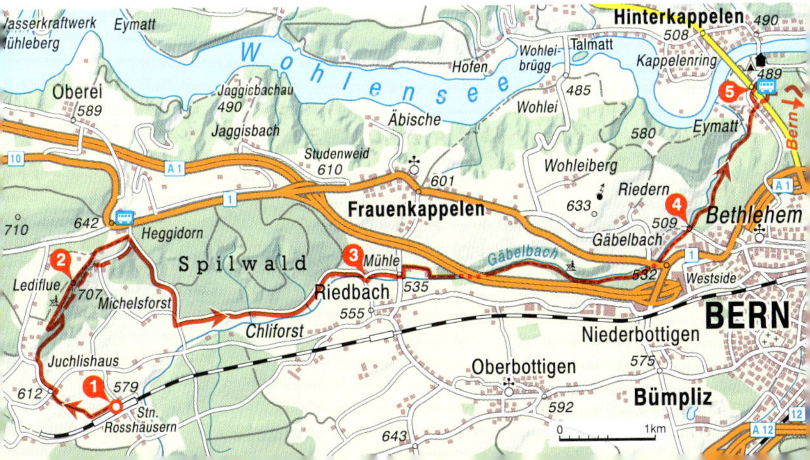

↗ 440 m | ↘ 500 m | 13.2 km

45 Am Südufer des Wohlensees

4.00 h

Der Aaresee

Bern hat seit 1920 einen See: den Wohlensee. 13 km gestaute Aare, 3,65 km² groß, bis 700 m breit. Ein bisschen Schweden, Finnland oder Kanada am Stadtrand. Weite Länder sind das, und entsprechend lang ist die Wanderung rund um den gesamten Wohlensee. Sie lässt sich aber gut halbieren – im Frühling das sonnige nördliche Ufer, im Sommer das schattige südliche Ufer.

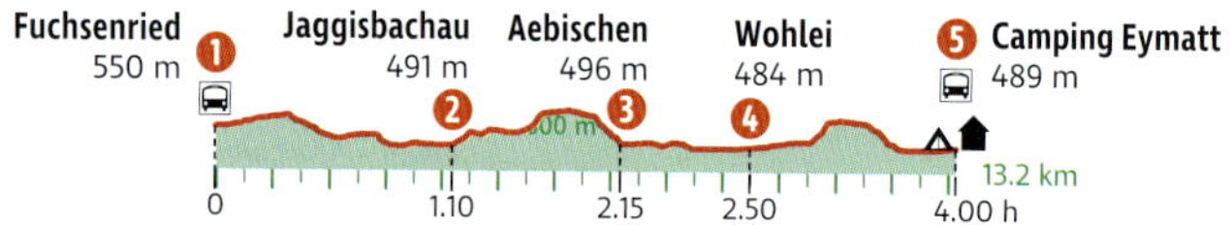

Ausgangspunkt: Fuchsenried, 550 m, Bushaltestelle Mühleberg.
Endpunkt: Haltestelle Eymatt-Camping, 489 m, südöstlich von Hinterkappelen; Postauto zum Bahnhof Bern.
Anforderungen: Wenige Passagen erfordern etwas Trittsicherheit; der Weg kann im Frühling oder nach starken Regenfällen recht morastig sein und im Winter evtl. vereist. Markiert. T1, teils auch T2.
Einkehr: Camping Eymatt, Bogen 17 Kiosk (auf der anderen Seite der Wohlenbrücke).
Varianten: 1. Man kann den Wohlensee auch vollständig umrunden, ausgehend von der Haltestelle Aumatt in Hinterkappelen, um die Halbinsel Hinterkappelen; Hofen, Steinisweg (Einkehr), und über die 240 m lange und 35 m hohe Staumauer des Kraftwerks Mühleberg nach Fuchsenried (rund 3 Std., 12 km länger). 2. Und: Wo beginnt eigentlich der Wohlensee? Beim Stägmattsteg – oder doch weiter flussaufwärts bei der Halenbrücke? Dort jedenfalls wechselt auf der Landeskarte die blaue Farbe von Fluss zu See. Beim Stägmattsteg allerdings spürt man die Strömung noch deutlich. Wer Start und Ziel zur Postautohaltestelle Halenbrücke verlegt, verlängert die Rundtour um 1.30 Std., 6 km und weitere Höhenmeter.
Tipp: www.schutzverband-wohlensee.ch.
Karte: 243 T Bern; 2502 Bern und Umgebung.
Kombinationsmöglichkeit: Touren 5, 44.

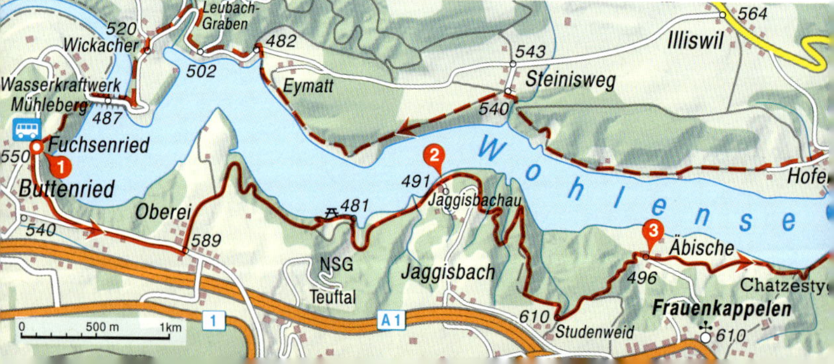

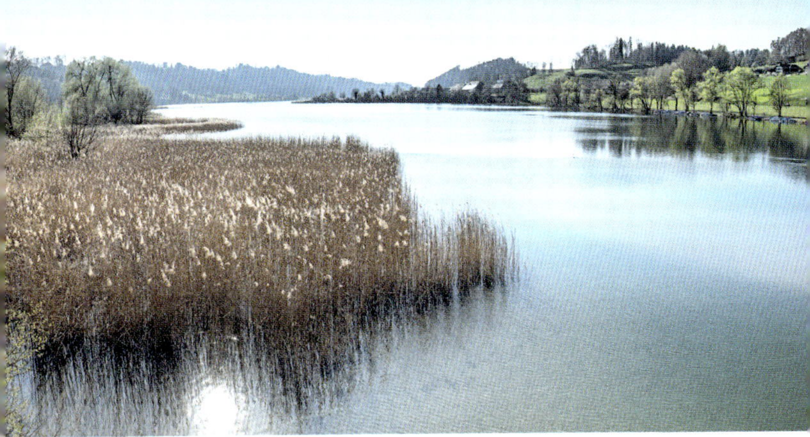

Oben: Idyllisch: am Wohlensee bei Wohlei. – Unten: Wie viele Bögen wohl? Wohleibrügg.

Von **Fuchsenried** ❶ entlang der Straße bis Oberei (P. 589). Erneuter Abstieg zum Wohlensee (P. 481) zu einem Picknickplatz, zuerst auf Fahrweg, dann auf Fußweg. Flach durch das NSG Teuftal und zum Hof **Jaggisbachau** ❷. Nun geht es durch Wald ziemlich wild auf- und absteigend durch Gräben und über Rücken, über Treppen und Stege, hinauf zur Studenweid, ca. 610 m. Gleich wieder hinunter zum Hof **Aebischen** ❸, dann durchs Pfaffenried in den Chatzestygwald, über Treppen hinab zu einem Picknickplatz und flach zum Weiler **Wohlei** ❹. Ein letzter Aufstieg bringt uns hinauf zur Weide von Stürleren, ca. 580 m, Treppen leiten hinab zum Gäbelbach.
Gleich nach der Brücke links und zwischen Schutzgebiet und Siedlung Eymatt zum Wohlensee. Auf dem Uferweg bis nach der Kappelenbrücke, dann gleich rechts hinauf zur Straße, ihr kurz folgen und nach links zum Campingplatz **Eymatt** ❺ mit Restaurant. Oder auf dem Uferweg bis zum Stägmattsteg weiter und das Postauto bei der Haltestelle Aumatt nehmen.

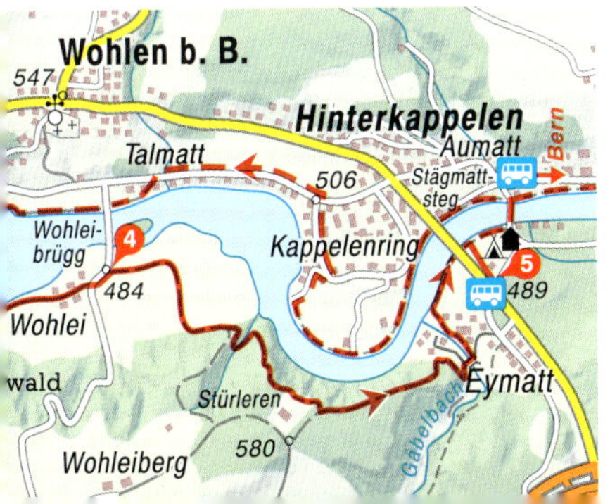

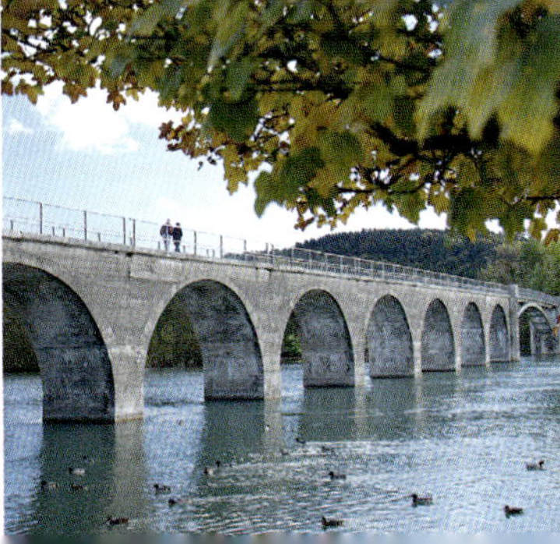

↗ 270 m | ↘ 270 m | 14.2 km

46 Avenches – Münchenwiler – Murten

3.45 h

Auf den Spuren der Helvetier und Eidgenossen

Die bedeutendste Stadt der römischen Schweiz war Aventicum. Blickt man vom letzten Wachtturm beim Osttor über Felder zurück nach Avenches, so staunen wir über die Größe der Hauptstadt Helvetiens. In Murten, dem Endpunkt der Wanderung, ist die mittelalterliche Mauer ganz stehen geblieben. Sogar der burgundische Herzog Karl der Kühne konnte das Städtchen im Jahre 1476 nicht einnehmen und verlor die Schlacht gegen die Eidgenossen – und fast all sein Gut. Was die fremden Völker im 15. Jahrhundert nicht schafften, gelingt den Touristen heute fast mühelos: Zu Hunderten stürmen sie an schönen (Sonn-)Tagen in die besterhaltene mittelalterliche Stadtbefestigung der Schweiz. Wer es etwas gemütlicher will, speist im Schloss Münchenwiler. Eine bernische Enklave im Kanton Fribourg, so wie auch das waadtländische Avenches und seine Nachbarsgemeinden. Von Aventicum nach Morat überschreiten wir Kantons-, Sprach- und Zeitgrenzen.

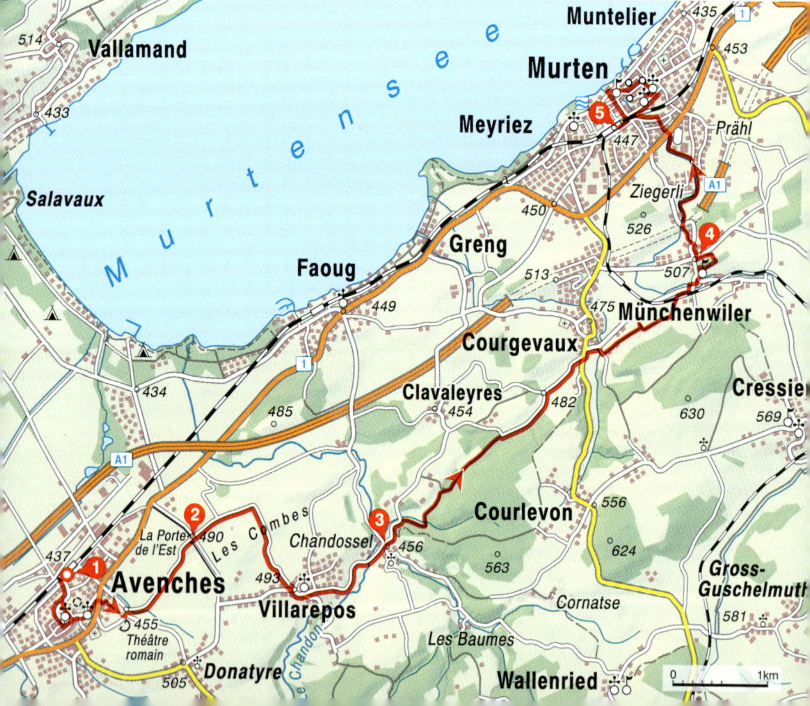

Ausgangspunkt: Avenches, 437 m; Bahnlinie Bern–Kerzers–Murten–Payerne.
Endpunkt: Bahnhof Murten, 447 m.
Anforderungen: Markierte und unmarkierte Wege, etwas Orientierungsvermögen kann nicht schaden. T1.
Einkehr: In Courgevaux und Münchenwiler. In Murten in der Käserei oder in einem der vielen Restaurants.
Tipps: 1. Avenches: Die römischen Ruinen können frei besichtigt werden; das Musée Romain Aventicum ist offen von April bis September Di–So 10–12 und 13–17 Uhr (im Juni täglich!), von Oktober bis März 14–17 Uhr (außer montags), +41 26 557 33 15.
2. Murten: geführte Stadtrundgänge durch den Verkehrsverein.
Karte: 242 T Avenches; 1165 Murten, 1185 Fribourg.
Kombinationsmöglichkeit: Mit Tour 47.

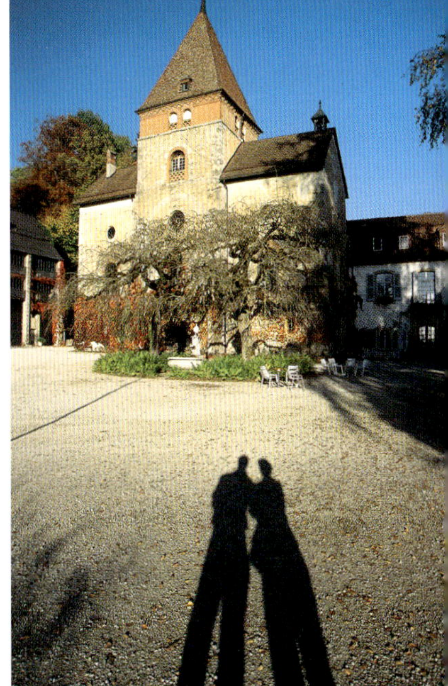

Gehört zum Kanton Bern: Münchenwiler.

Vom Bahnhof **Avenches** ❶ durch die Avenue du Général Guisan hinauf in die Altstadt (P. 479), wobei man auf einem Treppenweg direkt zum Schloss und gleich darauf zum berühmten Amphitheater kommt; man kann aber auch auf der Avenue bis in die Altstadt und dann durch diese zum Amphitheater gehen. Im Turm auf dessen Ostseite ist das Römische Museum untergebracht. Von dort auf der Wanderroute durch die Avenue Jomini abwärts, dann rechts weg, die Umfahrungsstraße queren und zum Cigognier-Heiligtum (Überreste einer Tempelanlage mit der frei stehenden Storchensäule). Weiter übers Feld zum römischen Theater (P. 455). Nach seiner Besichtigung auf dem Chemin des Combes in nordöstlicher Richtung zum besterhaltenen Abschnitt der 5,6 km langen römischen Stadtmauer von Aventicum mit dem Osttor, der **Porte de l'Est** ❷, und dem **Tornallaz-Turm**, auf den man steigen sollte, um über Stadt und Land zu schauen.

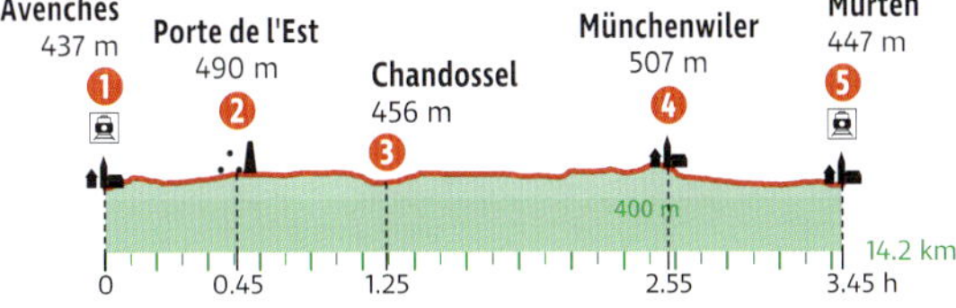

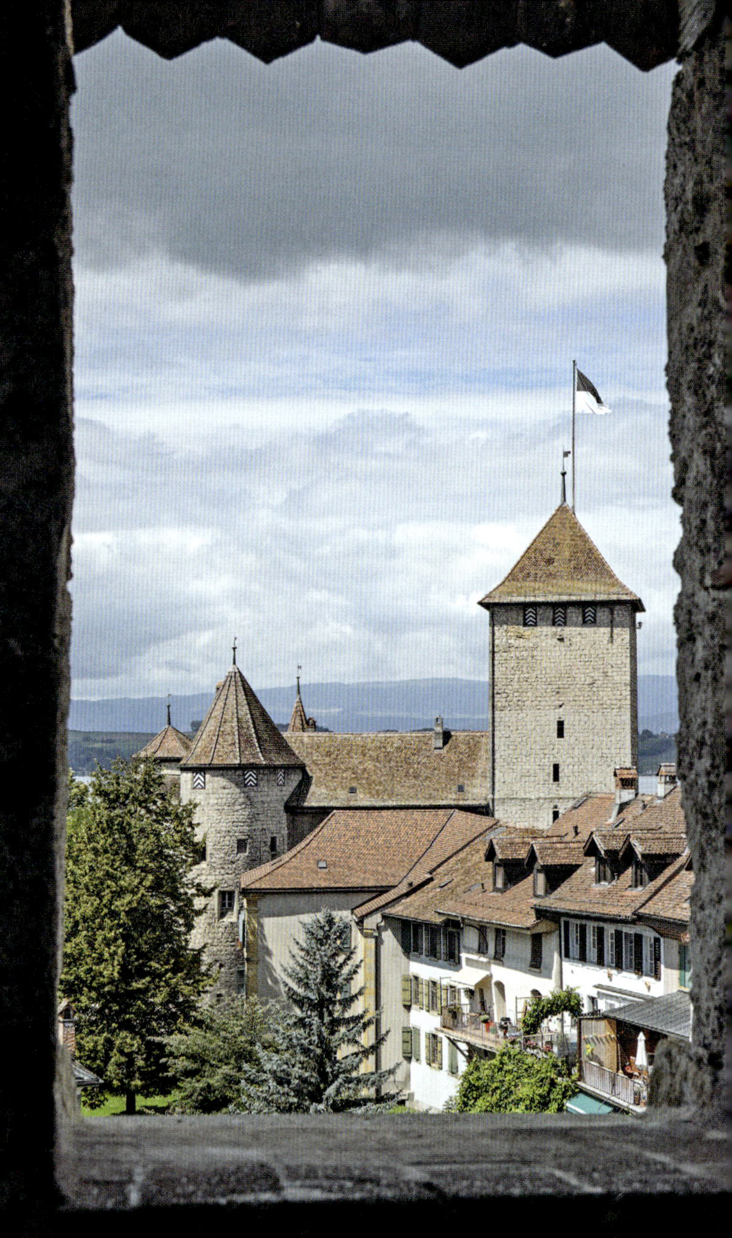

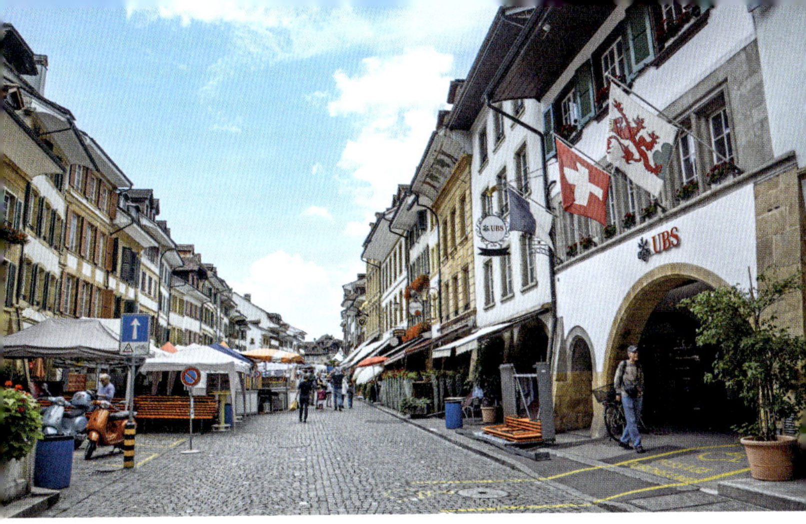

Buntes Allerlei: in der Altstadt von Murten.

Vom Osttor abseits der Wanderroute 700 m nordostwärts, dann südostwärts auf Schotter- und Teersträßchen über die Felder von Les Combes ins Dorf Villarepos (P. 493) und zur Kirche. Auf der Straße und Wanderroute hinab nach **Chandossel** ❸. Weiter auf dem markierten Weg durch Wald und am Waldrand entlang; wo er links nach Murten abzweigt, bleiben wir auf dem Sträßchen bis **Courgevaux** (P. 475).

Am Südrand des Dorfes rechts durch die Route de Villars/Wilerstrasse zum Chemin du Château/Schlossweg, nach rechts und schon bald links in den Chemin de Boulatel. Von seinem Ende auf teils geteerten Feldwegen nach **Münchenwiler** ❹ und zum Schloss. Hinter dem Schloss durch den Waldpark ansteigen bis ca. 530 m; nordwärts führt ein Weg übers Feld und durch ein Tor hindurch auf die Salvenachstrasse. Nach links zur Straßenkreuzung und rechts in die Murtenstrasse. Auf der Wanderroute über eine Treppe hinab und am idyllischen Mühlebach entlang zur Pra-Pury-Straße, die zum Bahnhof **Murten** führt.

Allerdings wäre es sehr schade, wenn man nicht noch die **Altstadt** besuchte: Zum Beispiel nach dem Bahnübergang rechts in die Meylandstrasse, um nach der katholischen Kirche linker Hand den Törliweg einzuschlagen. Gleich rechts nach dem Tor beginnt die Treppe zur Ringmauer hinauf. Der Abstieg von ihr befindet sich bei der Deutschen Kirche. Anschließend zum Berntor, durch die Haupt-, Kreuz- und Rathausgasse zum Schloss und durch die Bahnhofstrasse zurück zum **Bahnhof** ❺.

Durchblick: auf der mittelalterlichen Mauer von Murten.

↗ 210 m | ↘ 210 m | 27.4 km

47 Rund um den Murtensee

6.45 h

Eine Schlemmertour

Als ersten Gang vielleicht einen Saisonsalat in der Pinte de Meyriez am Stadtrand von Murten. Frohgemut ziehen wir von dannen und kehren schon bald im Bahnhöfli von Faoug ein: einen Zweier Vully gegen den ersten Durst. Nicht weit ist's von hier zu den Strandkneipen, von denen auch welche in Salavaux locken. In Mur überschreiten wir wieder die Kantonsgrenze Freiburg–Waadt und überblicken vom Eulenhof den Murtensee, bei einem Dreier Vully. In Lugnorre könnten wir einen Abstecher in die edle Auberge des Clefs machen, in Praz besuchen wir das Bel-Air, in Sugiez den Bären, pardon, den Ours. In Muntelier stillen wir den nächsten Hunger im Hecht oder im Hotel Bad. Zum Dessert auf dem 27-km-Marsch rund um den kleinsten der drei großen Mittellandseen genehmigen wir uns in der Altstadt von Murten einen Nidlekuchen. Oder einen Schlummertrunk in der Käserei. In diesem Sinne: Bonne balade et bon appétit!

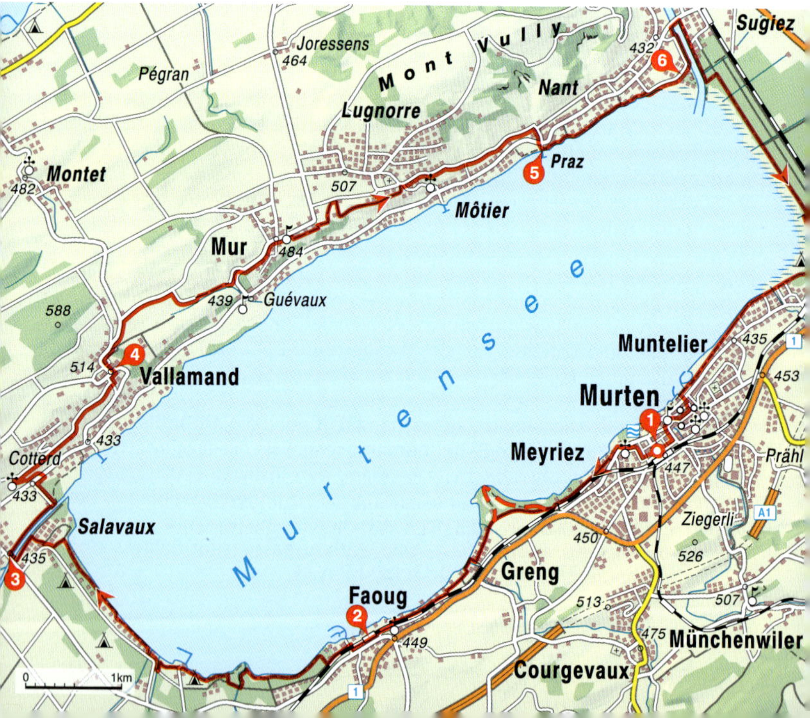

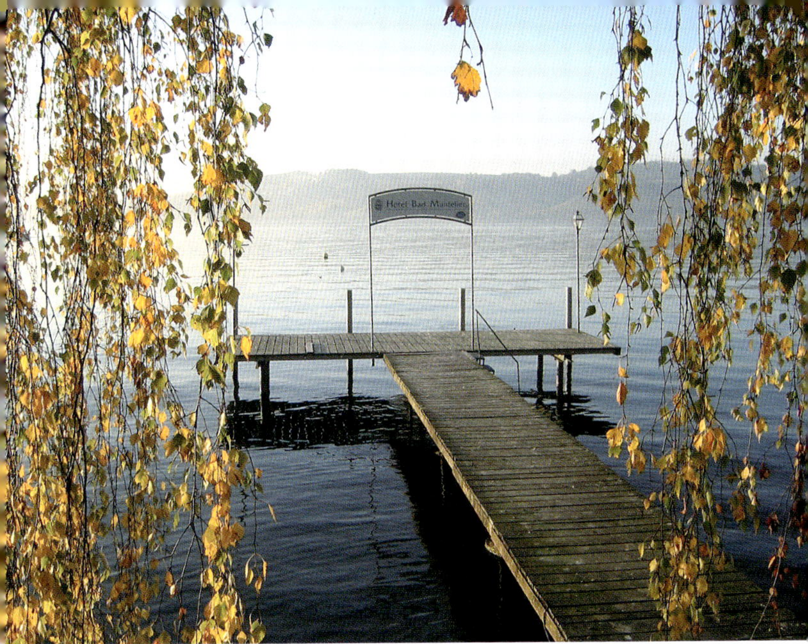

Privat: Steg des Hotels Bad Muntelier.

Ausgangs- und Endpunkt: Bhf. Murten, 447 m; an den Bahnlinien Bern–Kerzers–Payerne und Fribourg–Ins–Neuchâtel.
Anforderungen: Leicht und lang. Nur teilweise markierte Wege. T1.
Einkehr: In den Orten rund um den See.
Variante: Mit Zug oder Bus abkürzen. Schöner mit dem Schiff; Anlegestellen in Murten, Faoug, Vallamand-Dessous, Môtier, Praz und Sugiez.
Tipp: Badekleider mitnehmen! Im Juni die Route Gourmande du Vully mit Start in Praz.
Karte: 242 T Avenches; 1165 Murten.
Kombinationsmöglichkeit: Mit den Touren 46 und 48.

Vom Bahnhof **Murten** ❶ südwestwärts durch die Bahnhofstrasse, rechts ins Arangässlein, gleich wieder links und bald rechts in den Chemin de l'Eglise. An der Kirche vorbei, die große Route de Lausanne überqueren und in den Chemin des Grèves mit dem ehemaligen Hôtel du Vieux-Manoir. Der Wanderweg führt zum Denkmal der Schlacht von Murten im Jahre 1476, zieht aber etwas unterhalb daran vorbei (es liegt südlich des Bahngleises). Gleich anschließend könnte man den Wanderweg nach rechts verlassen, um näher am Wasser zu gehen; so gelangen wir auf eine Landspitze hinaus, von der man wieder zurück auf den Wanderweg kommt. Weiter auf ihm Richtung **Faoug** ❷ (allerdings verläuft er wegen Villen nicht ganz am See); wo er die Bahnlinie quert, bleiben wir rechts von ihr.

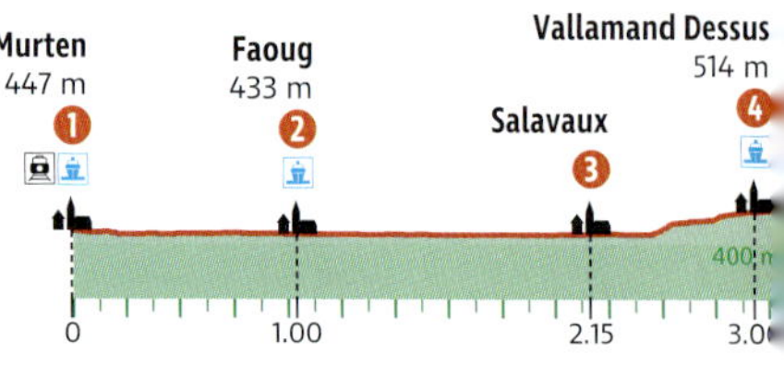

Nach Faoug gelangen wir in einen Auenwald; hier nun so bald wie möglich auf einem rechts abzweigenden Weg an den See und auf ihm entlang zum Flüsschen Le Chandon. An seinem Ufer entlang zurück auf den markierten Weg und zur Brücke. Auf dem Wanderweg durch die Uferzonen der Zeltplätze von Avenches und Salavaux; wunderbare (und beliebte) Badeplätze. Durch die Bungalow-Siedlung von Salavaux-Plage kommen wir zur Broye. An ihr entlang zur Brücke beim Dorf **Salavaux** 3 und am anderen Ufer zurück Richtung Murtensee. Vor dem Wald links und zur Hauptstraße (P. 433). Nach rechts und nach 100 m gleich links hinauf nach Cotterd (P. 471). Rechts der Straße durch die Reben bis **Vallamand-Dessus** 4 folgen.

Vom Dorfplatz kurz der Route de Cudrefin folgen und rechts in die Rue de la Chapelle einbiegen. Diese kurvt zum schnurgeraden Feldweg hinauf, der beim Friedhof ansetzt. Auf diesem Weg 600 m leicht abwärts; wo er aufhört, links eine Wegspur einschlagen, dann nach rechts und auf einem

Murten gesehen von der gegenüberliegenden Seeseite.

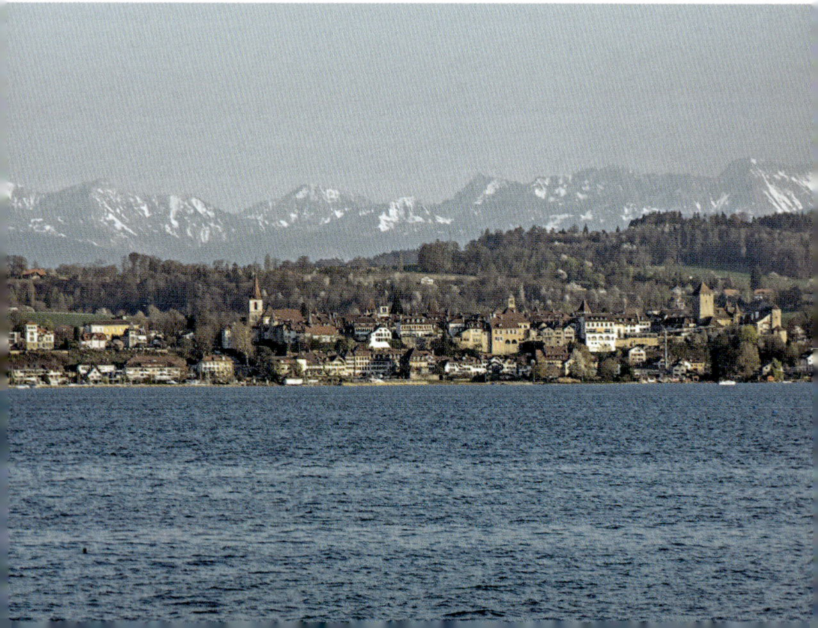

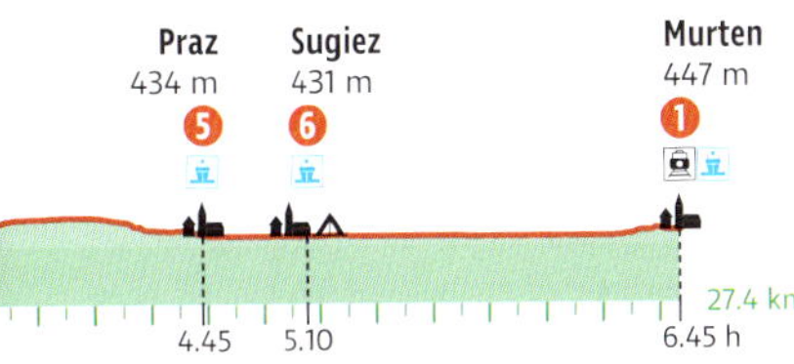

Weg unterhalb von Rebberg mit Häuschen vorbei; der Weg mündet in die Straße, ca. 450 m, nach Mur. Hinauf nach Mur (P. 484); nach dem Château rechts nach vorne an die Hangkante, vor dem Eulenhof durch und südlich von Gewächshäusern weiter zu einer Kreuzung von Sträßchen. Auf der Wanderroute nach rechts in den Chemin de Semar und schon bald wieder an der Hangkante entlangwandern, an den schön gelegenen Häusern von Lugnorre vorbei.

Die große Straße am Dorfrand von Lugnorre queren und auf dem Chemin des Vignes durch die Rebberge hinab nach **Praz** ❺ am Murtensee. Auf dem Ufer- und Wanderweg zum Zeltplatz von **Sugiez** ❻ und entlang des Canal de la Broye zur Brücke. Am anderen Kanalufer wieder zurück und durch den Auenwald nach Muntelier.

Schließlich stolzieren wir auf der Seepromenade nach **Murten** ❶. Vom Hafen geht es hinauf in die Altstadt, und zum Bahnhof ist es dann nicht mehr weit.

Öffentlich: Wanderweg bei Praz.

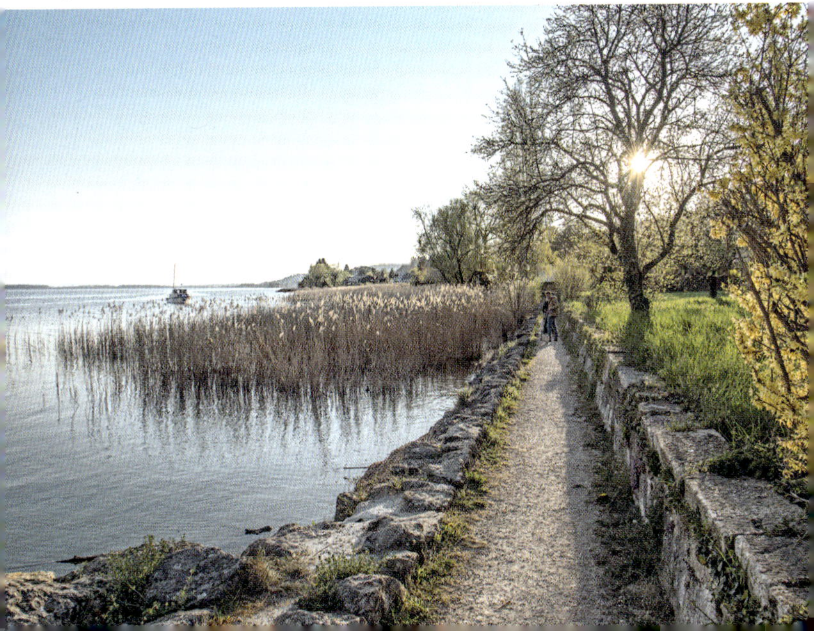

TOP

48 Mont Vully, 653 m

↗ 300 m | ↘ 300 m | 9.8 km

2.45 h

Eine Wander-Cuvée

Zwei Sentiers viticoles erschließen die Rebberge des Mont Vully oder Wistenlacher Berges, eines Molassehügels im Mittelland am Rande der deutsch-französischen Sprachgrenze. Es gibt aber noch weitere Themenwege wie Sentier historique, Sentier botanique und Sentier littoral (auch Chemin des Rives genannt). Unser Vorschlag ist eine Mischung aus allen Wegen, sozusagen ein wandermäßiges Best of Vully.

Ausgangs- und Endpunkt: Sugiez, 432 m; Bahnlinie Fribourg–Murten–Ins–Neuchâtel, Schiffslinie Murten–Canal de la Broye–Neuchâtel.
Anforderungen: Sehr abwechslungsreiche Wanderung, die etwas Trittsicherheit und Orientierungssinn verlangt. Meist markierte Wege. T1, mit Passagen T2.
Einkehr: In Sugiez und Praz. Hôtel-Restaurant Mont-Vully, +41 26 673 21 21. Schmackhafter Gâteau de Vully (Hefeteig mit Speck oder mit Rahm und Zucker) in der Bäckerei Guillaume an der Hauptstraße in Sugiez. Sehr feine Weine vom Vully gibt es zum Beispiel im Château de Praz. Oder, nicht direkt an der Route, aber vom Lomberta-Werk mit einem Direktabstieg nach Môtier gut erreichbar: bei Derron & Fils, in der Domaine du Petit Château sowie im Cave de la Tour.
Varianten: Ohne den Direktaufstieg zum Sarazenerturm (südwärts ausholen; ausgeschildert), was die Tour ein paar Schritte leichter macht. Insgesamt zahlreiche Abkürzungen und Verlängerungen möglich.
Tipps: Taschenlampe für das Fort La Lomberta; www.regionmurtensee.ch/de/V799/historischer-pfad.
Karte: 242 T Avenches; 1165 Murten.
Kombinationsmöglichkeit: Mit Tour 47.

Weitblick: auf dem Mont Vully.

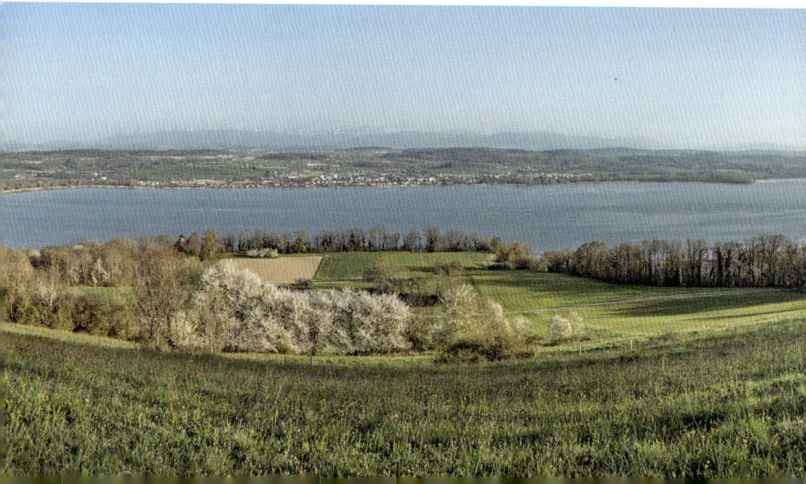

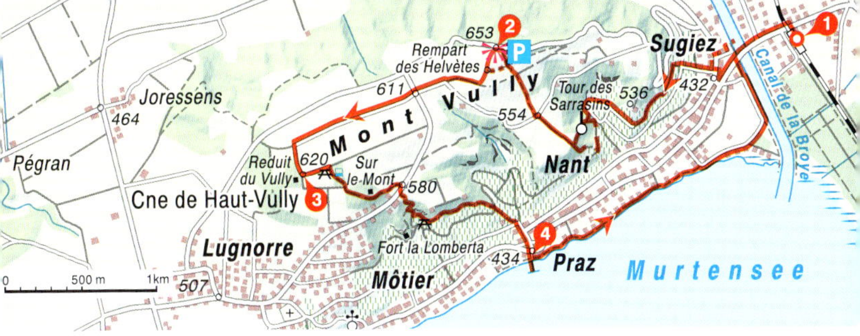

Vom Bahnhof **Sugiez** ❶ oder von der Schiffsanlegestelle am Canal de la Broye südwestwärts ins Dorfzentrum von Sugiez mit der Übersichtstafel über den Sentier viticole. Auf ihm den Rebberg hinauf bis zu einem Quersträßchen und nach links. Das Teersträßchen führt hinein in die Mulde **Vaux de Nant** und dreht nach rechts. Wir kommen zu einer Wiese mit Kirschbäumen rechts am Weg- und Waldrand (und vorne einer Antenne): Nun verlassen wir das Sträßchen (und den Reblehrpfad) und steigen auf einem Pfad am rechten Rand der Wiese im Wald steil zum mittelalterlichen **Tour des Sarrasins**, ca. 515 m, empor. Auf dem flachen, üblichen Zugangsweg hinaus aus dem Wald und nach rechts zuerst auf einem Sträßchen und zuletzt auf einem Pfad über Wiesenhänge und ein paar Zäune direkt hinauf auf das Gipfelplateau des **Mont Vully** ❷ mit Panoramatafel (am Südrand, Blick auf die Alpen), Parkplatz, Panoramatafel (am Nordrand, Blick auf das Grosse Moos und den Jura), Triangulationssignal (P. 653) sowie einer Übersicht über den Sentier historique.
Kurz westwärts, dann am »Gipfelfeld« entlang Richtung Murtensee zurück auf den Wanderweg. Durch einen kurzen Waldsaum und über eine Wiese hinab zum **Rempart des Helvètes** (dem wiederaufgebauten Befestigungswall der Helvetier) und bald darauf zu einer Feuerstelle. Südwestwärts zur Straße (P. 611) und in der gleichen Richtung weiter auf einem geteerten Feldweg gut 800 m über den Rücken des Mont Vully, dann links hinauf zum **Réduit du Vully** ❸, dem groß angelegten Infanteriestützpunkt aus dem Ersten Weltkrieg mit Kommandozentrale, Kasematten, Laufgräben etc. sowie einer sehr guten Infotafel.

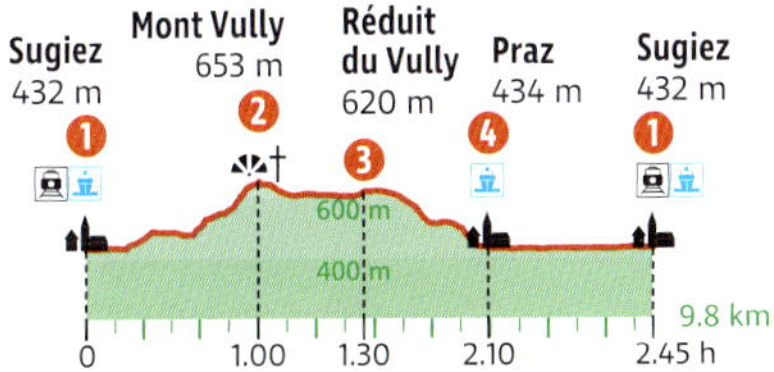

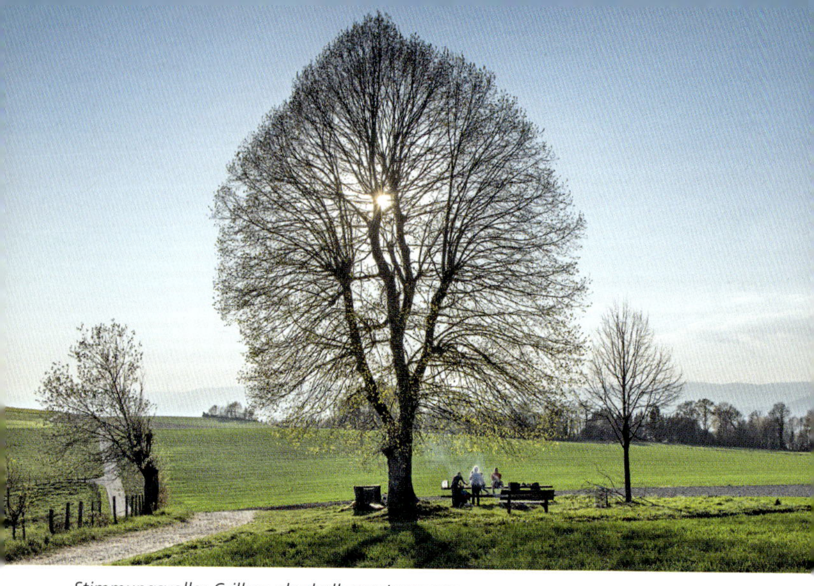

Stimmungsvolles Grillen: oberhalb von Lugnorre.

Kurz auf einem Fahrweg ostwärts zu einem weiteren Picknickplatz und zum Wasserreservoir (P. 624). Am Waldrand entlang oder alternativ über den bewaldeten Hügel (hier war früher der sogenannte Chutzen, wo mit einem Feuer Gefahr weitergemeldet wurde) hinab auf einen Fahrweg. Nach links und bald wieder nach rechts (grüne Markierung des Festungsweges, des Sentier historique). Hinein in den Wald und bei der ersten Verzweigung nach rechts zu den Ruinen des Infanteriewerks **Sur le Mont**, an dem entlang sich der Weg schlängelt. Schließlich hinab zum Hôtel-Restaurant Sur le Mont (P. 580). Von dort auf einem bei Nässe rutschigen (Treppen-)Weg zu den Roches Grises, ca. 520 m, hinab, in welche das Werk **La Lomberta** gebaut wurde; eine 1916/17 in den Sandstein erbaute Maschinengewehrstellung mit Unterkunftsräumen für insgesamt 110 Mann. Der Abenteuerspielplatz (und Picknickplatz) schlechthin! Bis man all die Gänge, Dunkelkammern, Geheimausgänge, Löcher, Treppenstufen und Rutschrinnen erkundet hat, können Stunden vergehen.
Man verlässt das Fort ostwärts, steigt hinab zu den Rebbergen und gelangt wieder auf den Sentier viticole; nun nach links. Auf dem Hangweg ostwärts, bis wir direkt nach **Praz** 4 mit seinen vielen Caves (Weinkellern) absteigen. Rechts am Restaurant vorbei auf den Weg am Ufer des Murtensees entlang Richtung Sugiez; zwei öffentliche Bademöglichkeiten. Zuletzt entlang des Canal de la Broye zurück nach **Sugiez** 1. Entweder zur Schiffsanlegestelle oder über die Kanalbrücke zum Bahnhof.

↗ 20 m | ↘ 20 m | 13.7 km

3.30 h

Grosses Moos – Réserve naturelle de Cudrefin

Holland in »Zwitserland«

Einfach flaches Land! Das ist in der Schweiz, diesem Land zwischen zwei Gebirgsketten, nicht häufig zu finden. Auch im sogenannten Mittelland zwischen den Alpen und dem Jura erhebt sich immer noch da ein Hügel, dort eine Bodenwelle. Doch im Grossen Moos ist es einfach flach. Die ehemalige Schwemmfläche der Aare zwischen Kerzers, Lyss und Ins sowie Murten- und Neuenburgersee ist mit rund 77 km² die größte Ebene der Schweiz, durchzogen von 120 km kleinen und großen Kanälen: ein Hauch von Holland, wenn da nicht die Hügel wie Jolimont und Mont Vully wären – und bei guter Sicht die Alpen am Horizont. Heute ist das Grosse Moos die wichtigste Gemüsekammer des Landes. Nicht der einzige Superlativ auf der Wanderung von Ins nach Cudrefin, mit dem Abstecher in den Lac de Neuchâtel, den mit 218 km² größten See ganz in der Schweiz. Fast sein gesamtes Südostufer ist unter Schutz gestellt worden: das größte Riedgebiet im Land als Lebensraum für seltene Pflanzen und Tiere. In Cudrefin wartet das Schiff, und wenn dann noch Nebel über dem Wasser liegt, wird der Neuenburgersee zum Meer.

In den See: der Dammweg im Naturschutzgebiet Cudrefin.

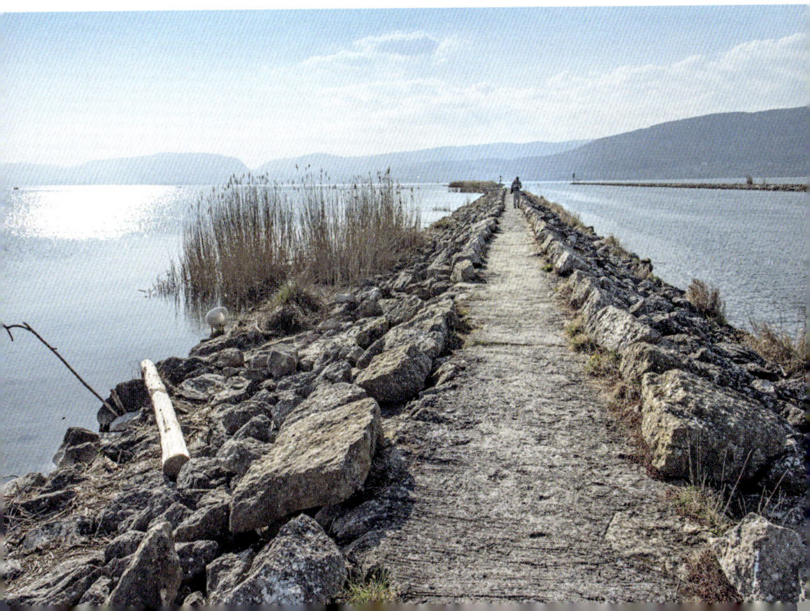

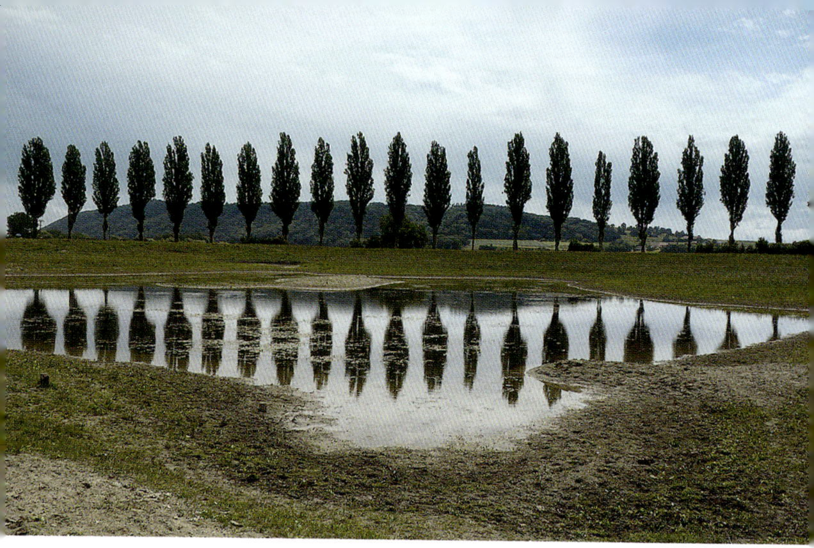

Aufgereiht: bei La Sauge, im Hintergrund der Mont Vully.

Ausgangspunkt: Ins, 436 m; an den Bahnlinien Bern–Neuchâtel, Neuchâtel–Murten–Fribourg und Biel–Täuffelen–Ins.
Endpunkt: Cudrefin, 433 m; Schiff nach Neuenburg (fährt auch im Winter), Postauto nach Avenches oder Ins.
Anforderungen: Meist markierte Wege; Fußweg durch das Réserve naturelle de Cudrefin ist nicht markiert. T1.
Einkehr: In Ins und Cudrefin, Restaurant Camping Les Trois Lacs, Auberge de la Sauge.
Varianten: 1. Man kann die Wanderung auch an der Bushaltestelle La Sauge beginnen und die ca. 1.45 Std., welche man einspart, zur Beobachtung von Vögeln (Fernglas mitnehmen) im Naturschutzgebiet Cudrefin nutzen.
2. Durch den Canal de la Broye fährt das Schiff von Neuchâtel nach Murten, mit Halt in La Sauge und Trois Lacs.
Tipps: 1. Im Herbst und Winter oft neblig (aber sehr reizvoll). Im Sommer Bademöglichkeit in Cudrefin.
2. Das Naturschutzzentrum La Sauge des Schweizer Vogelschutzes mit Dauer- und Sonderausstellung sowie Naturlehrpfad mit drei Beobachtungshütten; offen in den Monaten März bis Oktober Di–So 9–18 Uhr, www.birdlife.ch/lasauge.
Karte: 242 T Avenches; 1165 Murten.
Kombinationsmöglichkeit: Mit Tour 12.

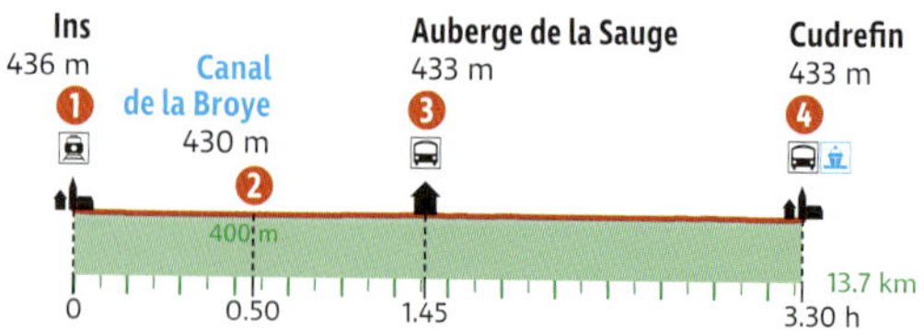

Vom Bahnhof **Ins** ❶ auf der Wanderroute west-, dann südwärts über die Ebene des Grossen Mooses zum Staatswald und durch diesen zum **Canal de la Broye** ❷; hier ist ein kurzer Abstecher ostwärts zum Camping Restaurant Les Trois Lacs möglich. Auf dem Wald-, dann Wiesenpfad in prinzipiell westlicher Richtung an der Broye entlang und über den Kanal zur **Auberge de la Sauge** ❸ mit dem danebenliegenden BirdLife-Naturzentrum. Auf dem Dammweg nach vorne bis zur **Dammspitze** im **Lac de Neuchâtel**.

Auf dem Damm zurück, bis östlich eines hölzernen Beobachtungspostens ein unmarkierter Waldpfad abzweigt. Er führt in das Réserve naturelle de Cudrefin hinein. Der Pfad geht schon bald in einen Fahrweg über, der zum schnurgeraden Wanderweg führt, welcher von La Sauge nach Cudrefin zieht (der Fahrweg ist zu empfehlen, wenn das hohe Gras, das oft den schmalen Pfad säumt, nass sein sollte). Wir verlassen den Fahrweg aber nach knapp 200 m wieder und folgen dem unmarkierten, jedoch schöneren Pfad nach rechts, der sich zwischen Wald und Schilf durch das Naturschutzgebiet schlängelt, auf einem Holzsteg einen Kanal überbrückt und kurz danach wieder einen Fahrweg kreuzt, der zum Wanderweg führt.

Wir bleiben jedoch auf dem abenteuerlichen Pfad und kommen noch an einer Bank vorbei, die in etwas erhöhter Lage einen Blick über die Ried-Schilf-Landschaft ermöglicht. Nach der Querung eines weiteren Kanals gehen wir schließlich am dritten entlang zurück auf den schnurgeraden Wanderweg, den wir bei einer großen Lichtung erreichen. Er bringt uns zum Campingplatz und schließlich auf das Hafengelände von **Cudrefin** ❹; die Postautohaltestelle befindet sich im Dorf beim Platz vor dem Turm.

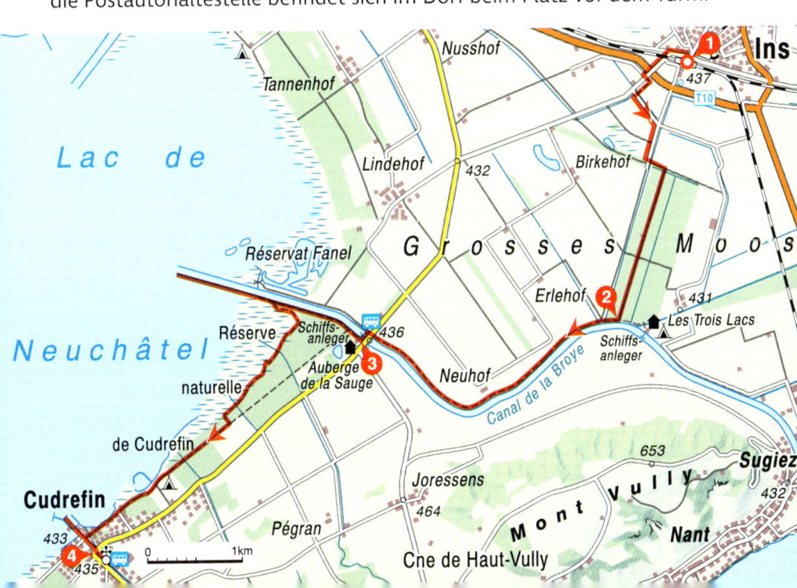

TOP

50 Sentier du Lac de Neuchâtel: St-Blaise – Boudry

↗ 50 m | ↘ 40 m | 17.2 km

4.15 h

Fast wie am Meer

Bis zum kleinen Hafen von Port de Boudry verdient der Sentier du Lac wirklich diesen Namen. Wir wandern durch eine Abfolge von Parkanlagen, Grünstreifen, Kieselbuchten, Auenwälder, Quais, Hafenanlagen, Seerestaurants, Spielplätzen, Anlegestellen, Ferienhäusern, Badeplätzen. Nie ist es langweilig, immer wieder erstaunlich grasig, erdig, kieselig, da und dort ganz sandig. All diese Orte zum Verweilen! Dass man sogar durch das Laténium geht, das größte archäologische Museum der Schweiz, wertet diese Uferwanderung noch mehr auf. Und linker Hand immer das klare Wasser, türkisblau wie an der Côte d'Azur. Doch am Horizont zeigen sich Eiger, Mönch und Mont Blanc.

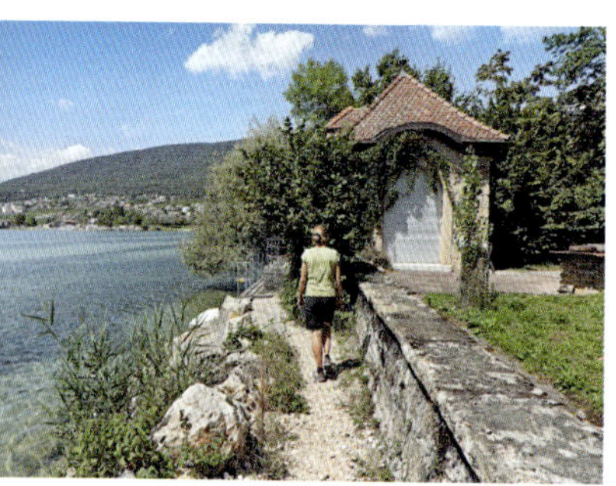

Ausgangspunkt: St-Blaise-Lac, 429 m; an den Bahnlinien Bern–Kerzers–Ins–Neuchâtel; Fribourg–Murten–Ins–Neuchâtel. Oder St-Blaise CFF, 464 m, an der Linie Biel/Bienne–Neuchâtel. Bus von Neuchâtel; Schiffsverbindungen.
Endpunkt: Areuse, 440 m; Tram nach Neuchâtel, Place Pury. Von dort zum Bhf Neuchâtel entweder 1. zu Fuß durch die Altstadt hinauf und rechts, oder 2. Flach dem See entlang und mit dem Fun'ambule hoch; 3. mit dem Bus.
Anforderungen: Meist markierte Wege, zuweilen unmarkierte Pfade, die näher am Wasser verlaufen. T1.
Einkehr: Mehrere Möglichkeiten: z.B. Laténium; Bain des Dames im westlichen Teil von Neuenburg, täglich ab 9 Uhr offen, April–Mitte Okt.; Port de Boudry.
Varianten: Die Wanderung kann vielerorts abgebrochen bzw. wiederaufgenommen werden:
1. Besonders schön ist der Beginn schon am Bahnhof Marin-Epagnier. Von dort in Richtung See in den Chemin du Chevenier an einer Klink vorbei und über die Chemin de Chalvaire zum See. Nun auf dem wunderbaren Weg am See entlang bis zum Hafen und dem Strand von St-Blaise, wo man auf die Hauptroute trifft.
2. Sie kann auch verlängert werden, über St-Aubin (3.15 Std.) bis Vaumarcus (3.45 Std.). Allerdings ändert sich ab Port de Boudry der Charakter des Sentier du Lac: mehr Reben, mehr Teer, weniger See. Die wilden Kieselstrände der Pointe de Grain sind aber herrlich, und nach dem Port de Bevaix folgt nochmals ein Abschnitt mit schmalem Pfad durch Wald und Feld.
Tipps: 1. Am schönsten im Frühling, um die Wärme zu spüren, und im Sommer bis Frühherbst zum Baden. – 2 Laténium, Archäologiepark und -museum, Hauterive, Neuchâtel; offen Di–So, 10–17 Uhr, www.latenium.ch. Infos zu Pfahlbauten auch unter www.palafittes.org.
Karte: 232 T Vallon de St-Imier, 242 T Avenches; 1144 Neuchâtel.

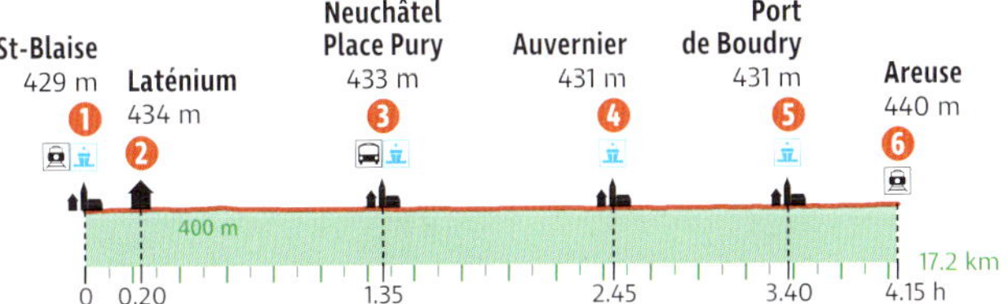

Vom **Bahnhof St-Blaise-Lac** 1 in ein paar Schritten hinab zum Hafen. Von dort schlängelt sich der Sentier du Lac durch wunderschöne (Bade-)Buchten. Wir kommen zum Hafen von Champréveyres und kurz darauf zum Archäologiemuseum **Laténium** 2; sein Entdeckungspark ist frei zugänglich und täglich offen – man kann die Rekonstruktion eines bronzezeitlichen Pfahlbauhauses und eines gallo-römischen Lastkahns bewundern (die Pfahlbaustätten des Neuenburgersees sowie der Alpenländer überhaupt gehören seit 2011 zum UNESCO-Weltkulturerbe).

Nach dem Laténium zieht der Weg über Uferrasen, umrundet die Hotelanlage Palafitte, gelangt zurück ans Ufer, muss dann aber abseits des Wassers auf eine Teerstraße ausweichen. Nach dem Schwimmbad kehren wir sofort zum Ufer zurück und folgen ihm zur Hafenanlage **La Maladière**. Damit sind wir in Neuchâtel angelangt; La Maladière ist auch das Fußball-

Foto links: Auf dem Sentier du Lac (Variante 1).
Unten: Am Ufer des Lac de Neuchâtel.

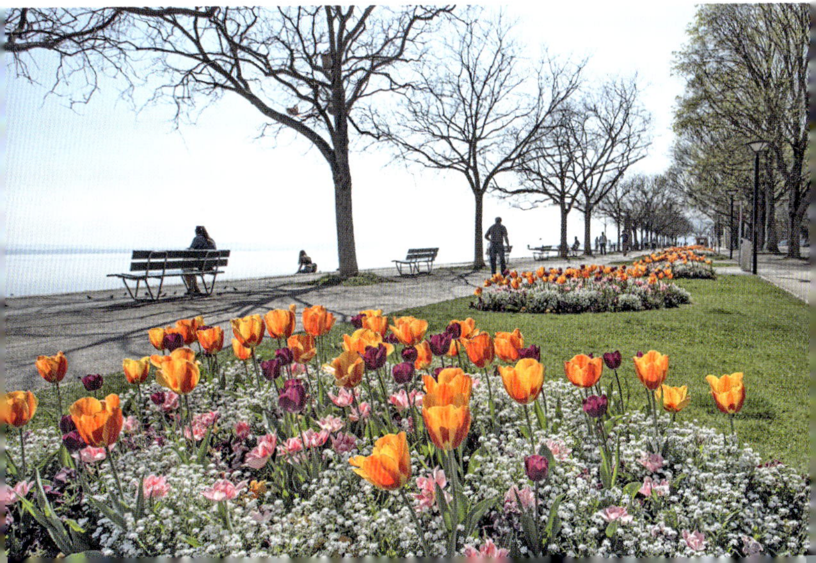

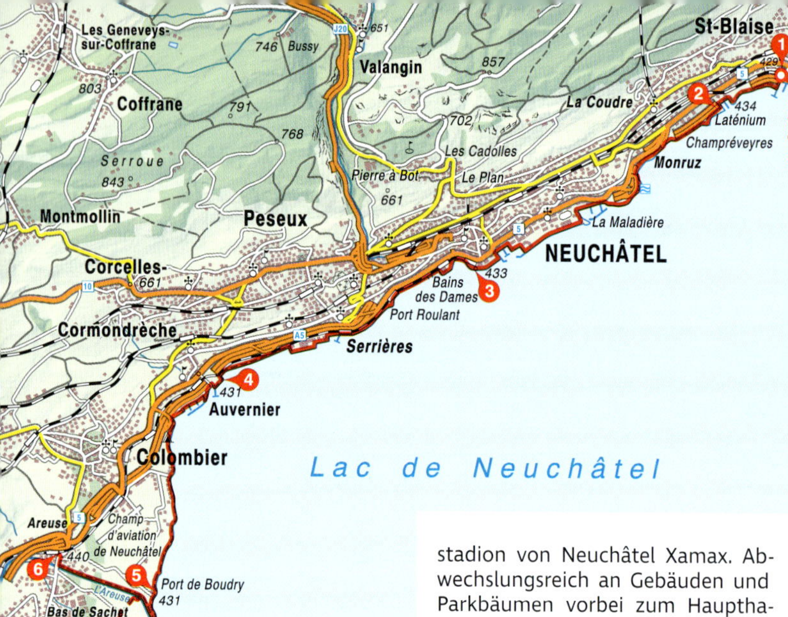

stadion von Neuchâtel Xamax. Abwechslungsreich an Gebäuden und Parkbäumen vorbei zum Haupthafen von **Neuchâtel** ❸. Weiter über den Quai und vorbei am Steg »un accès aux utopies«, der über dem Wasser schwebt (zeitweise nicht zugänglich). Der Sentier du Lac bleibt so nah wie möglich am See, passiert die Esplanade du Mont Blanc, kommt am Bains de Dames vorbei (Restaurant, auch offen für Messieurs) und erreicht den **Port Roulant** (Bademöglichkeit). Nun ist wieder etwas mehr Grün zwischen Uferweg und Straße/Schiene bis zum kleinen Hafen von Serrières. Entlang von Gebäuden schreiten wir weiter und erreichen einen Waldstreifen am Ufer. Idyllisch geht es dicht am Wasser entlang zu Kieselbuchten, zum Seepark und zum Hafengelände von **Auvernier** ❹.

Danach empfangen uns wieder Auenwälder, und wir wandern, mit Ausnahmen, direkt am Lac de Neuchâtel, vorne vorbei an mehreren noblen Anwesen, über Colombier Plage bis zum **Port de Boudry** ❺. Der Wanderweg schlägt landeinwärts einen Haken und kommt zur Areuse. Wir gehen aber vom kleinen Hafen weiter durch Auenwald bis ganz nach vorne zur **Pointe d'Areuse**, dem Mündungszipfel dieses Juraflusses in den See: Wenn man dort steht und den Wellen zuschaut, kann man sich nochmals wie am Meer fühlen. Dann flussaufwärts, bald schon auf dem Wanderweg, bis rechts der Stichweg zur Tramhaltestelle **Areuse** ❻ abzweigt.

Sie wartet geduldig: Figur an der Seepromenade am Quai Ostervald.

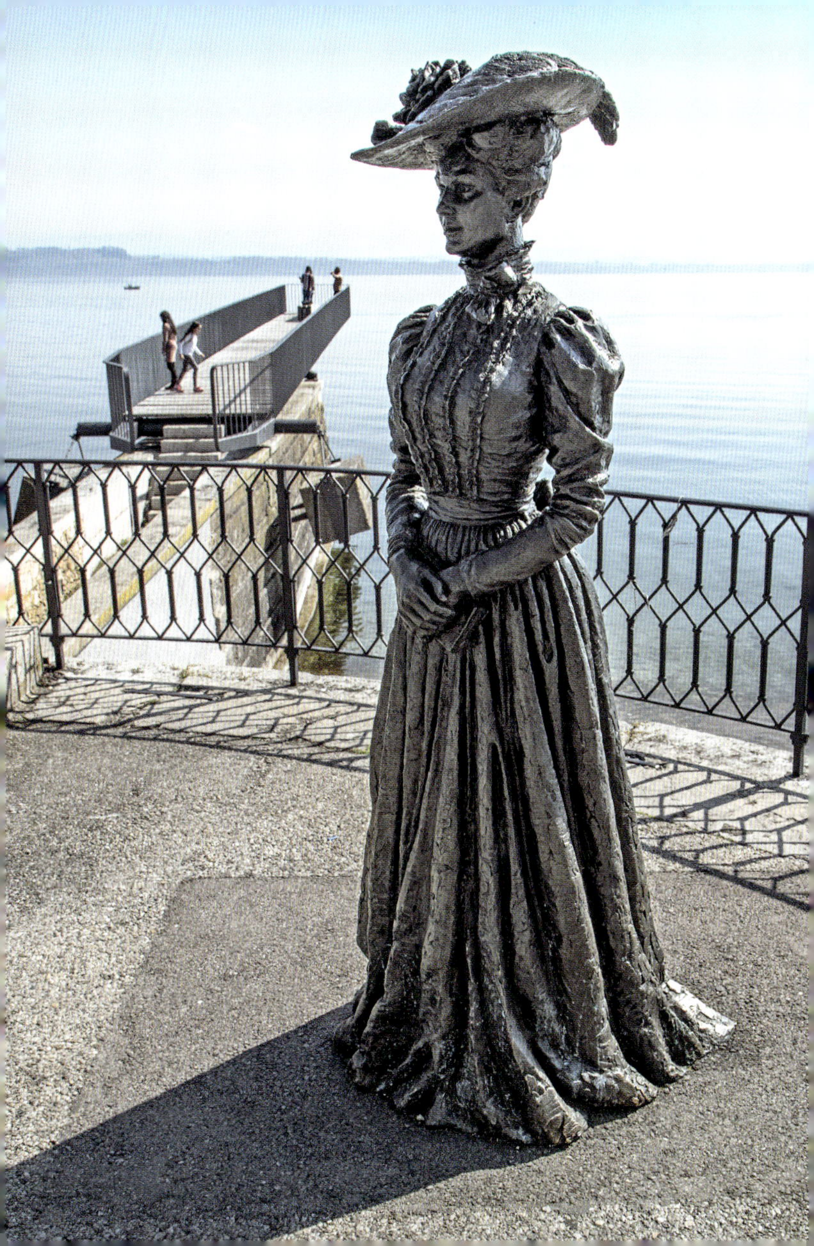

↗ 210 m | ↘ 260 m | 6.4 km

51 Neuchâtel: Stadtrundgang

2.00 h

Seh- und Seevergnügen

15 Minuten nach dem Start im Hauptbahnhof steigen wir wunderbar auf einem schmalen Pfad bergan zu den Roches de l'Ermitage, von wo wir einen atemberaubenden Blick direkt auf Stadt und See sowie bei guter Sicht auf den Alpenbogen inklusive Mont Blanc genießen. Magnifique! Dasselbe Schauspiel später vom Belvédère du Plan. Und vorher und nachher immer diese Mixtur von Natur und Kultur, von Seh- und Seevergnügen. O là là, que c'est beau!

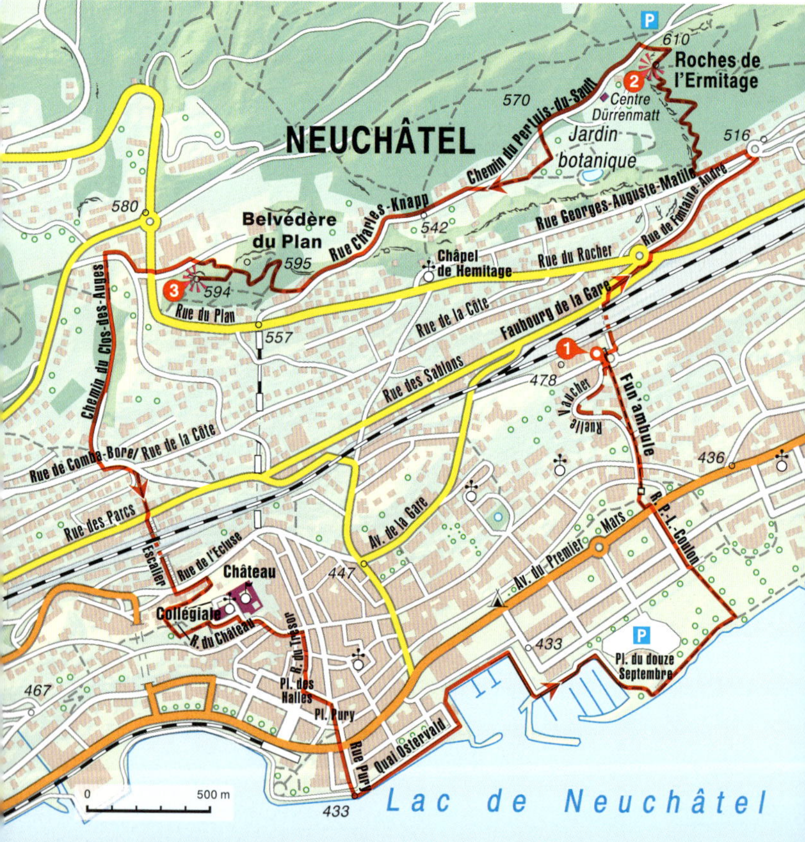

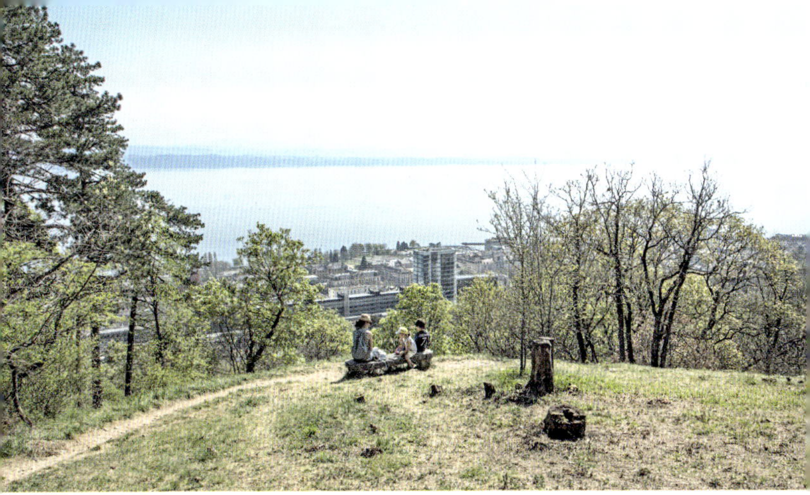

Foto oben: Zum Verweilen: Aufstieg zu den Roches de l'Ermitage.
Unten: Ritterlich: am Bannerherr-Brunnen in Neuchâtel.

Ausgangs- und Endpunkt: Neuchâtel, Bahnhof, 478 m.
Anforderungen: Meist unmarkierte Straßen, Wege und Pfade. Etwas Orientierungssinn kann nicht schaden. T1; auf die Roches de l'Ermitage kurz T2.
Einkehr: Cafeteria im Centre Dürrenmatt. Kiosk im Jardin botanique. Verschiedene Möglichkeiten in der Altstadt.
Varianten: Zahlreiche Routen möglich.
Tipps: 1. Centre Dürrenmatt: offen Mi–So, 11–17 Uhr; www.cdn.ch. Jardin botanique: immer offen; www.jbneuchatel.ch. 2. Am Samstag Markt auf dem Place des Halles.
Karte: Stadtplan; im Bahnhof erhältlich.
Kombinationsmöglichkeit: Mit Tour 50.

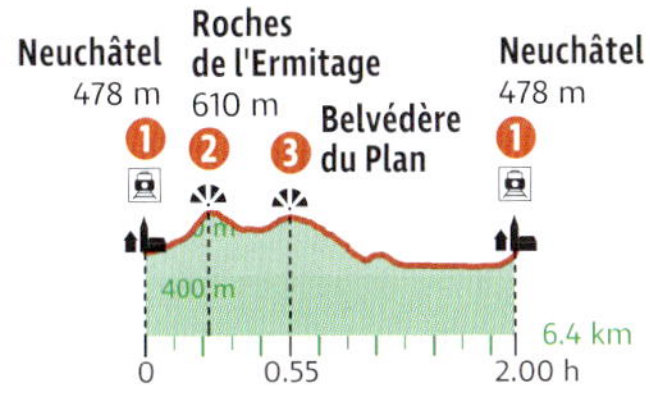

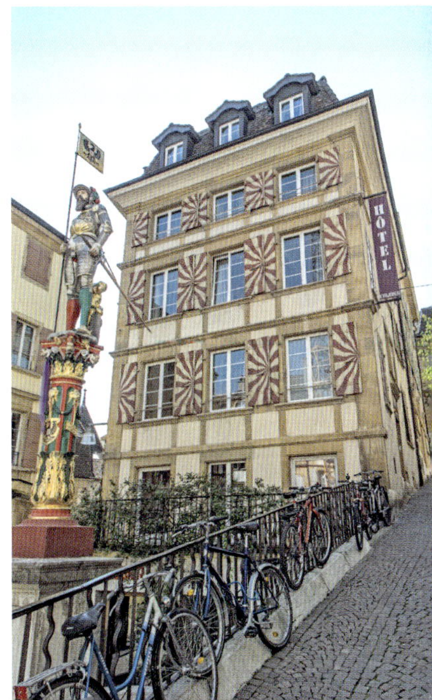

Im Bahnhof **Neuchâtel** ❶ unter den Gleisen hindurch und auf einer Treppe hinauf auf die Faubourg de la Gare. Auf ihr ostwärts zu einer großen Kreuzung mit Kreisel. In der gleichen Richtung durch die Rue de Fontaine-André weiter ansteigen. An ihrem Ende scharf nach links in die Rue de Georges-Auguste-Matile, bis rechts der Wegweiser in den Jardin botanique weist. Wir gehen dann aber nicht in den botanischen Garten, sondern steigen weiter auf dem Zickzackpfad durch den Laubwald an, bis hinauf auf die **Roches de l'Ermitage** ❷ mit prächtigem Ausblick auf die Stadt und den See von Neuenburg sowie bei guter Sicht auf den Alpenbogen inklusive Mont Blanc.
Auf einem Pfad nordostwärts über die ganze mehr oder weniger bewaldete Felsengruppe, dann über die Treppen hinab. Auf dem geteerten Chemin du Pertuis-du-Sault abwärts zum **Centre Dürrenmatt**, ca. 570 m. Nach Besuch des Zentrums, das Mario Botta rund um das ehemalige Wohnhaus des Schweizer Schriftstellers Friedrich Dürrenmatt geschaffen hat, auf dem gleichen Sträßchen weiter hinab zum **Jardin botanique**; in einer Holzkiste beim Zugang gibt es einen Plan. Hinein und hindurch, natürlich mit verschiedenen Möglichkeiten, wobei man den Garten der Gerüche und den Evolutionsgarten besuchen sollte.

Prachtvoll: an der Esplanade du Mont Blanc.

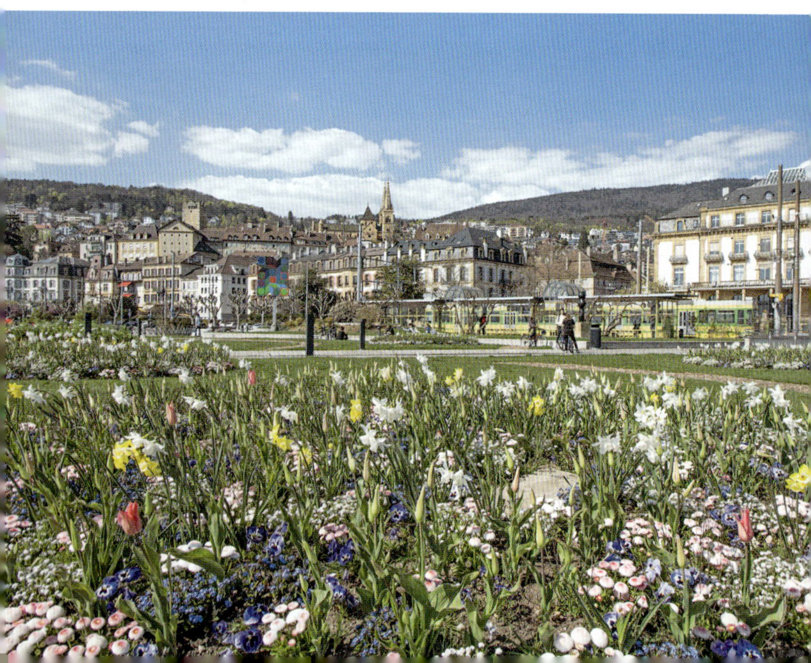

Zum Haupteingang hinaus und westwärts zu einer Kreuzung (P. 542). Die Rue Charles-Knapp führt durch ein verstecktes Tälchen mit schönen Anwesen. Der Wegweiser »Belvédère du Plan« weist uns nach rechts. An einem Spielplatz vorbei, dann im Wald in Serpentinen ansteigen, wobei wir immer die rechte Abzweigung wählen. So gelangen wir schließlich hinauf zum **Belvédère du Plan** ❸, einem großartigen Aussichtspunkt mit Betonmäuerchen und Stange.

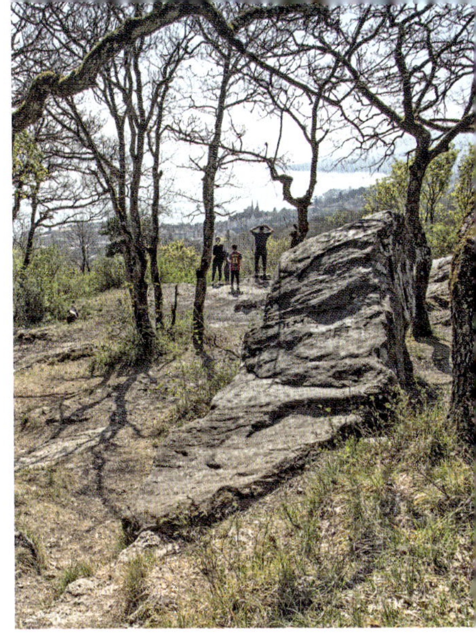

Stadtnahe Erholung: Roches de l'Ermitage.

Auf der Nordseite auf einem Treppenweg hinab und westwärts zu einer großen Straße. Diese überqueren und flach westwärts, an Feuerwehrgebäuden vorbei. Schon bald zweigt links der schmale Chemin du Clos-des-Auges ab, der durch ein bewaldetes Tälchen abwärtsführt. Unten auf der Autostraße nach links; in der Rue de Comba-Borel rechter Hand über einen Treppenweg hinab zur Rue des Parcs. Diese überqueren und kurz stadteinwärts gehen zur **Escalier de l'Immobilière**. Diese lange Treppe sinkt, unter der Bahnlinie hindurch, auf die Rue de l'Ecluse, ca. 450 m. Diese wiederum überqueren und nach links, bis rechts der Sentier du Donjon hinauf zum Schloss abzweigt. Über eine Bogenbrücke hinein zum **Château** und zur **Collégiale**, ca. 480 m; so wird die große Kathedrale genannt. Von der Aussichtsterrasse beim Chor genießt man einen schönen Blick über die Altstadt.

Dort beginnt auch die Escalier du Château. Sie mündet in die Rue du Château. Auf ihr hinab, dann rechts in die Rue du Trésor. Sie führt zum sehr schönen Place des Halles. Durch die Lauben der Rue des Flandres hinüber zum Place Pury mit dem altehrwürdigen Kioskhäuschen. Durch die Rue Pury zum **Lac de Neuchâtel** (P. 433) – und zum Steg »un accès aux utopies«, der über dem Wasser schwebt (leider zeitweise nicht zugänglich). Ostwärts am Ufer entlang, auf Wasserhöhe um die beiden Häfen, quer über den Place du douze Septembre, wieder am Ufer entlang mit Sandbuchten, Bänken, Tischen. Und dann, wo ein großer, rot bekiester Tennisplatz beginnt (nur ohne Felder) nach links, schnurstracks, durch die Rue P.-L.-Coulon zur unterirdischen Standseilbahn, dem **Fun'ambule**. In 3 Min. hinauf zum Bahnhof **Neuchâtel** ❶. Wer zu Fuß gehen will, folgt der Ruelle Vaucher.

↗ 400 m | ↘ 530 m | 120.5 km

52 Thun – Bern – Aarberg – Nidau – Solothurn

5 Tage

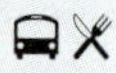

»Gang doch e chli der Aare naa«

Machen wir drei Schritte, am Ende dieses Wanderführers! Zuerst einen lexikalischen: »Die Aare ist der längste gänzlich innerhalb der Schweiz verlaufende Fluss. Sie ist zugleich der mit Abstand größte Nebenfluss des Rheins vor Mosel und Main und führt mehr Wasser als beide zusammen.« So beginnt der Eintrag zur Aare auf Wikipedia. Und weiter unten heißt es dann noch: »Bemerkenswert ist, dass die Aare mit 560 m³/s der wasserreichere Fluss von beiden ist (Rhein: 439 m³/s). Aus hydrologischer Sicht ist also der Rhein ein Nebenfluss der Aare, nicht umgekehrt.« Der zweite Schritt ist poetischer Natur: »Gang doch e chli der Aare naa/Dere schöne, schöne, schöne grüene Aare naa/Dere Aare naa«, singt Endo Anaconda, Frontmann der Band »Stiller Has«, im Lied »Aare«, erstmals veröffentlicht 1996 auf dem Album »Moudi«. In der letzten Strophe findet sich diese Zeile: »Vo Bärn uf Thun, vo Thun uf Bärn, der Aare naa.« Das machen wir auch – und damit sind wir beim dritten Schritt: Von Thun nach Bern, und noch weiter der schönen grünen Aare nach, quer durch das ganze Gebiet, das dieser Führer beschreibt. 120 km Kilometer, 31 Stunden, 5 Tage, 1 Fluss.

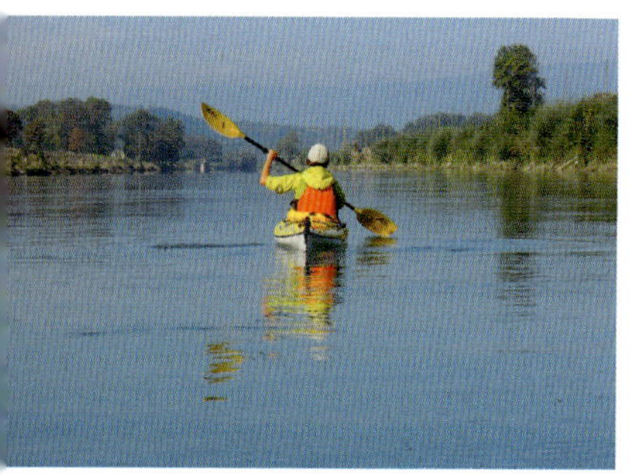

Ausgangspunkt: Thun, 560 m.
Endpunkt: Solothurn, 432 m.
Anforderungen: Gute Kondition und Ausdauer. Fast immer auf gut markierten Wanderwegen. T1.
Einkehr: Immer wieder, aber dennoch längere Strecken ohne Gasthäuser.
Unterkunft: Camping Eichholz (Zimmer, Schlafsack mitnehmen), +41 31 961 26 02; oder Jugendherberge unter dem Bundeshaus, 30 Min. flussabwärts, +41 31 326 11 11; viele weitere Hotels in Bern, das Landhaus, +41 31 349 03 05, direkt an der Aare. – Camping Eymatt

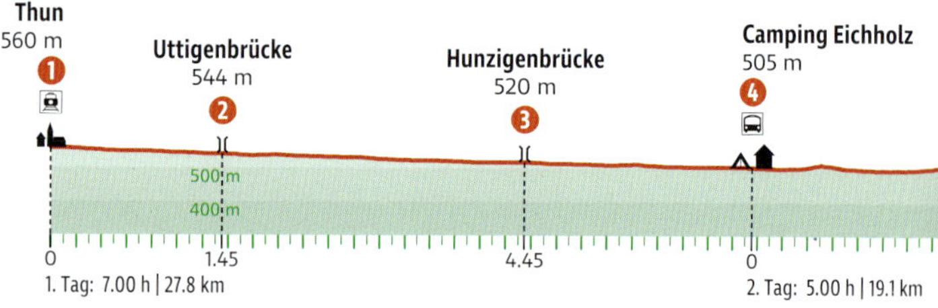

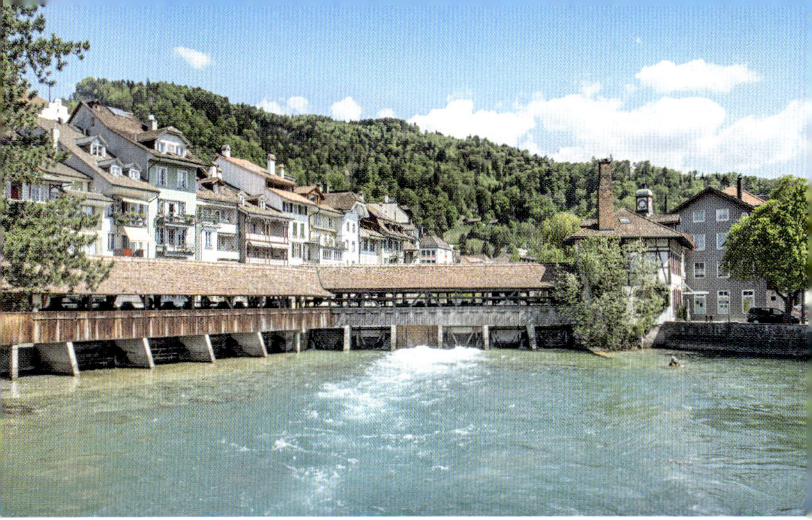

Foto oben: Im Herzen Thuns: die gedeckte Brücke der unteren Schleuse.
Links: Auf dem Aare-Hagneck-Kanal: Nur paddeln ist schöner als wandern …

(mit Bungalows) am Wohlensee beim Stägmattsteg, +41 31 901 10 07 (im Normalfall ab 3 Nächte); Fremdenzimmer gibt es in Hinterkappelen (Familie Wyss, +41 31 351 33 21; Familie Schütz, +41 31 901 01 64; Familie Leuenberger, +41 31 901 04 76), in Illiswil (Familie Frey, +41 31 829 33 07). Oder: von der Eymatt am idyllischen Gäbelbach entlang (vgl. Tour 44) nach Gäbelbach und ins Westside, 2,5 km, 40 Min.; Hotel Holiday Inn, +41 31 985 24 00. Andere Möglichkeit: Man nimmt das Postauto und fährt nach Bern. – Viele Möglichkeiten in Aarberg und Bargen; sehr angenehm im BnB Solarhaus Müller am Dammweg 3 in Bargen, +41 32 392 12 65. – Hotel zum Bären in Büren a.A., +41 32 351 53 31; Variante: bereits in Nidau nächtigen, zum Beispiel in der Lago Lodge Bistro und Brauerei am Uferweg, +41 32 331 37 32. – Viele Hotels in Solothurn.

Tipp: Am besten im Frühling, wenn im Gebirge für eine Trekkingtour noch zu viel Schnee liegt, aber die Aare-Fähre in Altreu ihren Betrieb schon aufgenommen hat (+41 79 317 50 50, www.aarefaehre.ch).

Karte: 232T, 233T, 243T, 253T. Aare-Wander- & Velokarte, 1:50.000, Hallwag.

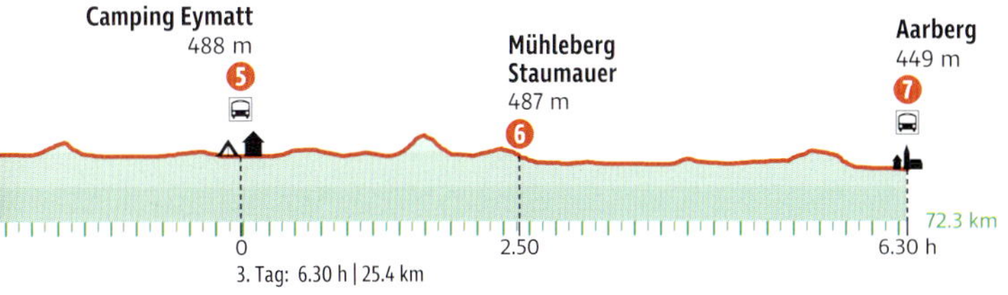

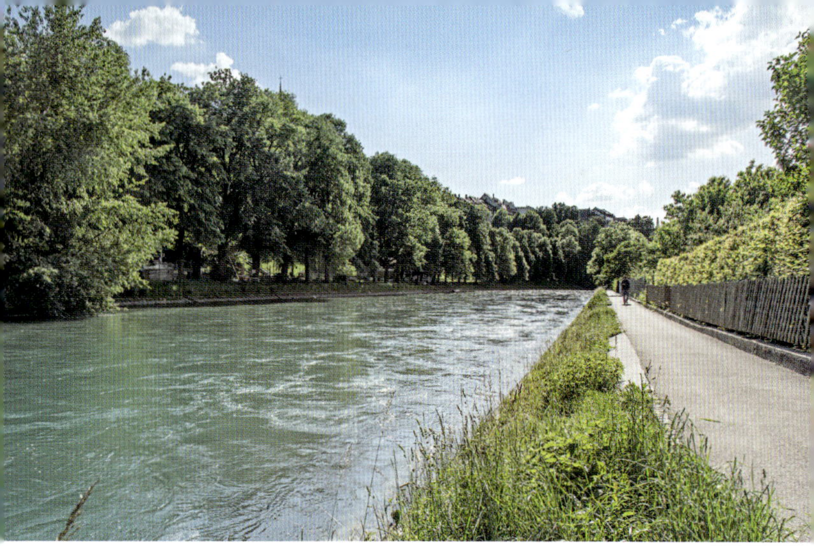

Genussvoll: an der Berner Aare.

1. Etappe: Thun – Camping Eichholz / Bern (27,8 km, 7 Std.)
Vom Bahnhof **Thun** ❶ gehen wir nordostwärts durch die Aarefeldstrasse und über die Obere Holzschleuse und den Göttibachsteg hinüber auf den Aarequai. Und nun einfach am Fluss entlang bis Solothurn! Im Detail: Wir bleiben am rechten Ufer und vielleicht auch außerhalb des verlockenden Flussbades Schwäbis. Knapp 2 km später, beim Quartier Im Kalifornie, wechseln wir auf einem Steg ans linke Ufer. An diesem kommen wir zur **Eisenbahnbrücke** von **Uttigen** ❷, mit einer Spur für Wanderer und Radfahrer: hinüber ans rechte Ufer, gleich rechts und unter der Brücke durch, während der offizielle Wanderweg geradeaus geht und unnötig ausholt.
Bei der Einmündung der Rotache müssen wir eine Schleife weg vom Aareufer machen, doch dann der Nase und dem Wasser nach über **Kiesen** (Restaurants in Bahnhofnähe) bis zum Flussbad von Münsingen, wobei das Autobahnrauschen manchmal lauter ist als das der Aare. Das rechte Ufer kennen wir jetzt, deshalb hinüber ans linke und hinein in den Auenwald, durch den auch der Fluss Giessen mäandert.
Über die **Hunzigenbrücke** ❸ (Einkehrmöglichkeit in der »Campagna«) kehren wir zurück ans andere Ufer – wir könnten vom Münsingenbad her allerdings auch auf diesem bleiben. Entlang renaturierter Verlandungsflächen und Seitenarme der Aare marschieren wir weiter, und wenn wir müde sind, legen wir uns auf eine dieser Betonbuhnen, die in den Fluss hineinragen; Sporen nennt man diese im Berndeutschen, sehr beliebte Plätze zum Sonnenbaden und Grillen.

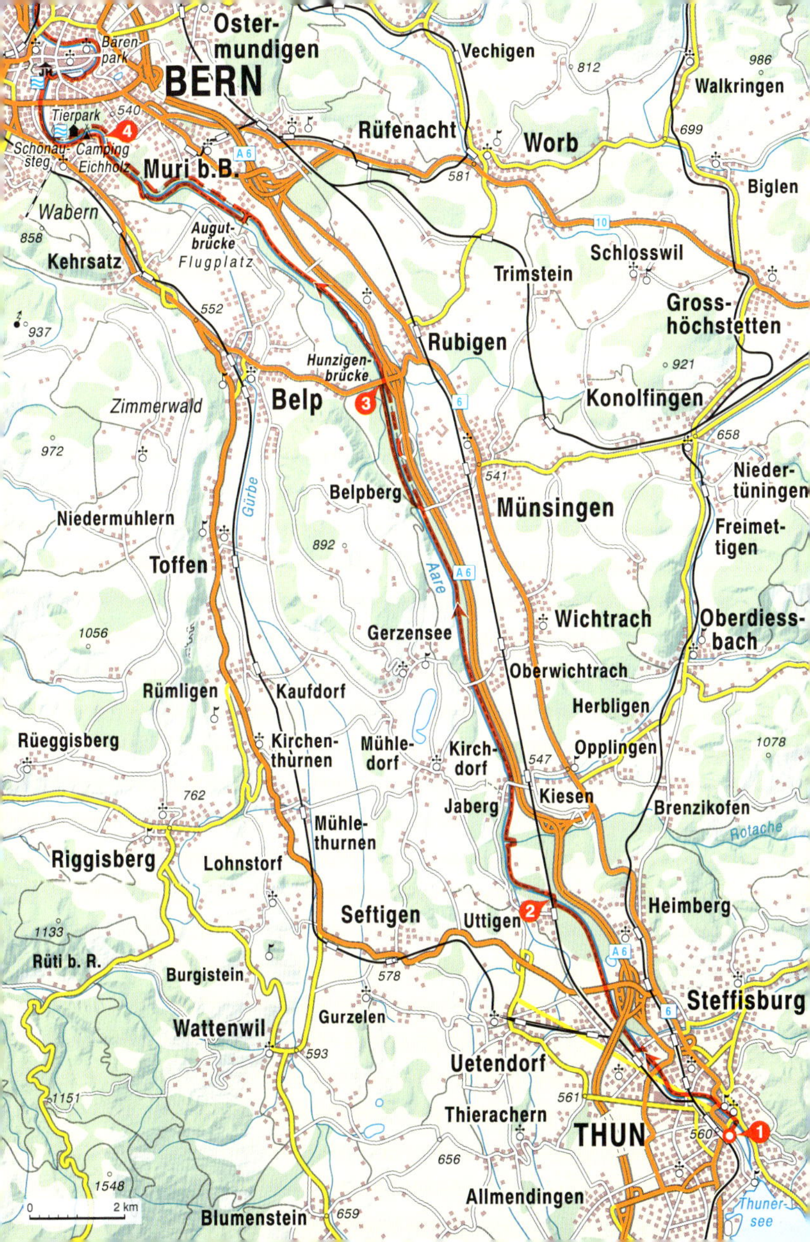

Ostermundigen
Bärenpark
BERN
Vechigen
812
986
Walkringen
Tierpark
540
4
Rüfenacht
Worb
699
Schönau-steg
Camping Eichholz
Muri b.B.
A 6
581
Biglen
Wabern
858
Augutbrücke
Flugplatz
10
Schlosswil
Kehrsatz
Trimstein
552
Grosshöchstetten
937
Rubigen
Hunzigenbrücke
921
Zimmerwald
Belp
3
6
Konolfingen
658
972
Niedertüningen
Belpberg
541
Gürbe
Münsingen
Niedermuhlern
Freimettigen
892
Toffen
Aare
A 6
1056
Wichtrach
Oberdiessbach
Gerzensee
Oberwichtrach
Rümligen
Kaufdorf
Herbligen
Rüeggisberg
Kirchenthurnen
Mühledorf
Kirchdorf
Opplingen
1078
547
762
Jaberg
Kiesen
Brenzikofen
Mühlethurnen
Rotache
Riggisberg
Lohnstorf
Heimberg
Seftigen
Uttigen
2
1133
A 6
Rüti b. R.
578
Burgistein
Steffisburg
6
Gurzelen
Wattenwil
593
Uetendorf
1151
561
Thierachern
THUN
560
1
656
1548
Allmendingen
0
2 km
Blumenstein
659
Thunersee

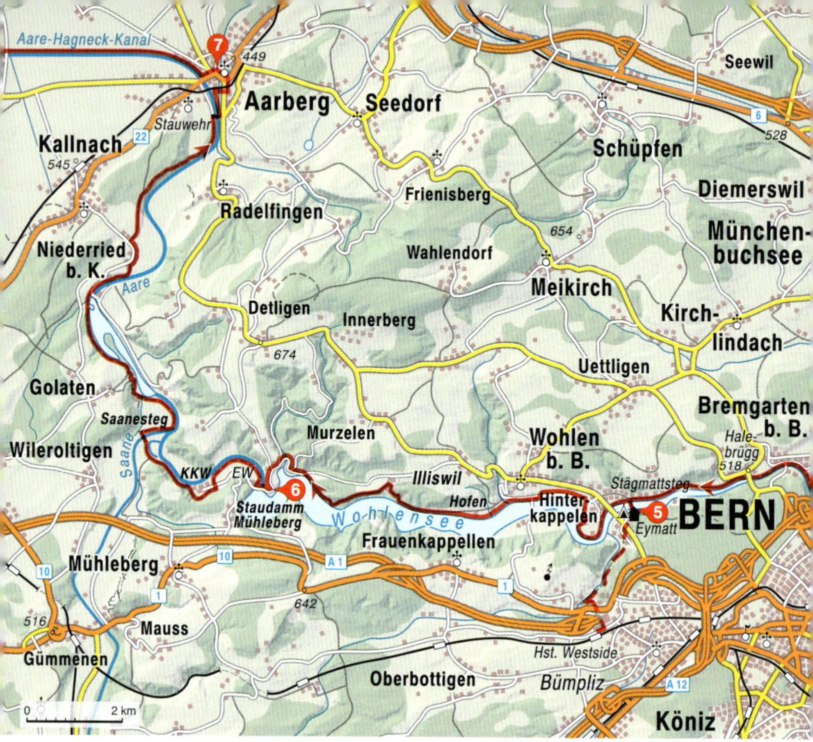

Die **Augutbrücke**, eine alte, gedeckte Holzbrücke, bringt uns zurück ans linke Ufer – wir könnten dies weiter unten auch mit der Bodenackerfähre beim Fähri-Beizli tun (vgl. Tour 4). Beim **Camping Eichholz** ❹ beenden wir den ersten Aaretag.
Übernachten wir jedoch in Bern, so bleiben wir von der Hunzigenbrücke am besten am rechten Ufer und wechseln erst nach dem Tierpark über den Schönausteg die Seite.

2. Etappe: Camping Eichholz / Bern – Camping Eymatt (19,1 km, 5 Std.)
Der zweite Tag bringt uns durch das bekannte Freibad **Marzili** ins gleichnamige Quartier am Fuße des Bundeshauses – wenn wir nicht schon in Bern sind. Über die Dalmazibrücke erreichen wir das Schwellenmätteli. Nun geht es wie in Tour 5 beschrieben via Bärenpark und Lorrainebad um die Altstadt- und Engehalbinseln

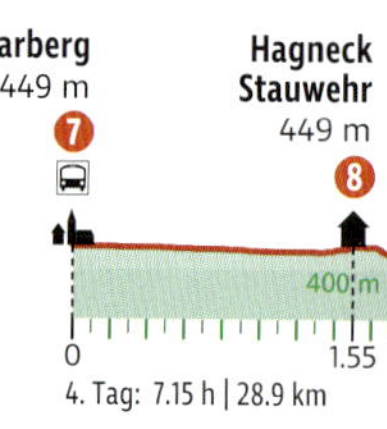

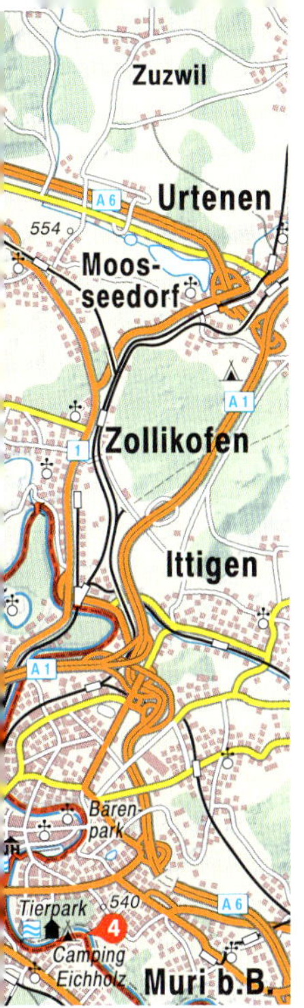

herum zur Halenbrücke, wobei wir zwischen Reichenbach und Zehendermätteli (jeweils Einkehrmöglichkeit) auch mit dem rechten Ufer vorliebnehmen könnten – doch die Benutzung beider Fähren bringt frischen Wind in die Ufertour. Von unterhalb der Halenbrücke bis zum Stägmattsteg und dem **Camping Eymatt** 5 ist es nicht mehr allzu weit; falls wir dort nicht übernachten können, wählen wir eine der bei »Unterkunft« angegebenen Möglichkeiten.

3. Etappe: Camping Eymatt – Aarberg (25,4 km, 6.30 Std.)

Fjordähnlich breitet sich der Wohlensee dank des Wasserkraftwerks **Mühleberg** 6 aus; wir erreichen vom Stägmattsteg auf- und absteigend seinen Staudamm und das linke Ufer. Ob das Atomkraftwerk weiter flussabwärts, das uns zu einem Umweg landeinwärts zwingt, die Natur auch positiv beeinflusst? Doch genießen wir das Vorwärtskommen entlang der Aare – und nach dem Saanesteg für kurze Zeit den Weg entlang der Saane. Gleich nach dem Zusammenfluss beginnt das Naturschutzgebiet des Stausees Niederried. Der Trail durch die Auenlandschaft der **Oltigenmatt** gehört zu den bezauberndsten Abschnitten der ganzen Flusstour. Nach der Siedlung Witteberg dürfen wir die Fortsetzung des Uferweges nicht verpassen: Der offizielle Wanderweg geht bis Golaten hinauf, aber vom steilen Teersträßchen müssen wir schon bald rechts in den Wald hineinstechen; der Weg, einst auch markiert, ist etwas abgerutscht, aber noch gut begehbar. Entlang des Stausees gelangen wir zum Elektrizitätswerk Niederried.

Nach dem Stauwehr gehen wir zum Wasser hinab und folgen ihm, allerdings nicht zu lange: Wo das Ufer flach wird, steigen wir abseits des Wanderweges hinauf ins Dorf **Niederried** bei Kallnach (Einkehrmöglichkeit im »Rössli«). Man könnte auch an der Aare bis nach Aarberg weitergehen,

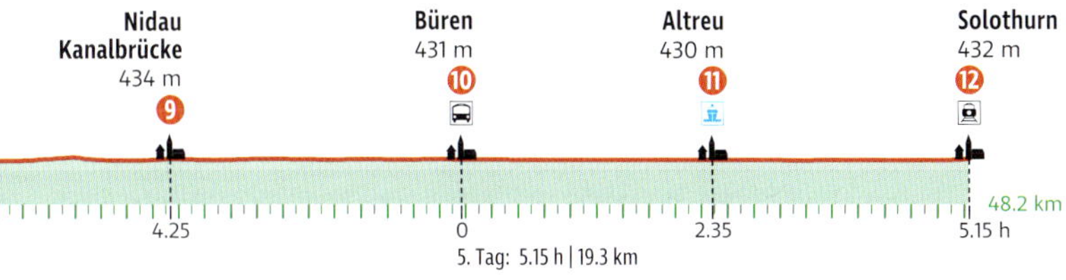

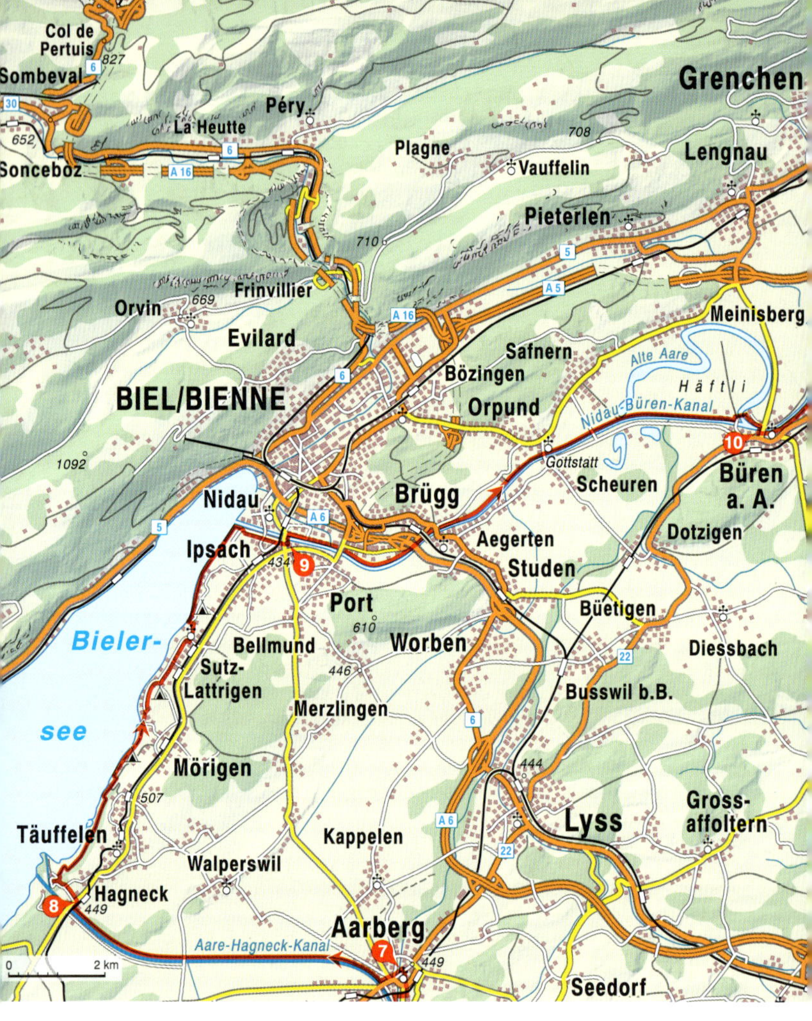

doch ist der Uferweg meist geteert. Nördlich von Niederried stoßen wir wieder auf den Wanderweg, der oben am Steilufer verläuft und dann in die Mülau absinkt. Über das Stauwehr, am Bad vorbei und über die Alte Aare ziehen wir ins schmucke Landstädtchen **Aarberg** 7 ein. Und in eines seiner Wirtshäuser.

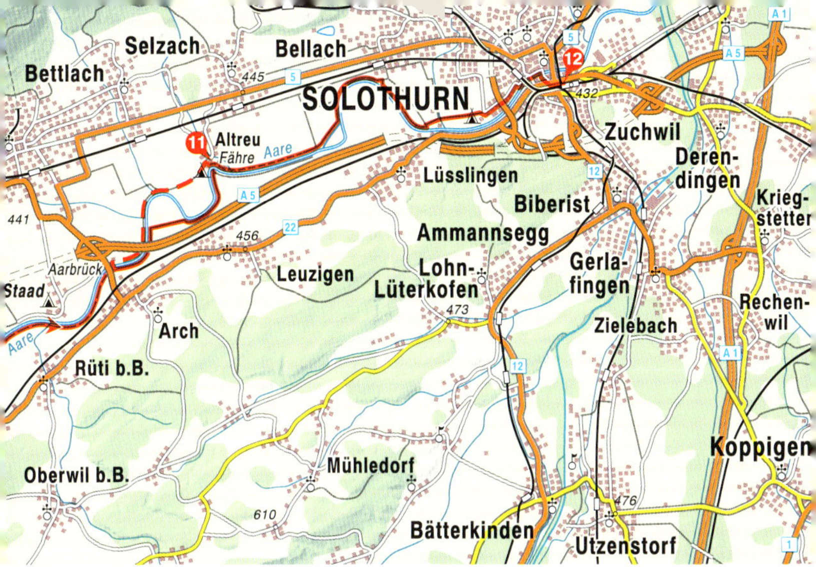

4. Etappe: Aarberg – Büren a.A.
(28,9 km, 7.15 Std.)

Die gedeckte Holzbrücke aus dem Jahre 1567 bringt uns über die Alte Aare zum **Aare-Hagneck-Kanal**, Kernstück der Juragewässerkorrektion, die das Grosse Moos entsumpfte und zur Gemüsekammer der Schweiz machte. Am 16. August 1878 floss die Aare erstmals durch den Kanal gegen den Bielersee. Der rechte Dammweg geleitet uns auch dorthin. Von **Hagneck** 8 bis zum Elektrizitätswerk im Aare-Delta benutzen wir die Zufahrtsstraße. Im Bootshafen von Täuffelen ist das Ufer des Bielersees erreicht, und die Fluss- wird wieder zur Seewanderung.

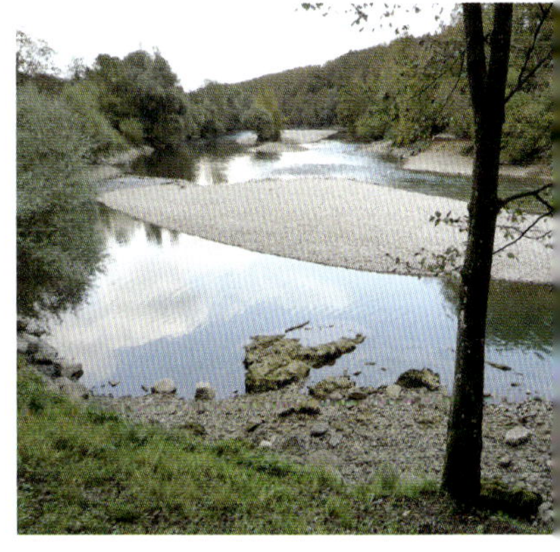
Die Aare beim Zehendermätteli bei Bern: ein Ort zum Innehalten.

Bis zum Naturschutzgebiet **Mörigenbucht**, einem Paradies für wandernde wie fliegende Geschöpfe, führt der Weg fast immer am Ufer entlang. Dann zwingen Privatgrundstücke zum Ausweichen landeinwärts, so auch zur Kirche von **Sutz**. Das Gehen auf Asphalt lässt sich nicht vermeiden, doch schö-

ne Aussichten auf den See, den Chasseral und gepflegte Anwesen machen das Fußbrennen wett. Kurz vor dem Nidau-Büren-Kanal schlendern wir wieder am See entlang. Wenn wir in **Nidau** 9 oder gar in Biel/Bienne übernachten, traversieren wir den Kanal auf der ersten Brücke.
Ist das 11 km entfernte Büren a.A. unser Tagesziel, tun wir dies auf der zweiten, großen Brücke (mit der Eisenbahnlinie). Der Weg am linken Ufer nimmt uns mit, bald schon über die Zihl und am Stauwehr vorbei, eine gute Stunde später am ehemaligen **Kloster Gottstatt**, ins Naturschutzgebiet Häftli, das durch eine Schleife der Alten Aare gebildet wird. Auf den alten Kiesbänken mit ihren Auenwäldern entstand eine reichhaltige Flora und Fauna. Auf einem Steg queren wir die Alte Aare gegen das Bad, folgen der neuen Aare zur gedeckten Holzbrücke von **Büren a.A.** 10 – und stoßen schon bald auf die längste Etappe an.

5. Etappe: Büren a.A. – Solothurn (19,3 km, 5.15 Std.)
Am rechten Ufer wandern wir den Schleifen der Aare nach; nur nach der Autobahnbrücke kürzen wir eine von ihnen ab. Die Fähre von **Altreu** 11 bringt uns in dieses Dorf, das berühmt für seine Störche ist. Und für das Restaurant »zum grünen Aff«. Wenn die Fähre nicht in Betrieb wäre, müsste man schon auf der Aarbrügg bei Arch über den Fluss setzen.
Von Altreu begleitet uns das Geklapper der Störche eine Zeit lang auf dem Weiterweg nach Solothurn. Am Inseli wandern wir vorbei, am Bad auch; es sei denn, wir wollen uns dort noch frisch machen für eine der vielen Wirtschaften von **Solothurn** 12. Die besten in unserem Fall sind diejenigen am Ufer der Aare.

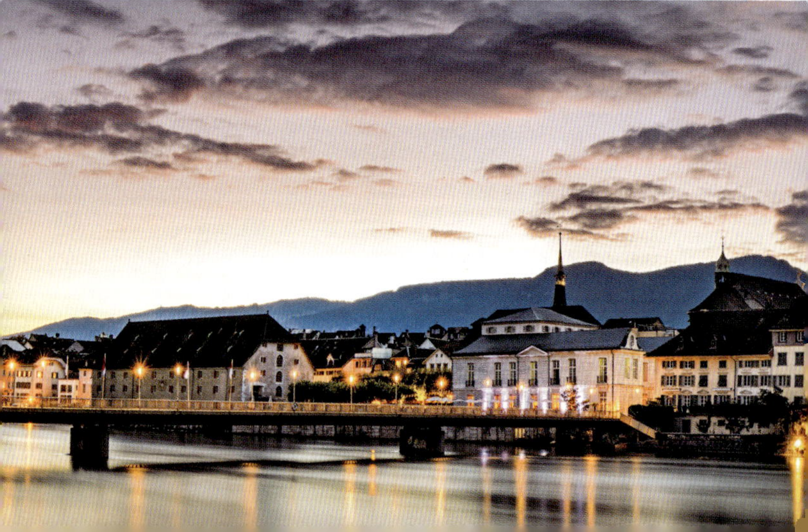

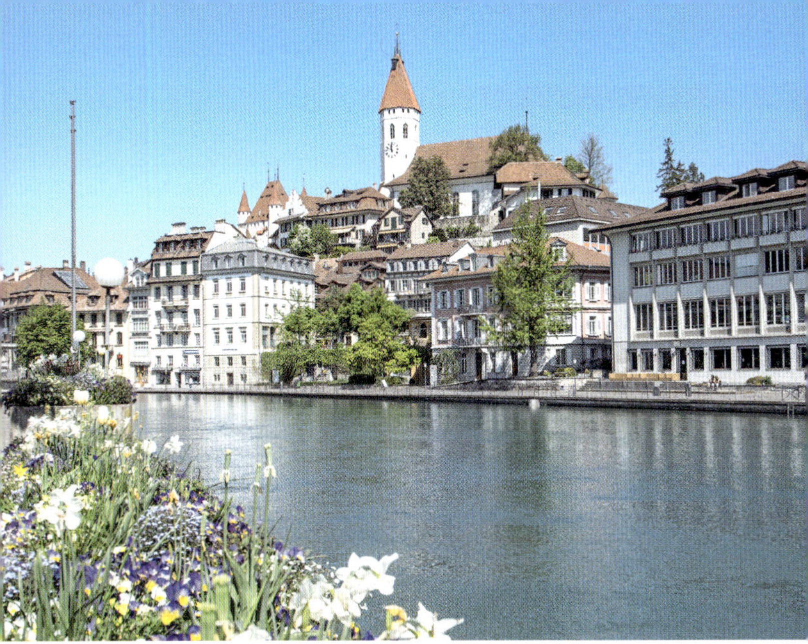

Foto oben: Ein traumhafter Start: an der Aare in Thun.
Unten: Das Finale Grande: die Aare in Solothurn.

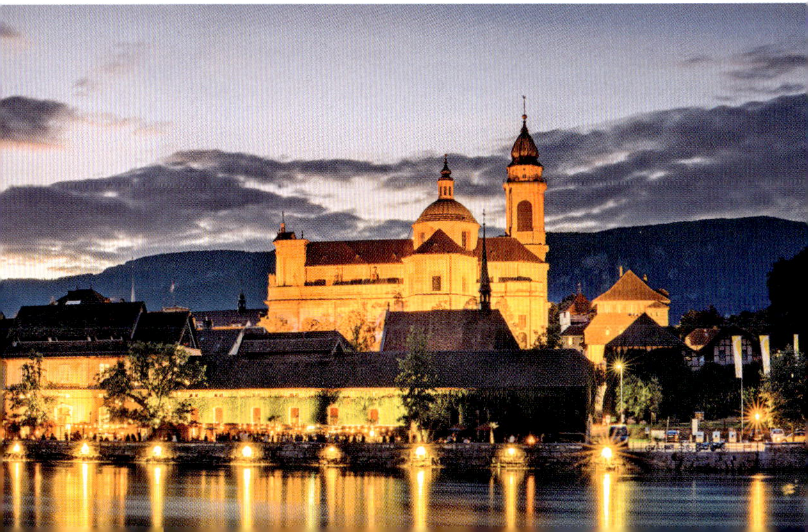

STICHWORTVERZEICHNIS

Rother Touren App

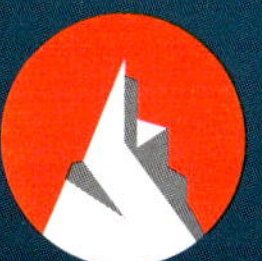

Holen Sie sich unsere Wanderführer als App!

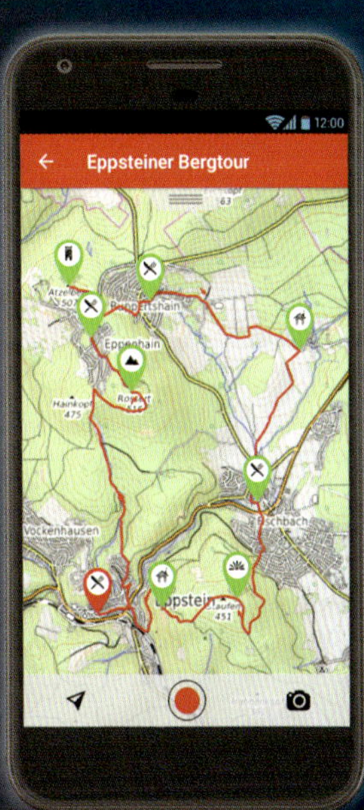

So funktioniert es:

- Kostenlose Rother App vom App Store bzw. Google Play Store laden
- Bis zu fünf vollwertige Beispiel-touren aus jedem verfügbaren Guide unbegrenzt testen
- Bequem direkt aus der Rother App oder über e-shop.rother.de (hier nur für Android) den gewünschten Guide komplett erwerben*

* je nach Guide 5,49-13,99 €

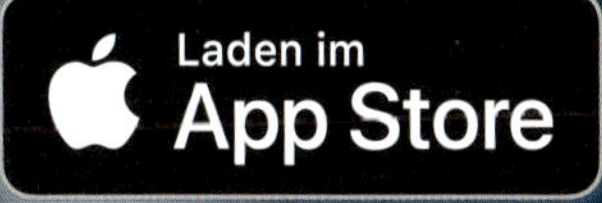

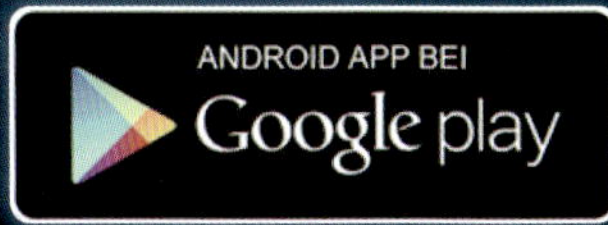

www.rother.de/app

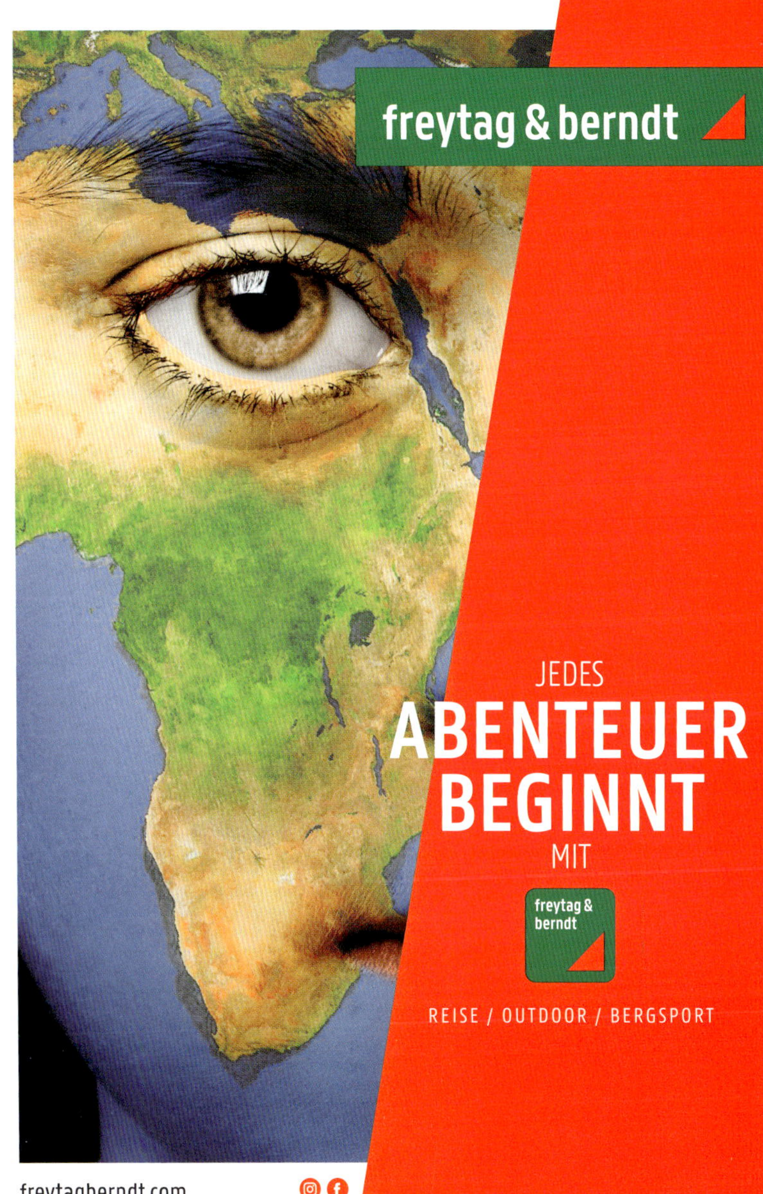
freytag & berndt
JEDES
ABENTEUER
BEGINNT
MIT
freytag & berndt
REISE / OUTDOOR / BERGSPORT
freytagberndt.com

Umschlagbild: Gemütliche Rast bei Rossweid auf dem Gürbetaler Höhenweg, mit Sicht über das Gürbetal und den Belpberg hinweg auf die Berner Hochalpen zwischen Wetterhorn und Gspaltenhorn (Tour 31).

Bild im Innentitel: Gewaltig – die Mauer des Berner Oberlandes vom Hausberg Berns, dem Gurten, aus gesehen (Touren 1 und 32).

Bild auf Seite 2: Der abenteuerliche Weg über den Elefanten (Tour 21).

Bild auf den Seiten 26/27: Farbenfroh – Frühling auf dem Belpberg, in der Bildmitte der Gipfelbaum des Chutzen (Tour 30).

Alle Fotos von Bernd Jung und Daniel Anker, ausgenommen die Fotos der Seiten 71 unten (Regina Jungen), 80, 82, 200 (Stefan Raible) sowie 83–85 (Felix Deprez).

Kartografie:
52 Wanderkärtchen im Maßstab 1:8.000 / 1:17.000 / 1:25.000 / 1:30.000 / 1:50.000 / 1:75.000 / 1:100.000 / 1:150.000
© Bergverlag Rother GmbH, München
(gezeichnet von Gerhard und Angelika Tourneau, München)
2 Übersichtskärtchen im Maßstab 1:400.000 und 1:800.000
© Freytag & Berndt, Wien

Die Ausarbeitung aller in diesem Führer beschriebenen Wanderungen erfolgte nach bestem Wissen und Gewissen der Autoren. Die Benutzung dieses Führers geschieht auf eigenes Risiko. Soweit gesetzlich zulässig, wird eine Haftung für etwaige Unfälle und Schäden jeder Art aus keinem Rechtsgrund übernommen.

2., neu bearbeitete und erweiterte Auflage 2021
© Bergverlag Rother GmbH, München
ISBN 978-3-7633-4383-6

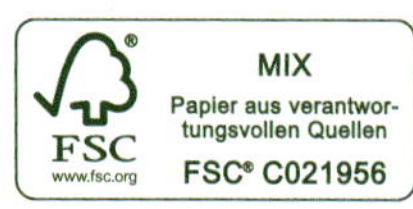

Wir freuen uns über jeden Korrekturhinweis zu diesem Wanderführer!
Bitte per E-Mail an: leserzuschrift@rother.de

ROTHER BERGVERLAG · Keltenring 17 · D-82041 Oberhaching
Tel. +49 89 608669-0 · www.rother.de